AF558489

Ina Schmidt

Die Kraft der Verantwortung

Ina Schmidt

Die Kraft der Verantwortung

Über eine Haltung mit Zukunft

Bibliografische Information der Deutschen Nationalbibliothek

Die Deutsche Nationalbibliothek verzeichnet diese Publikation in der Deutschen Nationalbibliografie; detaillierte bibliografische Daten sind im Internet über http://dnb.d-nb.de abrufbar.

Umschlag: Groothuis. www.groothuis.de
Covergestaltung und Illustration: Ralf Nietmann | www.ralfnietmann.de
Herstellung: Das Herstellungsbüro, Hamburg | www.buch-herstellungsbuero.de
Druck und Bindung: CPI – Clausen & Bosse, Leck
Printed in Germany

ISBN 978-3-89684-285-5

www.edition-koerber.de

Für meine Kinder
Iver, Lina und Per

Das ist die moderne Tapferkeit: Fortfahren im versuchenden Leben, wenn auch keine Gewissheit ist, – nicht das Ergebnis verlangen, sondern das Scheitern wagen, – das Ja zum Leben vollziehen, als werde in der Tiefe eine Hilfe sich zeigen, welche jedenfalls das bedeutet, dass das gut Gewollte nicht nichts sei, dass es am Ende einströme in das Sein.

Karl Jaspers, »Über die Bedingungen und Möglichkeiten eines neuen Humanismus«

Inhalt

Einführung

»We the people have the power to built a better future.«
KAMALA HARRIS, REDE VOM 8. NOVEMBER 2020

Egal wohin wir schauen, worüber wir nachdenken, welche Entscheidungen wir treffen oder was wir beklagen, überall wartet sie schon auf uns. Wir übernehmen oder tragen sie, können uns ihr nicht entziehen oder erwarten sie sehnsüchtig: die Verantwortung. Wir sind verantwortlich für uns selbst, unser Leben, das unserer Kinder und mittlerweile auch für das zukünftige Leben der gesamten Menschheit. Wir sind verantwortlich für das, was ist, und das, was kommen wird. Aber was heißt das genau? In welcher Situation, welcher Rolle und aus welchen Gründen ist unser Handeln wirklich verantwortungsvoll? Wie können wir verantwortlich sein für das, was ist, und inwiefern für das, was kommt – in allernächster oder in fernerer Zukunft? Der Komiker Groucho Marx, heißt es, hat einmal gefragt: »Warum sollte ich etwas für die Zukunft tun? Wann hat die Zukunft jemals etwas für mich getan?« Mehr als nur eine gelungene Pointe, sondern eine zu beantwortende Überlegung.[1]

Dass Verantwortung zwar auf die Gegenwart wirkt, aber auf die Zukunft gerichtet ist und wir gut daran tun, uns um die Folgen unseres gegenwärtigen Handelns zu sorgen, leuchtet den meisten von uns ein. Nicht allein im Sinne eines moralischen Appells, sondern weil wir uns die Gestaltung der Zukunft als selbst denkende und mit Vernunft begabte Wesen nicht nehmen lassen dürfen. Es geht darum, Antworten zu finden auf all die drängenden Fragen, die die Gegenwart an uns richtet, um in ihr eine Zukunft zu ermöglichen: Wir übernehmen Verantwortung, indem wir genau das tun – antworten.

Das ist ein erster Hinweis, aber eher ein Anfang und noch nicht die Klärung dessen, was Verantwortung bedeutet. Denn wie genau wollen oder sollen wir antworten – und warum? Der Begriff ist aus den gesellschaftlichen Debatten nicht mehr wegzudenken und darin doch so vielschichtig und facettenreich, dass wir ihn nur schwer zu greifen verstehen. Was macht verantwortliches Handeln aus, wie ist es motiviert und warum stehen wir überhaupt in der Verantwortung? Diesen Fragen nachzugehen, heißt nicht, dass wir am Ende eine einzige klare Antwort finden – das kann und will auch dieses Buch nicht versprechen. Vieles scheint vom Kontext abhängig, oder ist je nach Zeitpunkt anders zu entscheiden, vermischt und verwischt sich oder widerspricht sich gar selbst, sodass die Suche nach dem Wesen der Verantwortung, mit Robert Musil, durchaus etwas von einer »Kohlweißlingsjagd« an sich haben kann: »Was man zu beobachten glaubt, verfolgt man zwar eine Weile, ohne es zu verlieren, aber da aus anderen Richtungen auf ganz gleichen Zickzackwegen auch andere ganz ähnliche Schmetterlinge herankommen, weiß man bald nicht mehr, ob man noch hinter dem gleichen her sei.«[2]

Was also tun? Wie können wir uns sicher sein? Jagen wir noch immer dem richtigen Schmetterling nach? Oder müssen es sogar mehrere sein? – Erkenntnisse verändern sich, viele Zusammenhänge verstehen wir schon lange nicht mehr, und selbst wenn wir es versuchen, bleibt uns oft nicht mehr, als dieser oder jener Deutung zu glauben. Aber warum dieser und nicht jener? Wir fühlen uns unbehaglich in dem Wissen, etwas tun zu müssen und oftmals doch nicht genau zu wissen, was oder wie. Oder wir wissen sehr genau, was zu tun wäre, schaffen es aber nicht, unser Wissen wirklich in die Tat umzusetzen und die *intention-behavior-gap*[3], also die leidige Lücke zu schließen zwischen dem, was wir tun sollen, vielleicht sogar wollen, und dem, was wir dann tatsächlich in die Tat umsetzen – sei es aus Gewohnheit, Bequemlichkeit oder dem Gefühl, dass es ohnehin zu nichts führen wird, jetzt und hier auf dieses oder jenes zu verzichten. Oft klingt ein mahnender Unterton mit, wenn von den diversen Verantwortungen die Rede ist, ein Appell, ausgesprochen von Menschen, die zuständig sind oder es zu sein glauben und *richtig* und *falsch* ganz klar auseinanderhalten können. Und diese Gedanken treiben uns auf vielen verschiedenen Ebenen unseres persönlichen wie gesellschaftlichen Lebens um: Was bringt es, wenn ich das Auto stehen lasse? Wenn ich auf Fleisch verzichte oder meinen Konsum einschränke? Kann man heute noch Kinder in die Welt setzen, und was bedeutet es für meine soziale und berufliche Stellung, wenn ich drei Jahre in Elternzeit gehe? Und sind das überhaupt die Fragen, die wir uns stellen sollten?

Gerade weil es auf diese Fragen keine eindeutigen Antworten gibt, ist das gefragt, was wir Verantwortung nennen. Beginnen wir also damit, zu verstehen, was wir eigentlich meinen, wenn wir von Verantwortung sprechen – und was nicht.

Die Frage der Verantwortung stellt sich in unterschiedlichen Handlungsbereichen, die verschiedene Wissensgebiete oder Werthaltungen betreffen, außerdem in unterschiedlichen zeitlichen Dimensionen. Sie bezieht sich auf vollzogene Handlungen ebenso wie auf die, die noch zu tun sind, wobei nicht jedes menschliche Verhalten eine Handlung sein muss. Und darüber hinaus geraten diese Verantwortlichkeiten oft genug miteinander in Widerspruch: Die Verantwortung, die wir für die Zukunft unseres Planeten tragen, ist eine andere als die, die heute eine Ärztin für ihre Patienten trägt, oder die, die ein Vater für die Zukunft seiner Tochter zu übernehmen hat. Und was, wenn uns hin und wieder ein Gefühl beschleicht, verantwortlich zu sein, obwohl wir gar nicht so recht wissen, warum?

Dieses Buch begegnet der Frage nach dem, was verantwortliches Handeln nicht nur aus-, sondern auch notwendig macht, mit dem Versuch einer Klärung, um dem inneren Unbehagen und der Verunsicherung etwas entgegensetzen zu können. Es macht sich auf die Suche. Diese Suche ist eine Möglichkeit, der Verwirrung, der Verantwortungsdiffusion zu begegnen. Das wird nicht immer zu einer inhaltlichen Lösung führen, aber bei einer Suche geht es nicht allein darum, am Ende etwas zu finden, sondern auch darum, einen Weg kompetent und gut vorbereitet gehen zu können.

Was genau können wir tun, aus welchen Gründen und bis zu welchen Grenzen? Was steht in unserer Macht und wo müssen wir Grenzen ziehen, um bestmöglich handeln zu können? – Vor dem Hintergrund drängender gesellschaftlicher, aber auch ganz persönlicher Fragen an die eigene Lebensführung steht letztlich nicht weniger als der Fortbestand unserer Zukunft auf diesem Planeten auf dem Spiel. Diese längst nicht mehr nur theoretische globale Zukunftssorge steht im Mittelpunkt meines Buches.

Das klingt uns tatsächlich oft eine Nummer zu groß, wenn wir gerade vor der konkreten Entscheidung stehen, ob wir morgens das Fahrrad nehmen oder bei dem Regen doch schnell ins Auto springen, ob wir unsere kranke Tante im Pflegeheim besuchen sollen oder doch lieber beim Fußballspiel des Jüngsten zuschauen sollten, aber es ist schon ein Anfang gemacht, wenn dieser Zweifel zur Selbstverständlichkeit wird.

Menschliche Verantwortung soll hier nicht als moralische Einschränkung eines bestehenden Sittengesetzes oder strenge Pflichterfüllung qua Regelkatalog verstanden werden, die wir uns mühsam über Reflexion und kognitive Erkenntnisse erarbeiten müssen, sondern als ein uns innewohnendes Streben, das Gute zu wollen. Von dieser Überzeugung sind die folgenden Kapitel getragen, auch wenn es uns oft genug schwerfällt, an ein solches

Streben zu glauben. Aber ohne diese Überzeugung wird es nicht gelingen, uns Menschen als verantwortliche Wesen anzusprechen, die nicht nur ihre Pflicht tun oder einem Gesetz folgen, sondern aus guten Gründen das Richtige zu tun versuchen und aus dieser Haltung Kraft für konkrete Handlungen schöpfen.

Vier Leitfragen sollen den Weg durch die unterschiedlichen Aspekte von Verantwortung weisen und uns die Augen für einen eigenen, vielleicht einen anderen Blick öffnen: Was ist Verantwortung? Warum tragen wir Verantwortung? Wie gelingt verantwortliches Handeln? Und was folgt daraus für unseren verantwortungsvollen Umgang mit der Zukunft?

Im ersten Kapitel geht es darum, eine Klärung der Begriffe vorzunehmen. Das verschafft uns das theoretische Rüstzeug für das, was uns das Abwägen guter Gründe ermöglicht, die wiederum nötig sind, um Entscheidungen zu treffen. Was hat Verantwortung mit Moral und Ethik zu tun, und gibt es so etwas wie das universale Gute, das uns den Weg weist? Schränkt verantwortliches Handeln unsere Freiheit ein? Wie kommen wir von Tatsachen, von Erkenntnissen und Erklärungen zu moralischen Schlussfolgerungen? Welche Werte sollen unser Handeln leiten? Welche Haltung also wollen wir einnehmen? In diesem ersten Abschnitt steht bereits die durchaus umstrittene Überzeugung im Vordergrund, dass der Mensch als vernunftbegabtes Wesen in der Lage ist, verantwortlich mit seiner Freiheit umzugehen, sofern er sich sowohl seiner individuellen Autonomie versichert als auch als Teil einer sozialen Gemeinschaft über sich hinaus zu denken versteht. Eine Überzeugung, die zu diskutieren sein wird.

Im zweiten Kapitel geht es daran anknüpfend um die Verantwortung als ein soziales Phänomen, ein Streben, das nicht nur aufgrund gut durchdachter Argumente, sondern als emotionale Regung – als Betroffenheit, Mitleid oder Zuneigung – ausgeprägt wird. Ein Verantwortungs*gefühl* begründet unser Handeln auf andere Weise, als es Faktenwissen und rationale Erkenntnis können, setzt aber auch andere Bedingungen voraus. Lässt sich ein solches Gefühl hervorrufen bzw. stärken, und warum fühlen wir uns als Menschen überhaupt verantwortlich? In diesen einfach klingenden Fragen geht es letztlich um unser humanistisches Menschenbild, zu dem wir uns verhalten, für das wir uns entscheiden müssen.

Der dritte Teil des Buches entwickelt vor diesem Hintergrund die Rahmenbedingungen einer denkbaren Praxis der Verantwortung, die sich den Möglichkeiten wie den Grenzen verantwortlichen Handelns zu stellen versucht. Kann es so etwas geben wie einen Imperativ der Verantwortung – auf der Basis guter Gründe, egal ob faktisch, emotional oder beides? Die Frage, wie wir uns um etwas sorgen können, das zeitlich oder räumlich in weiter Ferne liegt, uns also meist nicht unmittelbar betrifft, kann nur durch Regeln und Vereinbarungen beantwortet werden, die sich auf grundlegende Werte eines verantwortlichen Miteinanders beziehen müssen. Dabei tragen wir Verantwortung, indem wir Regeln setzen und überprüfen, weniger, indem wir ihnen aus Gewohnheit folgen.

Diese Überlegungen werden im vierten Kapitel noch

einmal zeitlich ausgerichtet und auf die ganz großen Aufgaben bezogen: Wie können wir für eine Zukunft verantwortlich sein, von der wir noch nicht einmal wissen, wie sie aussehen wird? Welche Regeln brauchen wir, um von Verantwortung für das Kommende sprechen zu können? Verantwortliches Handeln, das sich eine gelingende Zukunft zum Ziel setzt, ist ein anderes als das, das wir gewohnt sind, wenn wir nach schnellen und wirksamen Lösungen suchen, die so dringend notwendig sind – es geht darüber hinaus.

Der Philosoph Hans Jonas hat Ende der 1970er eine ethische Weitwinkelperspektive auf die Zukunft gefordert,[4] die die Welt der Natur nicht als zu nutzende Ressource für die Fortsetzung eines Lebens in Wohlstand versteht, sondern die die Umwelt als Gegenstand verantwortlicher Praxis ernst nimmt. Und mit dieser Umwelt ist sowohl der persönliche Kontext gemeint, in dem es einen Unterschied macht, welche Haltung ich einnehme, als auch der große organische Zusammenhang, der sich aus einem ökologischen Gleichgewicht ergibt und den es wiederum durch politische Institutionen und klare Entscheidungen zu schützen gilt – unabhängig von den Interessen Einzelner.

Das Ende des Buches greift die Forderung von Hans Jonas auf und reflektiert sie, um die Kraft der Verantwortung als ein Zusammenspiel aus kritischem Denken, guten Gründen und emotionalem Spürsinn voller Tatkraft zu nutzen. Mit dieser Kraft lässt sich das Unbehagen der eigenen Überforderung vielleicht nicht vollständig überwinden, aber doch annehmbar machen, sodass wir handlungsfähig bleiben. Nur dann können wir in der Gegenwart wirksam werden und Sorge für eine Zukunft tragen, die über uns hinausgeht. Eine gelingende Zukunft wird sich nur aus einem wachsamen Umgang mit einer Gegenwart ergeben, für die wir alle verantwortlich sind: eine Gegenwart, in der wir gut und gern leben wollen. Indem wir für die Gegenwart sorgen, machen wir eine Zukunft mit offenen Perspektiven und guten Aussichten möglich – anstatt sie zu verhindern. Und das sollten wir auf die bestmögliche Weise tun: aus dem guten Grund, dass wir als Menschen dazu in der Lage sind.

Ina Schmidt
Reinbek, Dezember 2020

1. KAPITEL

Was heißt Verantwortung?

»Wir waren jene, die wussten, aber nicht verstanden,
voller Informationen, aber ohne Erkenntnis,
randvoll mit Wissen, aber mager an Erfahrung.
So gingen wir, von uns selbst nicht aufgehalten.«

ROGER WILLEMSEN,
»WER WIR WAREN. ZUKUNFTSREDE«

Wie aber fangen wir an? Warum fällt es uns so schwer, das Richtige im Möglichen zu erkennen, und selbst wenn wir es erkennen, warum tun wir es dann nicht einfach?

Manche Dinge sind leichter richtig zu machen als andere. Wir übernehmen Verantwortung, wenn wir unsere Kinder pünktlich zur Schule bringen, unsere Arbeit gewissenhaft erledigen und das Billigfleisch im Supermarkt liegen lassen. Aber vielleicht könnten unsere Kinder auch ganz allein zur Schule gehen, unsere Arbeit könnte sich noch viel wichtigeren Fragen des Lebens widmen und den Supermarkt sollten wir eigentlich ganz links liegen lassen und auf den Bioladen eine Querstraße weiter umsteigen. Was ist wie verantwortungsvoll, was ist genug und was eigentlich nur eine bequeme Ausrede? Verantwortung kommt irgendwie immer darauf an – aber worauf eigentlich? Das Richtige ergibt sich oftmals aus dem Zusammenhang, sodass man nicht auf eine einfache Handlungsanweisung hoffen kann. Also brauchen wir als Individuen die Fähigkeit herauszufinden, worauf es ankommt, um verantwortlich zu handeln.

Erkenntnis ist in vielen Fällen nicht das Problem: Die Einsicht, dass es im Hinblick auf eine ganze Reihe von Herausforderungen dringend an der Zeit ist, verantwortlich zu handeln, ist wahrlich nicht neu und alles andere als überraschend. Seit Jahrzehnten mahnen Forscher und Wissenschaftlerinnen unterschiedlichster Disziplinen, dass wir auf begrenztem Raum mit begrenzten Ressourcen leben, und dieses Wissen hat mittlerweile jeden von uns erreicht. Kohle wächst nicht nach und Bienen fressen keine Steine.[1] Manche Dinge sind sehr einfach. Daten und Fakten sprechen eine eindeutige Sprache, und wir können uns kaum mit dem Hinweis auf die Komplexität eines Zusammenhangs herausreden. Denn so komplex die Antworten sein mögen, die wir finden müssen, um Lösungen zu entwickeln, die die globalen Probleme unserer Gegenwart in den Blick nehmen, so einfach ist die Erkenntnis, dass wir nicht so weitermachen können wie bisher.

Also was ist zu tun und wer entscheidet darüber? Eben hier beginnt die Uneinigkeit. Verantwortungen werden willig übernommen oder hin- und hergeschoben, europäische Lösungen sollen gefunden werden, während andere nationale Alleingänge anstreben, und globale Einigungen sind oftmals in weiter Ferne oder unmöglich. Daran lässt sich wunderbar verzweifeln, und wir alle kennen die Gespräche unter Freunden oder Kollegen, bei denen die Köpfe über die Entscheidungen »der Politik« oder dieser oder jener Institution geschüttelt werden. Verantwortung scheint in solchen Situationen viel mit Ämtern, Rollen und Zuständigkeiten, mit gesetzlichen Vorgaben und Einzelinteressen zu tun zu haben. Wir, die wir vielleicht kein Amt bekleiden und keiner Institution angehören, glauben dann, uns darauf beschränken zu können, uns in solchen Gesprächen über den bedauerlichen bzw. bedrohlichen Zustand der Welt auszutauschen. Aber sofern wir die Idee ernst nehmen wollen, dass jede und jeder von uns ein zur Verantwortung begabtes Wesen ist, das Zusammenhänge herstellen und aus Alternativen wählen kann, gehen die Möglichkeiten, die wir haben, darüber hinaus.

Der Philosoph Karl Jaspers, der im letzten Jahrhundert mahnende Worte beim Aufbau der jungen Bundesrepublik fand, war sicher, dass Verantwortung nur im Handeln, in ganz konkreten Momenten der Entscheidung sichtbar wird, dann also, wenn wir uns in einem bestimmten Moment, aus gutem Grund für etwas entscheiden, das wir für richtig halten. Und wir, das ist jeder von uns.[2] Allerdings – und dieser Einwand ist so ebenso einfach wie richtig: Wir wissen nicht, ob das, was wir für *richtig* halten, uns auch an das Ziel führt, das wir für *notwendig* halten. Wenn wir also darüber sprechen, wer warum welcher Verantwortung nicht nachgekommen sein mag, sein Amt einfach niedergelegt hat oder unverantwortlich mit Steuergeldern umgegangen ist, fangen wir bereits im diskursiven Akt an, ganz konkret zu werden. Worum geht es, was verstehen wir im zur Diskussion stehenden Zusammenhang unter Verantwortung und welche Alternative wäre aus welchen Gründen die bessere gewesen? Wie können wir etwas beurteilen, welches Wissen ist vonnöten und wo liegen die Grenzen dessen, was wir verantwortungsvoll zu regeln versuchen? Verantwortung ist nur so lange eine Art Selbstverständlichkeit, solange wir nicht nachfragen. Aber erst dann wird es konkret, und wir können herausfinden, worauf es wirklich ankommt.

Verantwortung ist die Suche nach guten Antworten

Beginnen wir mit einer konkreten Situation, in der, wie wir von Karl Jaspers gehört haben, verantwortungsvolles Handeln erst zum Ausdruck kommen kann – hier vielleicht in einer besonders dramatischen Form: Die Kapitänin Carola Rackete, die im Juni 2019 mit dem Seenotrettungskreuzer *Seawatch 3* nach wochenlangem Warten dreiundfünfzig libysche Flüchtlinge auf die italienische Insel Lampedusa brachte, entschied sich zu dieser Handlung entgegen der Auflagen der italienischen Behörden. Die Flüchtlinge hätten Italien nicht betreten dürfen. Carola Rackete machte sich strafbar, indem sie die Menschen ans sichere Land brachte, und übernahm dafür die persönliche Verantwortung. Was aber bedeutet das in diesem Fall genau? Rackete war als Kapitänin zuständig; sie war qua ihrer Führungsrolle diejenige, die eine Entscheidung treffen musste; zudem war sie kompetent und im Vollbesitz ihrer geistigen Kräfte und damit in der Lage, den Bruch gesetzlicher Vorgaben ins Verhältnis zu dem zu setzen, was ihrer Vorstellung nach das Richtige war. In einem Interview mit der ARD am 5. Juli 2019,[3] das aufgrund von Drohungen an einem geheimen Ort in Sizilien geführt werden musste, erklärte sie, dass sie diese Entscheidung auf Basis der Expertise der Crewmitglieder, die die Geflüchteten versorgten, abgewogen hätte, gemeinsam mit dem medizinischen Personal, das den Zustand der Geflüchteten als sehr besorgniserregend eingeschätzt hatte (es gab Androhungen von Hungerstreiks und Suizidgedanken). Gleichzeitig hätten offizielle Stellen wie die libysche Küstenwache erst spät und sehr zögerlich auf E-Mail-Anfragen reagiert, sodass sie ihrer Pflicht hätte nachkommen müssen, Menschen in Not zu helfen. Carola Rackete spricht von einer »Mauer des Schweigens«, auf die sie getroffen sei.

Rackete hat also auf verschiedenen Ebenen Verantwortung übernommen: eine Rollen- und Handlungsverantwortung, die sie ihrer Eigenschaft als Kapitänin in der konkreten Situation ohnehin trug; aus ihrer Entscheidung resultierend eine rechtliche Verantwortung, die dazu führte, dass sie die Konsequenzen eines Gesetzesbruchs zu tragen hatte; und eine moralische Verantwortung, die sie offenbar dazu bewogen hat, eine solche Entscheidung zu treffen. Rackete hat auf eine problematische Aufgabenstellung eine Antwort gefunden, die auch hätte anders ausfallen können, aber für sie die einzig richtige gewesen ist.[4]

Während Carola Rackete also in einer Kaskade unterschiedlicher Verantwortungsanforderungen eine (für sie) richtige Entscheidung getroffen hat, können wir am Beispiel eines anderen Kapitäns sehen, dass selbst die grundlegende Handlungs- bzw. Rollenverantwortung nicht selbstverständlich erfüllt wird. Kapitän Francesco Schettino war 2012 der verantwortliche Schiffsführer bei der Havarie des Kreuzfahrtschiffs *Costa Concordia* vor der italienischen Insel Giglio, bei der er schnellstmöglich das eigene Schiff verließ, bevor für die Sicherheit der Passagiere und Mannschaften gesorgt war. Zweiunddreißig Menschen starben bei diesem Unglück, und ein italienisches Gericht zog Schettino zu der Verantwortung, die er nicht hatte tragen wollen: Er wurde zu sechzehn Jahren Haft wegen fahrlässiger Tötung verurteilt.[5]

Verantwortliches Handeln ist also keine Selbstverständlichkeit – es versteht sich nicht von selbst und bezieht sich auf verschiedene Ebenen des eigenen Tuns. Der Unterschied im Handeln von Carola Rackete und Francesco Schettino scheint offensichtlich: Die eine hat das Richtige getan, der andere nicht. So weit, so klar. Aber was genau bedeutet: das Richtige? Rein rechtlich hat Rackete etwas Verbotenes getan, dass es damit aber nicht notwendig auch das Falsche war, ist der Punkt, an dem die Sache interessant wird. Die Reaktionen auf die Entscheidung Racketes zeigen jedenfalls, dass es offenbar auch moralisch so einfach dann doch nicht ist, schließlich wurde sie sowohl verurteilt als auch bejubelt. Wie also finden wir heraus, was daran gut, was das Richtige ist und wer dieses Urteil fällen kann?

Zunächst können wir festhalten: In Situationen, in denen wir verantwortlich sind, müssen wir – aufgrund von Rolle, Zuständigkeit oder Kompetenz – in der Lage sein, eine Entscheidung zu treffen (also hier: die Befehlsgewalt der Kapitänin), eine Antwort zu geben oder gegenüber Institutionen, der Öffentlichkeit, dem eigenen Umfeld Gründe anzuführen und uns zu rechtfertigen (die humanitäre Verpflichtung, die Flüchtlinge sicher an Land zu bringen).

Wir sind also – das Beispiel des Flüchtlingsschiffes hat es in besonders dramatischer Weise gezeigt – in einer konkreten Situation immer verantwortlich für etwas oder jemanden und gegenüber (mindestens) einem anderen, sodass sich jede Verantwortlichkeit als eine mindestens dreistellige Relation (X ist verantwortlich für Y gegenüber Z) zum Ausdruck bringen lässt, möglicherweise sogar als vier- oder fünfstellige, wenn in diese Relationen die Normen, unter denen verantwortliches Handeln entsteht, bzw. die Adressaten, an die es gerichtet ist, hineingenommen werden (dann wäre X für Y gegenüber Z verantwortlich aufgrund von A und vor B).[6] Zusammengefasst bedeutet das Hinzunehmen der beiden letzten Instanzen für unser Beispiel, dass wir unser Handeln mit einem möglicherweise idealen »Sollen« (hier: eine Welt, in der Flüchtlinge nicht im Mittelmeer ertrinken müssen) abgleichen und vor der Öffentlichkeit als Praxis vertreten, die auf guten Gründen beruht. Darin können diese Gründe unterschiedlich sein, wenn wir z.B. davon ausgehen, dass für den einen die Beseitigung der Fluchtursachen im Vordergrund steht und für den anderen die Aufnahme von

Geflüchteten in Drittländern. Beides kann den Kriterien einer verantwortungsvollen Praxis genügen, auch wenn die Handlungen, die daraus folgen, sehr unterschiedlich sind.

Mit der Differenzierung dieser verschiedenen relationalen Ebenen sind wir also schon einen Schritt weiter im Verständnis dessen, was wir mit Verantwortung meinen. Jeden Tag erleben wir aber im eigenen Alltag genauso wie in Politik und Gesellschaft, dass sich diese Ebenen im Ringen um Verantwortung vermischen, unklar und diffus werden. Der Anspruch einer eindeutigen Definition ist schwer zu erfüllen, wenn nicht ganz klar ist, wem welche Zuständigkeit, Rolle oder Kompetenz zuzuschreiben ist, und welche Folgen welchen Handelns eigentlich die sind, die wir für richtig halten oder zumindest wünschen. Oft zu schnell, unaufmerksam und intuitiv fällen wir Urteile, kritisieren, sind empört oder nicken zustimmend. Menschen treffen unbequeme Entscheidungen, nehmen Einschnitte vor, ziehen Grenzen oder müssen ganz konkret z.B. das Wohl ihrer Patienten im Auge behalten – und können dabei ebenso verantwortungsvoll wie verantwortungslos vorgehen. Aber wo können und sollten wir wirklich von Verantwortung sprechen? Ein Politiker beantwortet diese Frage anders als eine Kapitänin, ein Arzt anders als eine Mutter oder eine Richterin, und in Zeiten von globalen Aufgaben und Krisen ist offenbar jeder von uns gefragt, sich zu überlegen, wie er oder sie ein verantwortungsbewusster Teil der zivilen Gemeinschaft sein kann. Es kommt also wieder *darauf an.*

Muss es aber in all dem nicht auch eine universale Vorstellung des Guten geben, damit nicht jeder einfach das als das Richtige absegnen kann, was er oder sie will? Es kann doch nicht jeder Grund ein guter sein, jedes Interesse oder jede Kompetenz die Möglichkeit verantwortlichen Handelns in sich tragen, denn schließlich sind manche Haltungen und Handlungen vielleicht richtiger als andere. Diese Überzeugung – gleichwohl in der Philosophie seit der Antike nicht unumstritten – bildet die Prämisse der folgenden Überlegungen: Nur wenn es grundsätzlich möglich ist, das Gute vom Schlechten zu trennen, ist es sinnvoll und notwendig, ein Verantwortungsbewusstsein auszuprägen. Könnten wir uns immer damit herausreden, dass es letztlich doch alles irgendwie relativ ist und von jedem selbst abhängt, was er oder sie für gut und richtig hält, wäre die Rechtfertigung des eigenen Handelns immer vom Wohlwollen und ein Stück weit der Willkür meines Gegenübers abhängig. Dass es sich bei verantwortlichem Handeln um eine relationale Praxis handelt, heißt aber nicht, dass es sich nach Belieben drehen und wenden kann, sondern es zeichnet sich durch den Bezug zu dem, was darin als das allgemein gültige Gute gilt, verbindlich aus. Verantwortung hat immer etwas damit zu tun, in der Unterschiedlichkeit der Kontexte ernsthaft nach der (kontextabhängig) bestmöglichen Antwort auf eine Frage oder eine Handlungsaufforderung zu suchen, die für andere nachvollziehbar sein muss.

Um sich in diesen beweglichen, aber nicht beliebigen Kontexten orientieren zu können und eine eigene Perspektive auf das eigene Handeln zu entwickeln, hilft es uns nicht nur weiter, dass wir in der Lage sind, Möglichkeiten abzuwägen, sondern auch wahrhaft gute Gründe für die Möglichkeiten anzugeben, die wir anderen vorziehen. So schreibt der Philosoph Julian Nida-Rümelin in seinem Traktat zur Verantwortung, dass der eigentliche Kern der Übernahme von Verantwortung in jedem nur erdenklichen Kontext mit der menschlichen Fähigkeit zu tun hat, »sich von Gründen leiten zu lassen«.[7] Diese Gründe lassen sich ganz unterschiedlich herleiten, um die verschiedenen Relationen und Ebenen von Verantwortung abbilden zu können: rechtlich, moralisch, wissenschaftlich, politisch etwa oder ganz persönlich. Und all diese Ebenen ziehen eigene Praktiken nach sich, vermischen sich und müssen pfadabhängig geklärt werden.

Worauf also gründet unser Handeln? Der Karlsruher Philosoph Hans Lenk spricht von der Intention, die unserem Handeln eine Richtung gibt und damit entscheidend dafür ist, wie wir unsere Handlungen begründen. Wir sind als Menschen in der besonderen Lage, dies tun zu können, und werden nur so einer moralischen Würde gerecht, so Lenk – eine Einsicht, die uns noch beschäftigen wird.[8] In der Idee einer solchen Würde sind wir also mit der Gabe zur Verantwortung ausgezeichnet und gleichzeitig aufgerufen, eben weil wir unser Handeln von Gründen leiten lassen können. Manche dieser Gründe sind individuell und gelten nicht für jeden, andere stehen in einem sozialen Kontext schlicht nicht zur Verhandlung, sondern haben einen unmittelbaren Bezug zu dem, was wir als das Gute begreifen.

Hier tut sich nun die schwierige Frage auf, ob wir »das Gute« als relativ oder universal auffassen können bzw.

wollen – ein Streit, der seit Jahrhunderten nicht beizulegen ist. Eine Studie der Universität Oxford aus dem Jahr 2019 gelangt hier zu ein paar richtungsweisenden empirischen Ergebnissen. Der Anthropologe Oliver Scott Curry, der die groß angelegte Untersuchung mit weltweit über sechshunderttausend Teilnehmern aus sechzig Kulturen leitete, kommt zu der schlichten Überzeugung: »Überall auf der Welt teilen Menschen einen gemeinsamen Moralkodex.« Das Forscherteam von der School of Anthropology & Museum Ethnography ist überzeugt, dass diese moralischen Verhaltensregeln sich überall etabliert haben, wo menschliches Zusammenleben gelingen soll – unabhängig von kulturellen oder religiösen Besonderheiten. Sieben Grundsätze werden in der Studie genannt, die immer als moralisch gut bewertet werden: Unterstützung der Familie, Unterstützung der eigenen sozialen Gruppe, sich für Gefälligkeiten erkenntlich zu zeigen, sich zu revanchieren, mutig zu sein, Respekt vor Vorgesetzten zu haben, Ressourcen gerecht zu verteilen und das Eigentum bzw. den Besitz anderer zu respektieren.[9] Diesen moralischen Verhaltensregeln liegt offenbar etwas zugrunde, was wir als eine grundsätzliche Orientierung am Guten nicht infrage gestellt wissen wollen, so unterschiedlich das daraus folgende Handeln sein mag – so die Studie.

Diese Haltung findet sich auch in der Moralphilosophie. Der britische Philosoph Derek Parfit etwa ist davon überzeugt, dass es Sachverhalte gibt, über die man nicht unterschiedlicher Ansicht sein könne. So könne es z. B. keinen guten Grund für den Klimawandel geben oder für die Gewalt an unschuldigen Menschen.[10] Hieraus ergeben sich laut Parfit »Tatsachen«, die als Gründe für unser Handeln anzuführen sind und die nicht von den Werten oder gar Wünschen eines Einzelnen abhängig gemacht werden können. Und diese Tatsachen gelten auch in sehr individuellen Entscheidungsmomenten, die nicht auf das große Ganze gerichtet sind.

In seinem Werk *On What Matters* beschreibt Parfit ein prägnantes Beispiel, um den Unterschied zwischen Gründen und Wünschen deutlich zu machen: Stellen Sie sich vor, Sie sind in einem brennenden Hotelzimmer eingeschlossen und müssen aus dem Fenster in einen Kanal springen, um ihr Leben zu retten. Würde ein Beobachter die Szene beurteilen, wäre er sicher, dass Sie einen guten Grund hatten, aus dem Fenster zu springen, auch wenn es sicher nicht Ihr Wunsch war, dies zu tun. Der Grund ist die Bedrohung Ihres Lebens, und dieser Grund ist stärker als jeder Wunsch. – Aus diesem Bild ergibt sich etwas für uns sehr Wichtiges, nämlich ein anderes Verständnis von Rationalität, weil diese Gründe nicht zwingend unserem Verstand zugänglich sein müssen. Ein Grund ist damit mehr als die Ursache eines Sachverhalts, nämlich auch die nicht immer herzuleitende oder erklärbare innere oder äußere Motivation für das, was wir uns wünschen. Das heißt nach Parfit, dass unsere Wünsche aus Gründen resultieren, damit es überhaupt Wünsche sein können – und eben diese tieferen Gründe gilt es herauszufinden.[11]

Die wichtige Frage hier ist, ob es – und Parfit bejaht dies – Gründe gibt, die, wie er es nennt, »objektgegeben« sind und damit Maßstäbe dafür bieten, dass etwas wichtig *ist* und nicht nur von uns für wichtig gehalten wird. Es sind diese Gründe, die uns zur Verantwortung aufrufen, wie etwa die Wahrung der Zukunft unseres Planeten oder die Aufgabe, sich um das Wohl und Wehe geflüchteter Menschen zu sorgen. In dieser Objektgegebenheit liegt für Derek Parfit die Grundlage dafür, dass es nicht nur nicht wünschenswert, sondern auch nicht vernünftig sein kann, nur das zu tun, was wir uns als einzelner Mensch wünschen oder was unser persönliches Wohlergehen steigert: »Unser eigenes zukünftiges Wohlergehen ist nicht das höchste rationale Anliegen.«[12] Es geht um mehr, und es gilt, das eigene Wohlbefinden und die eigenen Wünsche zurückzustellen, um etwas anderes möglich zu machen, hin und wieder um aber fast paradoxerweise auch das eigene Wohlbefinden absichern zu können.

Bleiben wir bei dem Bild des Hotelzimmers. Natürlich springen wir nur aus dem Fenster, um unser mögliches zukünftiges Wohlergehen abzusichern, eine Bedrohung für Leib und Leben abzuwenden, aber übertragen wir dieses Verhalten z. B. auf den gegenwärtigen Umgang mit dem Klimawandel, verhalten wir uns eher so, als würden wir in diesem Hotelzimmer noch eine Party feiern, weil wir Angst haben, uns um die Annehmlichkeiten des Zimmerservice zu bringen, wenn wir raus in den Kanal springen.

Es geht also bei der Überlegung, wie wir uns in unserem verantwortlichen Handeln von Gründen leiten lassen, darum, die unmittelbaren Folgen des eigenen Tuns mit den langfristigen Wirkungsmöglichkeiten abzugleichen: Risiko beim Sprung in den Kanal, im Falle des Gelingens aber Sicherung des eigenen Überlebens. In diesen Abwägungen spielt die Vorstellung, dass wir die Auswirkungen unseres Handelns im Guten wie im Schlechten erleben werden, eine nicht unwichtige Rolle. Habe ich die Verantwortung dafür, dass es mir und meinen Lieben heute gut geht? Oder bezieht sich meine Verantwortung auch auf eine Zukunft, die vielleicht meinen Enkelkindern zugutekommt, heute aber Verzicht und Beschränkung notwendig macht? Das vierte Kapitel wird sich dieser Frage ausführlich widmen.

Es zeigt sich also, dass wir mit diesem skizzierten Geflecht einer notwendigen Verantwortungspraxis ebenfalls verantwortungsvoll umgehen müssen. Wir haben es mit einer konkreten kommunikativen Form des Handelns – einem diskursiven Akt, der je nach Gestaltung soziale Auswirkungen hat – zu tun, die nach Antworten auf komplexe Fragestellungen sucht, nach Antworten, die zwar auf guten Gründen basieren, sich aber nicht allein als rational erklärbare Vernunfterwägungen beschreiben lassen (ein wichtiger Gedanke, den wir im zweiten Kapitel intensiv verfolgen wollen). Dabei richtet sich verantwortliches Handeln auf die Vergangenheit, wesentlich aber auf die Gegenwart und die Zukunft, mit dem Ziel, nach einem Prozess der Abwägung Handlungsoptionen aufzuzeigen, die sich *das Gute* bzw. *das Richtige* zum Kompass für die eigene Entscheidung machen.

Diese Zusammenfassung ist zugleich ein Ausgangspunkt, denn aus den beschriebenen Einsichten ergeben sich immer weitere Fragestellungen – ein Umstand, der verantwortliche Praxis ausmacht und sie von äußerer Pflichterfüllung oder Gehorsam abgrenzt. In seinem beständigen Bezug zu guten Gründen unterscheidet sich verantwortungsvolles Handeln auch von einer rein instinktiven Reaktion, die wir ähnlich wie andere Tiere ausführen, ohne darüber nachzudenken,[13] ebenso aber von reinem Funktionieren oder strategischen Überlegungen, die andere Kriterien für das eigene Handeln anlegen. Wir *können* nach dem Guten streben, und wenn wir Verantwortung übernehmen, verpflichten wir uns selbst, dies auch zu tun – weil wir durch unsere Rolle zuständig, rechtlich daran gebunden oder moralisch dazu aufgerufen sind (oder alles gleichzeitig). Denken wir an die Kapitänin Rackete, dann macht es sich jemand, der Verantwortung trägt und übernimmt, niemals leicht, sucht also nicht nach einer bequemen Antwort, sondern nach einer, die im Sinne des Guten tragfähig und vertretbar sein kann. Tut sie oder er dies nicht, handelt die Person auch auf irgendeine Weise, aber eben nicht verantwortlich. Es geht darum, eine Antwort finden zu *wollen*, sich also gedanklich mit den bestehenden Möglichkeiten zu befassen, sie abzuwägen, um eine Wahl zu treffen, die sich sprachlich begründen, also auch diskursiv verteidigen lässt. Das Wort »Verantwortung«, übertragen aus dem lateinischen *respondere*, meint die menschliche Möglichkeit und Fähigkeit, eine Antwort geben zu können – ganz ähnlich wie der englische Begriff *responsibility* oder das französische *responsabilité*. Eine solche Antwort muss allerdings bestimmten Kriterien genügen, die wir oft unausgesprochen daran messen, ob sie sich am Guten und

Richtigen orientieren, bzw. daran, gut und richtig handeln zu wollen, möglicherweise auch entgegen den eigenen Interessen.

Verantwortung ist also immer eine normative Haltung, sie ist darauf ausgerichtet, eine Verbesserung zum Guten wirksam werden zu lassen, die nichts mit dem eigenen Wohlbefinden zu tun haben muss. Stellen wir also für den Moment fest: Jeder Versuch, verantwortungsvoll zu handeln, ist ein normativer Aufbruch, um einen gesollten Zustand herstellen zu wollen, den wir sprachlich begründen und vor einer dritten Instanz vertreten können: Rette ich Menschenleben oder befolge ich Gesetze? Rette ich mein eigenes Leben oder sorge ich für das der anderen? Sichere ich meinen Wohlstand oder verzichte ich auch zugunsten zukünftiger Generationen? Fragen, die nach Antworten suchen – immer wieder aufs Neue.

Wichtig ist an diesem Punkt, antworten zu *wollen* und nicht zu sollen. Die Suche nach Antworten bedeutet nicht, dass wir immer eine finden können oder müssen, die eindeutig oder unbestreitbar ist und uns so zweifelsfrei vorgibt, was zu tun ist – nicht weil wir das nicht wollten, sondern weil es nicht immer möglich ist. Damit sind wir als Verantwortliche nicht verpflichtet, eine Lösung oder ein Ergebnis zu präsentieren, sondern eine Entscheidung zu treffen, die wir im Sinne des Guten begründen können.

Fassen wir noch einmal zusammen: Verantwortung tragen wir immer im Rahmen eines Kontextes alternativer Möglichkeiten, der über uns hinausgeht, den wir interpretieren und sprachlich fassbar machen müssen und den wir in unserem Verhalten ausdrücken bzw. vor anderen rechtfertigen können müssen. Das heißt, dass jede Form verantwortlichen Handelns in Beziehung zu etwas stehen muss, das konkret an den Moment der Handlung gebunden ist: Verantwortung ist damit immer relational (was nicht heißt, dass sie relativistisch oder willkürlich ist, wie wir bereits gehört haben). Verantwortliche Praxis bedarf der Abwägung und der eigenen Entscheidungskraft, wurzelt aber gleichzeitig in begründbarem Wissen und einem Referenzrahmen, auf den sich alle Teile der Relation verständigen können und der auch über diesen Rahmen hinaus nachvollziehbar sein muss.

Aber selbst wenn es möglich wäre, dass wir uns vor jeder wichtigen Entscheidung zwei Tage einschließen und all diese Punkte gründlich überdenken, wären sie nicht konsequent eindeutig zu klären. Wir alle kennen die liebe Not, wenn es zwischen unterschiedlichen Möglichkeiten zu wählen gilt, die alle auf etwas Gutes oder Richtiges hinweisen. Arbeitsplätze oder Umwelt? Familie oder Beruf? Die Dilemmata lassen sich nahezu beliebig fortsetzen.

Bleiben wir aber bei unserem Beispiel: Welche Entscheidung treffe ich als Kapitänin, wenn die Lage komplizierter ist, ich z. B. Menschen in einem Sturm aus dem Mittelmeer retten könnte, dafür aber die Sicherheit derjenigen aufs Spiel setzen muss, die bereits an Bord sind? Der Schriftsteller und Jurist Ferdinand von Schirach führt in seinem Theaterstück *Terror* (in dem verhandelt wird, ob es strafbar ist, ein Passagierflugzeug abzuschießen, mit dem ein Terroranschlag auf ein Stadion verübt werden soll) den Fall des amerikanischen Steuermannes Holmes an, der 1842 in den USA anhängig war.[14] Nach einem Schiffsunglück musste Holmes entscheiden, welche Menschen ins Rettungsboot durften und welche zurückbleiben mussten. Ihn selbst eingeschlossen. Das Gericht entschied, dass er sich als Verantwortlicher selbst retten durfte, um die anderen Menschen retten zu können. Hier geht also der Kapitän ebenfalls von Bord, aber anders als Francesco Schettino nicht, um seine eigene Haut zu retten, sondern um sicherzustellen, dass er die Haut anderer retten kann. Auch wenn das heißt, dass in dem Rettungsboot ein Platz weniger für eine zu rettende Person ist. Hätte das Gericht auch anders entscheiden können? – Gewiss, denn die Uneindeutigkeit macht eben das Dilemma aus.[15]

Die Tatsache, dass wir in diesen nicht eindeutigen Situationen – in Momenten also, in denen wir nicht genau wissen, wie wir das Gute oder Richtige zum Ausdruck und zur Tat bringen können – Möglichkeiten und Gründe abwägen, nach den Folgen der eigenen Entscheidung fragen und uns in diesem Frage- und Antwortgeflecht Handlungsoptionen erarbeiten können, die wir aus guten Gründen anderen vorziehen, zeichnet uns als verantwortungsbewusste Wesen aus. Dass wir nicht immer genau wissen können, was das Gute in seiner verwirklichten Form ist, enttarnt uns somit nicht als verantwortungslose Wesen. Vielmehr macht die Tatsache, dass wir dennoch nach Antworten suchen, deutlich, dass wir verantwortungsvoll sein können.

Dafür brauchen wir gerade in komplexen und dynamischen Zeiten, in denen wir die Kontexte, in denen wir uns auf die Suche nach Antworten machen, immer weniger überblicken können, ein Instrumentarium, das dem Anspruch des Abwägens von guten Gründen gerecht werden kann. Dieses Instrumentarium setzt bei einer Art Begriffsgeflecht oder »Grammatik« an, mithin einer sprachlichen Praxis, mit der wir arbeiten, um die Möglichkeiten zum Ausdruck zu bringen, die wir begründen und mit deren Hilfe wir argumentieren, deuten und entscheiden können. Wie sprechen wir über Wesentliches, wie versichern wir uns der Möglichkeit eines gemeinsamen Verstehens oder nur der Möglichkeit, verständlich zu sein? Der britische Historiker Tony Judt, der 2010 starb, sagte wenige Wochen vor seinem Tod in einem Interview, er habe seit Langem »den Eindruck, dass wir den Kontakt zur Sprache verloren haben, in der wir früher über öffentliche Güter und die Rechtfertigungen öffentlicher Ausgaben gestritten haben. Wir haben aufgehört, wie eine Gesellschaft zu denken, und stellen uns stattdessen als ein Bündel individueller Interessen dar.«[16]

Bringen wir aber nur das zum Ausdruck, was (für uns) von Interesse ist, dann verlieren wir den Bezug zu etwas, das auch über ebendiese Interessen hinaus für eine gelingende Gemeinschaft von Wert ist, auf die wir auch in der Verwirklichung unserer Interessen angewiesen sind und bleiben werden. Und dafür brauchen wir sprachliches Rüstzeug, um der geltenden Rhetorik von Gewinn, Wachstum und Leistung des Einzelnen wahrhaft etwas entgegensetzen zu können. Mithilfe einer ethisch wahrhaftigen und damit gemeinschaftsorientierten Sprache können wir klären, wie wir uns verständigen wollen, um auf der Basis eines gemeinsamen Verstehens zu Verhaltensweisen zu finden, die nicht in jedem Kontext neu verhandelt werden müssen, es uns aber erleichtern, wenn auch nicht immer das Richtige zu tun, so doch weiter und tatkräftig danach zu streben.

Immer wieder aufs Neue gilt es in einer konkreten Situation, die Verwendung des Begriffs Verantwortung zu überprüfen, festzustellen, von welcher Form verantwortlichen Handelns wir sprechen, um das Beziehungsgeflecht zu verstehen, in dem Verantwortung wirksam werden soll, und eine Antwort zu finden, die tragfähig und vertretbar sein kann. Es kommt zwar *darauf an*, aber es gilt zu wissen, worauf.

Die Beziehung des Verantwortlichen zum Gegenstand seines Handelns muss aus guten Gründen nachvollziehbar sein und führt zu Antworten, die unterschiedlich sein können, aber eben nicht willkürlich. Sie ähneln den Himmelsrichtungen, die nur in Bezug zur räumlichen Position einer Person oder eines Ortes zu bestimmen sind: Wenn ich wissen will, ob Hamburg im Norden oder im Süden liegt, dann muss ich, um diese Frage zu beantworten, wissen, wo ich stehe: Was von München aus nördlich ist, ist von Helsinki aus südlich. Es hängt also zwar davon ab, wo ich stehe, aber ich kann nicht einfach entscheiden, was mir am besten passt. Auf der Basis verallgemeinerbaren Wissens lässt sich hier eine richtige (und genauso natürlich eine falsche) Antwort geben. Ebenso ist es in der Beziehung, die ich zu Situationen eingehe, in denen ich verantwortlich handeln will, muss oder sollte: Mein Standpunkt und die gegebenen Bedingungen entscheiden mit. Und inwieweit ich meinen Standpunkt rechtfertigen kann, hängt auch von meiner Fertigkeit ab, das Richtige zu erkennen und zu formulieren: Wie gut kenne ich meine eigenen Überzeugungen und Wertvorstellungen – und in welchem moralischen Kontext bewege ich mich damit?

Um uns in diesem Geflecht von Einsichten und Fragen nicht zu verirren, wollen wir uns im Folgenden auf den letztgenannten Aspekt der Verantwortung konzentrieren: eine intentionale Gerichtetheit auf das Gute, die dem normativen Charakter jeder Verantwortungspraxis innewohnt und damit festschreibt, dass Verantwortung ohne Moral nicht denkbar ist. Verantwortliches Handeln muss also immer der Versuch sein, gute Antworten zu finden, die nicht nur Einzelinteressen dienen oder nützlich oder zweckmäßig sind.

Eine Frage der Moral: Das menschliche Streben nach dem Guten

Viele der Überlegungen, die uns derzeit beschäftigen, wenn wir versuchen, die richtigen Entscheidungen im Hinblick auf unsere persönliche Lebensführung, aber auch auf eine Haltung zu den wesentlichen Fragen zu treffen, gehören in den Bereich der Moral. Die Frage nach moralischer Verantwortung stellt sich, sobald wir darüber nachdenken, wie wir unser Tun an dem ausrichten, was wir für gut halten.[17] Darin stoßen wir beständig auf Uneinigkeiten und kontroverse Deutungen, die lange Zeit aber mit dem Hinweis weggewischt wurden, dass sich das Moralische doch von selbst verstehe, also nicht eigens zum Thema gemacht werden müsse.[18] Die Philosophie ringt dennoch und weil es eben nicht evident ist, seit über zweitausend Jahren um Antworten, ohne sicher zu sein, was dieses Gute nun eigentlich ganz genau ist, das wir mithilfe der Moral zum Ausdruck zu bringen versuchen. Schon Sokrates antwortet auf die Frage des jungen Menon, woran das Tugendhafte, also das am Guten ausgerichtete Handeln denn zu erkennen sei: »(…) ich (…) mache mir Vorwürfe, überhaupt nichts über das Gutsein zu wissen. Was ich nicht kenne und wovon ich nicht weiß, was es ist, wie könnte ich davon wissen, wie es beschaffen ist?« Menon will aber nicht glauben, dass Sokrates so wenig vom Gutsein versteht. Solle er denn zu Hause von seinem Gespräch mit einem der weisesten Männern erzählen, dass dieser nicht wisse, was das Gute sei? Darauf entgegnet Sokrates: »Erzähle nicht nur das, sondern auch, dass ich, wie mir scheint, keinen anderen getroffen habe, der es wusste.«[19]

In seinen Dialogen versteht Platon das Gute als eine Art uns innewohnendes Prinzip, das unser Handeln leitet und uns Orientierung gibt. An anderer Stelle vergleicht er das Gute als Leitlinie für das menschliche Handeln mit der Bedeutung des Sonnenlichts für das menschliche Sehen. Ohne dieses Licht des Guten tappen wir also moralisch im Dunkeln, gleichzeitig müssen wir es aber in unserem Handeln zum Ausdruck bringen, um es sichtbar zu machen. Das Gute ist also weniger etwas, das wir entdecken oder wie eine Erkenntnis zum Vorschein bringen können, sondern eher eine Form der prozesshaften Übereinstimmung unseres Handelns mit dem, was wir für richtig halten: Das Gute muss in uns selbst zum Ausdruck kommen, immer wieder aufs Neue.

Auch Platons Schüler Aristoteles bleibt bei dieser Ausrichtung am Guten, wird darin nur deutlich pragmatischer: In seiner *Nikomachischen Ethik* beschreibt er die *eudaimonia*[20] (die Glückseligkeit) als das Ziel eines »guten Lebens«, das aber nur erreicht werden könne, wenn jeder Einzelne sich tugendhaft (also moralischen Grundsätzen entsprechend) verhalte. Dabei geht es nicht um Tugendterror und moralischen Verzicht auf das, was wir eigentlich gern tun würden: Wir dürfen in diesem guten Leben durchaus persönliches Wohlbefinden erwarten, das Freude, Glück und Genuss einschließt, aber auch dazu führt, dass ein Leben in Gemeinschaft gelingen kann.

Moral und Ethik sind also ihren antiken Beschreibungen zufolge keine Kategorien, die uns allein mit mahnendem Zeigefinger und moralinsaurer Besserwisserei begegnen, uns aber ausdrücklich darauf hinweisen, dass das allein auf das Eigene Bezogene niemals das Gute sein kann. Und darin liegt dann doch ein nachdenklicher Appell: In moralischen und ethischen Überlegungen geht es darum, herauszufinden, welche Bedingungen und welchen gemeinschaftlichen Rahmen wir wählen können und wollen, um das Gute im Sinne eines tragfähigen Gemeinwohls zum Ausdruck zu bringen.

Begreift man also moralische Verantwortung in diesem Sinne als das Streben nach dem Guten und dem Gemeinwohl Zuträglichen, dann ist es auch unumgänglich zu fragen, was es uns bedeutet, wenn im Namen der Verantwortung gegen ebendiese moralischen Prinzipien verstoßen wird. Denken wir an Fälle, in denen Unternehmenslenker Verantwortung ausschließlich für den größtmöglichen Profit übernehmen, dabei aber moralisch eine Bankrotterklärung einreichen, sei es mit krimineller Energie wie beim Zahlungsdienstleister *Wirecard*, sei es mit profitgieriger Skrupellosigkeit wie bei manchen Automobilkonzernen, die Steuergelder zur eigenen Rettung beantragen, um gescheiterten Vorständen Boni auszuzahlen. In solchen Fällen lässt sich in unserem Verständnis nicht mehr von Verantwortung sprechen, auch wenn der eine oder andere Konzernchef hier sicher anderer Meinung wäre und moralische Vorgaben für idealistischen Hokuspokus hält.

Was also ist mit Moral gemeint, wenn wir darüber so unterschiedlicher Meinung sein können und doch irgendwie gemeinsam davon ausgehen, dass sich unser Handeln an dem ausrichten sollte, was gut und richtig ist? Bleiben wir noch einen Moment bei diesem Begriff, der ursprünglich vom lateinischen Wort *mores* abstammt und so viel wie Sitten bedeutet – ein Wort, das wir heute eher selten und ungern nutzen. Das Phänomen des Sittlichen klingt nach verstaubten Konventionen, die wir eigentlich hinter uns lassen wollen, meint letztlich aber nichts anderes als den Versuch, den Umgang miteinander so zu regeln, dass das Zusammenleben möglichst reibungslos funktioniert, indem es bezeichnet, was als üblich, angemessen und in einem weiteren Sinne als gut betrachtet wird.[21] Wie solche Regeln aussehen könnten, wird uns im dritten Kapitel beschäftigen, hier ist zunächst nur wichtig, dass es bei moralischen Geboten um Regeln geht, denen wir aus guten Gründen folgen wollen. So sollte es zumindest sein. Auch hier kommt das Gute in einer bestimmten Beziehung zum Ausdruck, ist damit also nicht absolut zu bestimmen, sondern relational zu erfahren. Mit anderen Worten: Sittliche Verhältnisse sind nicht fest und eindeutig, sondern sie entstehen immer wieder neu, indem wir uns in und zu der Welt verhalten und darin das Gute als Form von sinnvoller Übereinstimmung mit der Welt anstreben.

Der Philosoph Robert Spaemann versteht sittliche Praxis im Sinne der antiken aristotelischen Ethik als eine vernünftige Praxis, die den Zustand der *eudaimonia* nicht als persönliches Glücksempfinden auslegt, sondern als einen »sinnvollen Zustand des Menschseins«, als ein organisches Selbstverhältnis des Menschen zur Welt.[22] Das Phänomen des Sittlichen wird demnach durch normative Handlungsanweisungen verwirklicht, die wir Moral nennen und die dazu dienen, den Einzelnen in seinem Selbstverhältnis zur Welt zu stärken. Die gängige Moral in einer Kultur oder einer Gemeinschaft ist in diesem Sinne so etwas wie die Summe aller von der jeweiligen Gesellschaft anerkannten Normen und Ideale, die aufgrund geltender Überzeugungen vorgeben, wie man sich richtigerweise zu verhalten hat, um das eigene Handeln in einer sozialen Gemeinschaft als gut beschreiben zu können.[23] Das klingt nun so, als bräuchten wir nichts anderes zu tun, als uns an gegebene Moralvorstellungen zu halten und sittliche Gebote zu befolgen, um die Garantie zu haben, ein guter Mensch zu sein. Vermutlich sind wir uns einig, dass das allein nicht reichen kann und den wesentlichen Punkt moralischer Verantwortung gerade verfehlt: nicht blind und aus Gewohnheit zu folgen und zu gehorchen, sondern unser Handeln in Bezug auf das, was wir als das Gute wirksam werden lassen wollen, immer wieder auf den Prüfstand zu stellen.

Moralische Verantwortung ist etwas anderes als die Erfüllung von Pflichten, aber sie kann durchaus dazu führen, dass wir bestimmte Pflichten als moralisch sinnvoll anerkennen. Der Begriff der Pflicht berührt den der Verantwortung zwar an seinen Grenzen, aber eine Pflicht ist eben deshalb eine, weil man ihr aus bereits bestehenden Gründen (ein Gesetz, ein Versprechen, eine Bedrohung) nachkommen muss. Tut man dies nicht, drohen Sanktionen, Verluste oder Ähnliches. Verantwortung zu tragen bedeutet hingegen, sich auch und vielleicht gerade im Kontext gegebener Regelungen auf die Suche nach begründbaren Alternativen zu machen, wenn man feststellt, dass diese Regelungen nicht im Sinne des Guten sein können. Der Soziologe Hans Freyer weist entsprechend darauf hin, dass eine Verantwortung eben gerade nicht wie eine Pflicht erfüllt werden kann, sondern auszufüllen ist wie ein »Lebensraum, den die Person ganz durchdringt, mit dem sie sich identifiziert und dessen

Anforderungen sie fallweise erfüllt«. Dieser »Verantwortungsraum« bestimmt so auch die Reichweite dessen, was verantwortbar sein kann – und was nicht.[24]

Diese anspruchsvolle Differenzierung einer moralischen Praxis, die unter der Überschrift der Verantwortung entstehen konnte, hat sich aber erst vor etwa dreihundert Jahren durchgesetzt. Erst zu dieser Zeit entstand die Vorstellung, dass »das Sittliche« sich nicht allein durch verpflichtende Gebote und Konventionen umsetzen lässt, sondern an ein ethisches Ideal gebunden bleibt, das zur Geltung gebracht werden muss – und zwar von jedem von uns individuell, ebenso von Organisationen, Institutionen oder anderen sozialen Gemeinschaften. Entsprechend gibt es also auch nicht »die« Moral, sondern nur ein Streben nach dem Guten, das in unterschiedlichen Moralen je anders ausgeprägt ist und sein kann. Denken wir an die individuellen Lebensformen, die wir heute wählen können und die zum Teil vor einigen Jahrzehnten noch gesetzlich verboten waren, wie z. B. gleichgeschlechtliche Beziehungen und Ehen, dann sehen wir, wie sich die Vorstellung dessen, was wir für gut und richtig halten, entwickelt und verändern lässt – denn es gibt letztlich keine guten Gründe, die gegen die Liebe zwischen zwei erwachsenen Menschen sprechen.

Also müssen wir uns fragen: Von welcher Moral sprechen wir wann und in welchem Zusammenhang, wenn wir an sie appellieren oder ihren Niedergang beklagen? Offenbar müssen wir von verschiedenen Moralen sprechen, z. B. der christlichen Moral, der Moral des Islam, Moralvorstellungen von Leistungssportlern, Konzernchefs oder sogar der Moral totalitärer Systeme oder der Mafia.[25] – Aber lässt sich tatsächlich von einer Moral der Mafia sprechen, wenn wir doch die Gerichtetheit auf das Gute, das Sittliche vorausgesetzt haben? Den eigenen Vorteil, die eigene Machtposition zu sichern, kann doch nicht als eigene Form der Moral gelten? Ja und nein. Denn das, was moralisches Verhalten als ein Selbstverhältnis zur Welt zu regeln versucht, kann in sich stimmig sein und eben, wie in mafiösen Strukturen, einem bestimmten Kodex folgen, der für gut gehalten wird, aber nur (nicht notwendig kriminelle) Partikularinteressen bedient und darum niemals in der Lage sein kann, für die Allgemeinheit Geltung zu beanspruchen. Eine solche Moral ist also letztlich doch keine, weil sie nicht im Sinne des Guten verallgemeinerbar ist. Es geht in einer Moral, der das Sittliche als einer Regelung des allgemeingültigen Guten entsprechen kann, immer um eine Form des repräsentativen Denkens, das nicht allein für das Individuum oder die Gruppe, der es angehört, Richtigkeit beanspruchen kann.

Es gilt demnach, die Grundsätze bestimmter Moralen und sittlicher Grundregeln auf ebendiese Verallgemeinerbarkeit zu überprüfen. Und darin liegt die Aufgabe der Ethik. Das, was in Abgrenzung zur geltenden oder angestrebten Moral als Ethik zu verstehen ist, ist »eine bestimmte Disziplin (…) der Philosophie, nämlich der Philosophie der Moral, eine theoretische Reflexion der gelebten Moral, der praktisch vorhandenen und in Geltung stehenden moralischen Überzeugungen«.[26] Mit anderen Worten geht die Ethik der Moral auf den Grund, sie überprüft, ob geltende Moralvorstellungen einsichtig sind, verallgemeinert werden können, die einzelnen Normen miteinander vereinbar und triftig sind bzw. bleiben.[27]

Auf diese Weise verändern sich Moralen, und es entsteht eine ethische Debatte, wenn sich Bedingungen, Vorstellungen oder Lebensformen wandeln. Es ist sofort klar, dass es bestimmte Strukturen gibt, die wir – wie im Falle der Mafia – in keinem Fall als ethisch haltbar anerkennen können. Um aber dem auf die Spur zu kommen, was uns in dieser Unterschiedlichkeit als Grundlage dient, was die Vorstellung des Guten so vielfältig ausfallen lässt, und was uns auch oft genug im Wege steht, um das Allgemeine dem Eigenen vorzuziehen, braucht es noch einen weiteren Begriff, ohne den sich nur schwer klären und verstehen lässt, warum es nicht immer leicht ist, die Kraft der Verantwortung gemeinsam freizusetzen.

Die Freiheit des modernen Menschen: Voraussetzung und Gegenstand moderner Verantwortung

Es geht um nicht weniger als die menschliche Freiheit – nach dem Guten, der Moral und der Ethik also ein weiterer Kernbegriff philosophischer Überlegungen, den wir brauchen, um die Kraft der Verantwortung klar in den Blick nehmen zu können. Denn Freiheit ist sowohl eine Voraussetzung für verantwortliches Handeln (wir haben schließlich die Wahl, das eine zu tun oder das andere zu lassen, und selbst wenn wir glauben, sie nicht zu haben, können wir uns dem Zwingenden verantwortlich widmen oder nicht) als auch immer wieder ein Hindernis, klare verallgemeinerbare Regelungen im Sinne des vermeintlich Guten durchzusetzen. Immer wieder ist es der Verweis auf das hohe Gut der Freiheit, die so mancher ethischen Debatte oder moralischen Vorstellung den Riegel vorschiebt und andererseits die Diskussion darum überhaupt erst eröffnet. Denn selbst wenn das als gut Anerkannte möglicherweise eine bestimmte Handlungsweise gebietet, haben wir in vielen moralischen Fragen die Freiheit, uns auch anders zu entscheiden. Welche Regelung also ist so *gut*, dass sie ein engagiertes Eingreifen in die menschliche Freiheit rechtfertigen kann, vielleicht sogar muss, um ein freiheitliches Leben im Guten zu ermöglichen? Geht es dabei immer um Einschränkungen oder Grenzen und worin werden wir denn überhaupt beschränkt? Keine einfachen Fragen.

Aber schon dem Gedanken, dass wir darauf überhaupt antworten können, liegt die Überzeugung zugrunde, dass wir Menschen nicht nur in der Lage sind, das Gute zu wählen und unser Verhalten an ihm auszurichten, sondern auch die Freiheit dazu haben – eine Freiheit, die es zu nutzen, aber auch zu gestalten und oft genug zu verteidigen gilt, wenn wir verantwortlich handeln wollen. Es geht bei jeder Form von Verantwortung nicht nur um den Schutz, sondern auch um den Gebrauch der eigenen, uns zugesprochenen Freiheit. So entsteht ein beständiges Wechselspiel aus einer Praxis der Freiheit und dem verantwortlichen Umgang mit ihr, dem wir uns nicht entziehen können – schlicht, weil es immer mehr Möglichkeiten im eigenen Handeln gibt, als verwirklicht werden können. Dieses Wechselspiel aber im Sinne der Verantwortung ernst zu nehmen, bedeutet eben nicht komplette Unabhängigkeit im eigenen Tun, sondern die Fähigkeit, unser Handeln auf einen größeren Kontext zu beziehen, in dem das Gute nicht vorrangig an das Eigene gekoppelt ist.

Beziehen wir diese Überlegung auf das derzeit vielleicht drängendste Feld menschlicher Verantwortung: Haben wir angesichts einer drohenden Klimakatastrophe überhaupt noch ein Recht, persönliche Freiheiten zu reklamieren, die einen Lebensstandard absichern, der uns alle – auch jene, die an diesem Lebensstil gar nicht teilhaben – in die Katastrophe führt? Gilt es nicht hier, Grenzen zu ziehen, die die Freiheit des Einzelnen beschränken, um das Wohl und die Möglichkeiten einer zukünftigen menschlichen Gemeinschaft abzusichern? Was hält uns ab?

Für die einen bedeuten einschränkende Maßnahmen zum Wohle aller einen verurteilenswerten Eingriff in ihre Persönlichkeitsrechte,[28] für die anderen ist aber genau dieser Eingriff die notwendige Folge einer gemeinsam zu bewältigenden Situation oder besonderen Herausforderung. Hier sind die Verantwortlichen – bzw. die qua Rolle Zuständigen – aufgerufen, ihre Entscheidungen so gut zu begründen, dass selbst diejenigen, die harte Einschnitte in die persönliche Freiheit hinnehmen müssen, die Möglichkeit haben nachzuvollziehen, warum diese Einschnitte gemacht werden und gerade aus Gründen der Verantwortung nicht zu vermeiden sind. Es geht nicht um unsere Wünsche (selbst wenn sie begründet sind, wie wir bei Derek Parfit gehört haben), sondern um die objektgegebenen guten Gründe, die in der Natur der Dinge liegen und als solche kenntlich gemacht werden müssen. Ein Kind verwahrlosen zu lassen, gilt allgemein als unverantwortlich, die Verwahrlosung der Natur scheint kein Problem zu sein; einen Wald für eine Autobahn zu opfern, ist gängige Praxis und die Ausrottung unzähliger Tierarten eine Art Begleiterscheinung, die sich im Zuge des technischen Fortschritts leider nicht so recht vermeiden ließ. Erinnern wir uns an Derek Parfits Unterscheidung zwischen dem, was wir uns aus guten Gründen wünschen, und dem, wofür es unabhängig von unseren Wünschen gute Gründe gibt, die unser Handeln leiten, weil sie sich am Guten und nicht an unseren Begehrlichkeiten orientieren.

Was aber bedeutet das im Alltag? Sicher, wir alle würden in diesem Winter 2020 gern ohne Atemmaske im Bus sitzen, große Feste feiern und endlich wieder in Konzerte und Fußballstadien gehen – diese nachvollziehbaren Wünsche teilen die meisten von uns, aber es gibt gute Gründe, es nicht zu tun. Im Großen wie im Kleinen aber bleiben die Vorstellungen davon, wie die Folgen dieser Einsicht – die zu wählenden Handlungen und Maßnahmen – auszusehen haben, sehr unterschiedlich. Wieder gilt es also abzuwägen: Welche Freiheiten sind so wichtig, dass sie nicht eingeschränkt werden sollten, und wo können und sollten wir mit Einschränkungen leben lernen – einem höheren Gut zuliebe? Welche Sanktionen und politischen Maßnahmen machen wir möglich, um Verstöße oder nationale Alleingänge zu erschweren? Die

Be- und Einschränkung der individuellen wie kollektiven Freiheit politisch und gesetzlich durchzusetzen, ist eine der schwierigsten Aufgaben in einer Demokratie. Bei der Bekämpfung einer weltweiten Pandemie ist dieser Schritt möglich und wohl auch nötig geworden, sodass Veränderungen der Lebensgewohnheiten und Eingriffe in unsere persönlichen Rechte in ungeahnter Schnelligkeit einen Übergangszustand herbeigeführt und uns alle auf unsere eigene Weise betroffen haben – weltweit. Daraus ergeben sich drei Fragen, die zumindest in unserer freiheitlichen Lebenswelt nach Antworten rufen. Erstens: Welche Idee von Freiheit gilt es unter allen Umständen zu verteidigen und warum? Zweitens: Welche guten Gründe sind notwendig, um Einschnitte in unsere demokratisch geschützte Freiheit möglich zu machen? Denken wir hier daran, dass die Mahnungen der Klimaforscher nicht einmal ansatzweise zu solchen Maßnahmen geführt haben, obwohl die Folgen des Klimawandels für unsere Freiheit deutlich bedrohlicher sind als das, was wir durch das Coronavirus zu befürchten haben. Und drittens: Haben wir je in der Menschheitsgeschichte uneingeschränkte Freiheit genossen – ja, geht das überhaupt?

Beginnen wir mit der dritten Frage: Nein, ganz sicher nicht. Wir leben, solange wir denken und solange wir Kulturen belegen können, umgeben von Beschränkungen, die unserem Handeln auferlegt sind und uns nicht alle gleichermaßen betreffen. In Deutschland 2020 können wir bestimmte Dinge tun oder müssen sie unterlassen, weil wir hier geboren wurden, bestimmte Kompetenzen nicht haben, vielleicht einem bestimmten Geschlecht angehören, älter als 65 oder jünger als 18 sind. Auch die Tatsache, dass wir verpflichtet werden, zur Schule zu gehen, Steuern zu zahlen oder uns eine Krankenversicherung zuzulegen, bedeutet eine Einschränkung unserer Freiheit – und unsere Gesetzbücher sind voller Vorschriften, die eine freie Entscheidung unmöglich machen bzw. sie sanktionieren. Um also eine Antwort auf das Beispiel der zweiten Frage finden zu können, müssen wir lernen, die bestehenden Beschränkungen ins Verhältnis zu dem zu setzen, was die veränderten Bedingungen einer globalen, digitalen und vom Klimawandel bedrohten Welt für uns notwendig machen – letztlich also einen Konsens darüber finden, welches Gut für uns höher wiegt. Dafür ist ein gemeinsames Freiheitsverständnis notwendig, in dem persönliche Freiheit nicht heißt, sich unter Berufung auf die eigenen Interessen und individuellen Wünsche aus der Verantwortung ziehen zu können.

Ähnlich also wie bei der Verantwortung haben wir es auch bei der Freiheit mit unterschiedlichen Vorstellungen und Begriffen zu tun, die wir als Antwort auf die erste Frage kurz auf den Prüfstand stellen wollen, um besser zu verstehen, wie sich verantwortliches Handeln im Kontext unserer Vorstellungen von Freiheit denken lässt: Wie genau stelle ich mir ein Leben in Freiheit vor? Will ich alles tun und lassen können, was ich will? Oder soll jemand dafür sorgen, dass ich frei von Schmerzen und Not leben kann? Will ich allein Freiheit für mich oder sollen meine Mitmenschen dasselbe Privileg genießen – und wie ist es mit den Menschen, die vor oder erst nach mir geboren wurden bzw. werden?

Eine der einflussreichsten Schriften über das, was die menschliche Freiheit bedeutet und was es rechtfertigen darf, sie einzuschränken, stammt aus der Mitte des 19. Jahrhunderts, von dem britischen Denker John Stuart Mill. Mill war überzeugt, dass der Nutzen im Sinne menschlicher Zufriedenheit, den eine Handlung zum Ausdruck bringt, diese Handlung als gut oder schlecht kennzeichnet. Wenn ein Tun Glück stiftet, Leid oder Not lindert, Freude bringt, dann kann sie nicht anders als gut sein. Eine Überzeugung des utilitaristischen Denkens, auf die wir noch zu sprechen kommen werden. Nach Mill kann es also nur berechtigt sein, in die freie Gestaltung der menschlichen Handlungen einzugreifen, wenn es darum geht, »Schaden« abzuwenden. Von mir selbst, aber auch von anderen oder dem Kollektiv, in dem bestimmte Handlungen Wirkung zeigen. Mill entwickelt diese Gedanken gemeinsam mit seiner Frau Harriet in dem Werk *Über die Freiheit (On Liberty)*, das nach der Erstveröffentlichung 1861 zu einer Grundlage des liberalen Denkens wurde. Darin vertritt Mill die Vorstellung einer dem Menschen gegebenen »bürgerlichen und sozialen«[29] Freiheit, die ihn als souveränes und autonomes Wesen ausmacht und in die nur unter klar zu bestimmenden Umständen eingegriffen werden darf. Mill entwickelt hier das Konzept einer »negativen Freiheit«, also der grundsätzlich geltenden Freiheit von äußeren Zwängen oder Beschränkungen.[30] Diese Form von Freiheit gelte es aber auch zu nutzen als eine positive Freiheit, die es dem Einzelnen ermöglicht, als Teil einer Gemeinschaft etwas zu bewirken.

Die Unterscheidung von »negativer« und »positiver«

Freiheit stammt ursprünglich von Immanuel Kant. Der britische Philosoph Isaiah Berlin stellt in *Two Concepts of Liberty*[31] diese beiden Formen von Freiheit folgendermaßen dar: Die negative Freiheit *von* etwas bezeichnet einen Zustand, in dem keine von anderen Menschen ausgehenden Zwänge ein Verhalten erschweren oder verhindern. Ich bin also frei zu reisen, wohin ich möchte, weil es keinen Zwang gibt, der mich daran hindert, über die Grenze meines Landes zu fahren. Auch die Meinungsfreiheit ist eine Freiheit *von* einer Beschränkung, die der Staat nutzt, um seinen Bürgern den Mund zu verbieten. Die positive Freiheit ist dementsprechend die Freiheit, die ich tatsächlich habe, um die Freiheit von etwas als Möglichkeit zu nutzen. Das bedeutet in diesen Beispielen, dass ich etwa Zugang zu bestimmten Medien habe, um mir eine eigene Meinung bilden zu können, oder dass die Infrastruktur im Land die Möglichkeit zum Reisen auch tatsächlich ermöglicht. So zeigt sich hierin bereits, dass die Möglichkeit, aber auch das Empfinden von Freiheit an Bedingungen geknüpft ist und entsprechend eine unbedingte Freiheit nicht denkbar. Es geht in dem Verhältnis von Freiheit und Verantwortung nicht um ein Entweder-oder, sondern darum, so verantwortlich zu handeln, dass Freiheit möglich ist und mit Inhalten gefüllt werden kann. Nicht die Abwesenheit von Regeln, Überzeugungen, Sitten und Normen ergibt eine freiheitliche Praxis, sondern ihr immer wieder und beständiges Entstehen in einem freien Diskurs – im besten Fall in dem einer demokratischen Gemeinschaft. Der Soziologe Niklas Luhmann definiert dieses Freiheitsempfinden auch »als Unerkennbarkeit der Ursache von Freiheitseinschränkungen«.[32] Mit anderen Worten: Wenn ich die Einschränkungen meiner Freiheit nicht als solche empfinde, dann fühle ich mich frei, obwohl ich es nicht bin. Darin muss aber kein Problem liegen, sondern es bietet eine Einsicht in das, was notwendig ist, um Gemeinschaft erhalten und zukunftsfähig machen zu können. Allerdings liegt darin selbstverständlich auch die Möglichkeit, Menschen in einem goldenen Käfig voller Annehmlichkeiten zufriedenzustellen, ohne ihnen die Möglichkeiten einzuräumen, eine andere Version von Freiheit ausbilden zu können – die Möglichkeit der eigenen Wahl muss sowohl erlernt sein als auch ergriffen werden.

Freiheit bedeutet also für den modernen aufgeklärten Menschen, wählen zu können, und in diesem Zusammenhang heißt Verantwortung, kritisch und wachsam zu bleiben und diese Wahl auch tatsächlich zu treffen. Für unsere Wahl können wir zur Verantwortung gezogen werden, müssen Rede und Antwort stehen und die Konsequenzen tragen – auch das bedeutet Freiheit. Aristoteles führt hier den für uns bis heute wichtigen Begriff der »Tatherrschaft« ein, der nicht nur für moralische, sondern auch für strafrechtliche Entscheidungen relevant geblieben ist. Wir sind verantwortlich für unsere Taten und müssen überprüfen, inwieweit wir die Herrschaft über das eigene Tun und Lassen beanspruchen können – weil wir die Wahlfreiheit haben. So wird hier mehr als deutlich, wie eng Freiheit und Verantwortung miteinander verwoben bleiben: Die Tatsache, dass wir die Wahl haben, heißt noch lange nicht, dass wir das Gute wählen, aber ohne diese Freiheit könnten wir nicht zur Verantwortung für das gezogen werden, was wir als das Gute wählen oder zu wählen unterlassen.[33] Halten wir es also weiter mit Friedrich Schiller und seiner Idee einer ästhetischen Erziehung des Menschen, die ihn als moralisches, zur Wahlfreiheit begabtes Wesen sichtbar machen soll: »Die Natur fängt mit dem Menschen nicht besser an, als mit ihren übrigen Werken: sie handelt für ihn, wo er als freie Intelligenz noch nicht selbst handeln kann. Aber eben das macht ihn zum Menschen, dass er bei dem nicht stille steht, was die bloße Natur aus ihm machte, sondern die Fähigkeiten besitzt, die Schritte, welche jene mit ihm antizipierte, durch Vernunft wieder rückwärts zu tun, das Werk der Not in ein Werk seiner freien Wahl umzuschaffen, und die physische Notwendigkeit zu einer moralischen zu erheben.«[34] Wir können uns, mit anderen Worten, also dazu entschließen, moralisch sein zu wollen: Diese Gabe gibt uns die Vernunft, aber die Art, wie wir ihr entsprechend handeln, braucht das, was wir mit Verantwortung meinen.

Das moralische Gesetz in mir: Der gute Wille und die Folgen meines Handelns

In den letzten Abschnitten haben wir das Phänomen der menschlichen Verantwortung von verschiedenen Seiten auf den Prüfstand gestellt: Wir haben uns sprachlich dem Begriff angenähert, haben Verantwortung als ein Streben nach dem Guten in ein gesellschaftliches Regelwerk von Moral und Ethik eingeordnet und es in Bezug zur Freiheit als einem weiteren Wert menschlichen Handelns gesetzt. All dies sind Überlegungen, die jeder von uns anstellen muss, danach strebend, von sich selbst als derjenigen Person, die gerade über Verantwortung nachdenkt oder nicht weiß, welche Wahl sie gerade treffen soll, abzusehen. Wir haben festgestellt, dass wir uns in diesen Momenten von guten Gründen leiten lassen können und sogar müssen; dass wir klären können, auf welcher Ebene von Verantwortung wir etwas zu entscheiden haben und ob es um klare Zuständigkeiten oder doch eher moralische Fragen geht. Situationen, in denen wir zur Verantwortung aufgerufen sind, sind manchmal ziemlich verunsichernd und unbehaglich, daher müssen wir uns der eigenen Handlungsfähigkeit vergewissern und brauchen dabei einen Bezugspunkt, der klärt, was uns das Ganze angeht. Die Relationalität einer verantwortlichen Praxis kann das Individuum, den Handelnden selbst eben nicht aus der Gleichung streichen, und darin geht es offenbar um mehr als um die rationale Abwägung gut durchdachter Gründe und klarer Argumente, selbst wenn wir das, was wir als Gründe anerkennen, erweitern. Aber was genau ist dieses Mehr, das uns eine wirkliche Verbindung zu dem herstellen lässt, was wir für gut halten, um dann auch entsprechend zu handeln? Und sind wir wirklich dazu in der Lage, nur weil wir es wollen?

Wir werden sehen, dass hier nicht weniger als unser gesamtes Menschenbild auf dem Prüfstand steht. Glauben wir wirklich an den Menschen als ein Wesen, dem das Streben nach dem Guten innewohnt? Und wenn ja, warum scheinen wir uns oft genug so wenig danach zu verhalten? Warum hören wir so viel von menschlichen Handlungen, die so gar nicht am Guten ausgerichtet sind? Und wenn wir daran etwas ändern wollten, welche menschliche Fähigkeit gilt es zu stärken? Hören wir auf unseren Kopf, auf unseren Bauch, auf die Vernunft, eine innere Stimme des Gewissens oder auf etwas anderes, das uns intuitiv sagt, was das Richtige ist?

Der schottische Aufklärungsphilosoph Francis Hutcheson war sich in seiner Schrift *Über den Ursprung unserer Idee von Schönheit und Tugend* (1726) sicher, dass dem Menschen ein *moral sense*, ein »Moralsinn«, gegeben sei, »um unser Handeln zu lenken, das eigene Wohl zu steigern, indem ich das Wohl anderer steigere«.[35] Die Vorstellung eines Moralsinns impliziert die Annahme, dass es so etwas wie kontextunabhängige Wertmaßstäbe für das gibt, woran wir unser Handeln unter egal welchen Bedingungen ausrichten wollen, als auch der Glaube daran, dass wir, so unterschiedlich wir sind, einen Zugang zu diesem »universalethischen« Impuls haben können – vielleicht sogar zu dem, was Immanuel Kant einige Jahrzehnte später als ein immanentes moralisches Gesetz begriff. In seiner *Kritik der praktischen Vernunft* schreibt Kant auf diese innere wie äußere Kraft gerichtet: »Zwei Dinge erfüllen das Gemüt mit immer neuer und zunehmender Bewunderung und Ehrfurcht, je öfter und anhaltender sich das Nachdenken damit beschäftigt: der bestirnte Himmel über mir und das moralische Gesetz in mir.«[36]

Mit *Was ist Aufklärung?* verfasste Kant 1784 ein Manifest des vernunftbasierten, aufgeklärten Denkens für den modernen Menschen. Darin geht er davon aus, dass jeder Mensch die Verantwortung für den Umgang mit seiner eigenen Vernunftbegabung trägt (auch wenn der Begriff der Verantwortung bei ihm nicht fällt, sondern von Pflicht und Achtung die Rede ist) – in welchem System auch immer. Mit seinem berühmten Wort *Sapere aude* fordert Kant als philosophisches Gebot der Aufklärung den Mut, sich des eigenen Verstandes ohne die Hilfe eines anderen zu bedienen.[37] Kant geht davon aus, dass jeder Mensch die Gabe zu einer solchen Autonomie[38] besitzt, also die Möglichkeit hat, sich mithilfe der Vernunft ein »eigenes Gesetz« zu geben und diesem – auch und gerade im Sinne der Gemeinschaft – zu gehorchen. Das dem Griechischen entlehnte Wort Autonomie bedeutet in diesem Sinne eben ein eigenes *(autós)* Gesetz *(nómós)*,[39] das wir geltend machen müssen, das aber über uns hinaus verallgemeinerbar bleiben und so auch als Grundlage einer gültigen Moral geeignet sein muss.

Das ist ein hoher Anspruch, und wenn wir uns einmal kurz an die Entscheidungen erinnern, die wir heute oder in der letzten Woche gefällt haben, waren sicher einige dabei, die nicht dafür taugen, allgemeingültige Gesetzlichkeiten zu untermauern, uns aber auch nicht zu völlig verantwortungslosen Menschen machen. Es gibt oft genug Gründe, die uns hindern, *das Gute* zu tun, und das wird auch Ende des 18. Jahrhunderts schon so gewesen sein – wichtig ist aber, ob wir diese Gründe ehrlicherweise als gute Gründe beschreiben würden und ob wir uns diese Fragen überhaupt stellen. Darin liegt die Verbindung zwischen dem, was Hutcheson als einen »moralischen Sinn«, und dem, was Kant als inneres »moralisches Gesetz« beschrieben hat: Wir spüren, erfahren, erleben etwas, das uns auch auf emotional-sinnlicher Ebene erreicht, betroffen macht oder etwas in uns weckt, was mahnend rät, einen anderen Weg zu gehen; und wir entscheiden, was mit diesem Erleben zu tun ist und welche moralischen Schlüsse wir daraus ziehen. Aber eben dieser prüfende Zugang zu dem, was wir als sinnliches Erleben und als gedankliches Abwägen in uns kultivieren können, gelingt nur, wenn wir uns als autonome, selbst denkende und selbstbestimmte Menschen in der Welt bewegen – also nur in Verbindung zu dem, was wir Vernunft nennen. Einen solchen Menschen nennt Kant eine »Person«, ein autonom handelndes Subjekt, das sich seines Handelns bewusst ist und aus (ebenfalls) guten Gründen auch anders hätte entscheiden können.[40] Aus der Einsicht, dass wir den Menschen als Person anerkennen können, entsteht ebenjener kantische Appell, den wir alle kennen, wenn es darum geht, *das Richtige* zu tun – der berühmt gewordene kategorische Imperativ, den Kant in seiner *Metaphysik der Sitten* definiert: »Handle nur nach derjenigen Maxime, durch die Du zugleich wollen kannst, dass sie allgemeingültiges Gesetz werde.«[41]

Diese Position einer Reflexionsethik, die den Menschen an seine Vernunft als einzig kultivierenswerte Begabung erinnert und daraus ein Pflichtbewusstsein ableitet, das die menschlichen Neigungen im Zaum zu halten hat, bleibt im Sinne der gegenwärtigen Frage nach dem, was verantwortungsvolles Handeln ausmacht, wichtig. Allerdings braucht dieser Vernunftrigorismus eine Ergänzung, wenn wir den moralischen Sinn als ein eigenes Empfinden für das Gute nicht außer Acht lassen wollen. Und so stellen wir Kant einen Philosophen zur Seite, der Hutchesons moralischen Sinn noch deutlich stärker betont und die Perspektive Kants recht einseitig und blutleer wirken lässt. Gemeint ist der schottische Denker David Hume, der zu den Vorläufern des Utilitarismus zählt – einer philosophischen Strömung, die den Wert einer Handlung daran misst, ob sie das grundsätzliche Wohlbefinden Einzelner oder einer Gemeinschaft steigert – und überzeugter Vertreter einer »Gefühlsethik« war.[42] Nach Hume sind moralische Entscheidungen keine Sache der Vernunft, sondern der inneren Neigungen und dem, was er mit »Takt« beschrieb. Sie beruhen ganz grundsätzlich auf zwei moralischen Gefühlslagen: der Freude *(pleasure)* und dem Schmerz *(pain)*.[43] Man mag das verwunderlich finden, schließlich haben wir gehört, dass Verantwortung in ihrem Streben nach dem Guten gerade nichts damit zu tun haben darf, die eigenen Befindlichkeiten und Interessen über das Gemeinwohl zu stellen – und eben hier sind die Utilitaristen etwas anderer Meinung. Sie wählen einen anderen Weg zu dem, was sie als Gemeinwohl ansehen, und betrachten »das Glück« als das eigentliche Ziel menschlichen Handelns. Was genau aber das menschliche Glück ausmacht, darüber herrscht auch in dieser Strömung durchaus keine Einigkeit. Wichtig ist allen Denkern aber die Überlegung, dass das, was wir als das Gute anerkennen wollen, eine sinnvolle Form der Bereicherung darstellen muss, die nicht nur aus der

Einsicht in gute Argumente und rationale Gründe hervorgeht, sondern erfahrbar gemacht werden und möglichst vielen, wenn nicht gar allen Menschen zugutekommen kann. David Hume unterscheidet hier sehr hilfreich zwischen *utility* (eine Form der Bereicherung, die ein Mittel zu einem Zweck ist, also eher eine Art Nützlichkeit) und *benefit* (eine Bereicherung, die über sich selbst hinaus keinem Zweck folgt und also die Steigerung des »schlechthin Guten« im Blick hat).[44]

Für unsere Überlegungen ist die Überzeugung David Humes bedeutsam, dass es für jeden Menschen schlicht angenehmer ist, gut zu handeln als schlecht. Wir mögen es, etwas gut zu machen, wir wollen helfen, um unserer selbst willen, aber auch wegen der damit verbundenen Anerkennung und der echten Sinnstiftung, die daraus erwachsen kann. Und auch das eigene Bedürfnis nach Sicherheit und Geborgenheit wird auf diesem Weg leichter erfüllt sein – das menschliche Streben nach Frieden wird durch gutes Handeln einfacher erreicht. Ernst genommen meint das menschliche Streben nach Glück und Zufriedenheit also tatsächlich weniger den flüchtigen Genuss und das Glück des Moments als die Absicherung guter Lebensbedingungen, die Frieden und Stabilität möglich machen – und demnach auf das angewiesen sind, was wir als verantwortliche Praxis beschrieben haben. David Hume geht von einem moralischen Basisgefühl aus, ähnlich dem *moral sense*, das sich in dem Empfinden von Sympathie[45] zu anderen Menschen, Dingen und Zusammenhängen ausdrückt. Hume beschreibt das als *fellow feeling*, als eine positive zwischenmenschliche Bezogenheit, ein Zusammengehörigkeitsgefühl, das stärker und höher zu gewichten sei als das ichbezogene Streben des Einzelnen, dem es nur um die Erfüllung der eigenen Bedürfnisse geht.

Wie also gelingt es, wenn wir Kant und Hume zuhören, der eigenen Verantwortlichkeit auf die Spur zu kommen? Geht es um eine vernünftige Anstrengung des Verstandes, mit dessen Hilfe wir alle guten Gründe herausfinden, um auch entsprechend zu handeln? – Schauen wir uns in der Welt um, dann scheint dieser Weg allein nicht zum Ziel zu führen: Vielfach haben wir alle Erkenntnisse, die wir brauchen, handeln aber dem zuwider, was uns unser Verstand als vernünftig und damit gut vorschlägt. Andererseits laufen wir, wenn wir den Weg David Humes gehen, durchaus Gefahr, das moralische Gefühl der Sympathie als individuellen Rückzugsort für ganz persönliche Gründe und Wünsche anzuführen. Es mag also einen *moral sense* geben, der aber allein ebenso wenig ausreicht, um verantwortliches Handeln abzuleiten, wie die reine Vernunftanstrengung.

Offenbar geht es also um eine Stärkung beider Seiten, die jeden von uns befähigt, sich sowohl dem eigenen Verantwortungsgefühl zu nähern als auch zu lernen, wie wir von diesem Gefühl aus in ein Handeln kommen, das auf guten Gründen beruht, die über das Gefühl hinausreichen.

Kommen wir noch einmal zu dem Gedanken des inneren moralischen Gesetzes zurück. Ein »moralisches Gesetz in mir«, das mir unmissverständlich sagt, was zu tun und was zu lassen ist, aber nicht institutionell verfasst und veröffentlicht, sondern darauf angewiesen ist, dass ich genau wahrnehme, hinhöre und die Situation im Sinne dieses Gesetzes zu deuten verstehe – hieraus leitet der Kulturphilosoph Georg Simmel den Gedanken eines »individuellen Gesetzes« ab. Was zunächst wie ein Paradox klingt, beschreibt aber eigentlich die einzige Möglichkeit verantwortlichen Handelns, wenn wir die Umsetzung konkreter und allgemeingültiger Prinzipien in konkrete und individuelle Handlungsleitlinien ernst nehmen wollen.

Wäre es denkbar, dass wir in einer Art inneren Stimme das kultivieren können, was Verstand und Gefühl zu einer Handlungsaufforderung vereint und dann aus guten Gründen nicht mehr anzuzweifeln ist? Diese Instanz aber gibt es bereits, auch wenn sie nicht immer das ist, was unser Handeln leitet: das Gewissen. Denn nichts anderes meinen wir, wenn wir von der *Stimme des Gewissens* sprechen, ein schlechtes oder gutes Gewissen haben oder uns ins Gewissen reden lassen, wenn wir es verlernt haben, dem zuzuhören, was uns da von innen heraus anspricht. Um aber von einem Gewissen[46] sprechen zu können, müssen wir uns *gewiss sein* und gleichzeitig wissen, wie wir diese Gewissheit aussprechen können – in welchem Kontext auch immer. In der platonischen *Apologie* beschreibt Sokrates eine ihm eigene »innere Stimme«, die er von Kindheit an gehört haben will, »eine Stimme nämlich, welche jedes Mal, wenn sie sich hören lässt, mir von etwas abredet, was ich tun will, zugeredet aber hat sie mir nie«.[47] Sokrates nennt diese innere Stimme sein *daimónion*, eine Art geistige, möglicherweise göttliche

Eingebung, von der er sicher ist, dass sie ihm immer den richtigen Weg weist, indem sie ihm vom falschen abrät – besser, als es der Verstand jemals könnte.

Die Vorstellung eines moralischen Gesetzes in mir, das sich in Form einer inneren Stimme äußert und darin unbedingte Gewissheit erzeugen kann, ist bei Sokrates also mehr als der Zugang zur eigenen Vernunft, sondern eher so etwas wie ein Gespür, ein zumindest auch sinnliches Empfinden für das, was zu tun und was zu lassen ist, um dem Guten gerecht zu werden. Dieses Empfinden ist wahrscheinlich am ehesten einer körperlich spürbaren Resonanzerfahrung vergleichbar, die eine eigene Form der Gewissheit in einem übereinstimmenden Weltverhältnis ermöglicht: Wir wissen in solchen Momenten schlicht, was das Richtige ist. So wie wir ein ästhetisches Empfinden für Schönheit ausprägen können, es aber nicht zwingend tun. Diese Stimme gilt es zu stärken, ihr zuzuhören, ohne sie mit einer rein gefühlsmäßigen Eingebung zu verwechseln. Ein Gewissen entwickeln wir durch Erziehung, durch Prägung, durch das Erleben von Lust und Unlust, durch Abkehr und Anerkennung – es ist uns als eine Art Potenzial gegeben, und leider haben wir allzu oft die Beschäftigung mit dieser *gewissenhaften* Auseinandersetzung in uns selbst vernachlässigt. In dem, was wir als Gewissen bezeichnen, verbinden sich das Wissen um und der Zugang zu guten Gründen, die Fähigkeit, vernünftig und autonom über das zu verfügen, was wir als freie und denkende Wesen an Möglichkeiten zu Verfügung haben, und das, was uns der *moral sense* oder das Gefühl einer Verbindung zu einem sozialen Kontext als das Gute nahelegt. Karl Jaspers beschreibt das Gewissen in den 1960er Jahren als eine Stimme, »die ich selbst bin. Sie ist nicht einfach jeden Augenblick da; ich muss hören können, um ihr leises Wecken zu vernehmen; ich muss in der Unbestimmtheit warten können, wenn sie schweigt; ihre Forderung kann dann wieder unabweisbar da sein; ich höre sie laut und habe Mühe, sie zu übertäuben, wenn ich gegen sie handeln will. Es ist wie in einer Zerspaltenheit meines Seins die Kommunikation meiner mit mir selbst, Ansprechen meines empirischen Daseins durch den Ursprung meines Selbstseins. Niemand ruft mich an; ich selbst spreche zu mir. Ich kann mir weglaufen und kann zu mir halten. Aber dies Selbst, das ich eigentlich bin, weil ich es sein könnte, ist nicht schon da, sondern spricht aus dem Ursprung her, mich in der Bewegung zu führen; es schweigt, wenn ich in der rechten Bewegung bin, oder wenn ich mich ganz verloren habe.«[48]

Unser Gewissen ist in diesem Verständnis nicht optional, wir alle haben eines, auch wenn seine Stimme schweigt. Das tut sie aber nicht nur aus Bequemlichkeit oder Feigheit, sondern auch – im besten Fall –, wenn wir einfach alles richtig machen (was wirklich selten in aller Eindeutigkeit zu sagen ist) oder aber wenn uns der Zugang zu uns selbst, dem »moralischen Gesetz« in uns oder dem, was uns im eigenen Selbstverhältnis und in der Beziehung zur Welt von Bedeutung ist, vollständig abhandengekommen ist. Um die existenzielle Frage, wie wir zu uns selbst stehen und wo dieses Selbst in der Welt wirksam werden soll, kommen wir also nicht herum, wenn wir unser Handeln von dem leiten lassen wollen, was wir für gut halten. Also: wenn wir Verantwortung übernehmen wollen.

Doch auch wenn wir der eigenen Stimme des Gewissens gut zuhören, müssen wir weiterhin darauf achten, warum sie sagt, was sie sagt – denn die Stimme des Gewissens hat selten eindeutige Ratschläge. Wenn wir z. B. ein schlechtes Gewissen haben, weil wir das Gefühl haben, uns nicht gut genug um unsere pflegebedürftigen Eltern zu kümmern, dann wissen wir zwar mit Sicherheit, dass wir an dieser Stelle unsere Sache nicht gut machen, wie genau wir daran aber etwas ändern können, wird von einem schlechten Gewissen nicht erklärt. Die Stimme des Gewissens ruft meist zunächst dazu auf, die Gründe des eigenen Handelns zu überprüfen. Rührt die Motivation unseres Handelns aus einer inneren Überzeugung, aus der Fähigkeit, das Gute zu wollen, oder machen wir die Güte unserer Handlungen an dem fest, was sie bewirken, welche Folgen sie haben können? Worum genau geht es bei dem Wunsch, sich um die eigenen Eltern zu kümmern? Wollen wir noch Zeit mit ihnen verbringen, wünschen wir uns vielleicht, Themen zu klären oder beizulegen, glauben wir daran, dass Kinder sich um Eltern sorgen sollen, oder haben wir Angst davor, was andere Menschen von uns halten? Die Antworten, die wir darauf geben, sind als Unterscheidung für die Frage wichtig, woran sich unser ethisches Verständnis orientiert, und damit für das, was uns diese Stimme zu überprüfen aufruft. Habe ich also ein schlechtes Gewissen, wenn ich gegen meine innere Überzeugung handele oder wenn die erhofften Folgen meines Handelns ausbleiben? Geht es demnach darum, für eine Überzeugung einzutreten oder ein Ziel zu erreichen? Und welche Mittel darf ich dafür anwenden?

Die Unterscheidung zwischen einer Gesinnungs- und einer Verantwortungsethik geht auf den Soziologen Max Weber zurück (bzw. eigentlich auf Max Scheler, der diese Linie schon vor Weber in seiner Suche nach der Stellung des Menschen im Kosmos gezogen hat) und ist in vielen ethischen Fragen noch immer maßgeblich. Widmen wir uns dieser Grenzziehung für einen Moment, damit wir gedanklich gut gerüstet in die weiteren Überlegungen aufbrechen können.

In seinem Vortrag *Politik als Beruf*, den Max Weber 1919 in München vor Studenten hielt,[49] kritisiert der Soziologe den rein gesinnungsethischen Standpunkt einer »absoluten Ethik«, der so gar nicht nach den »Folgen« des eigenen Tuns frage. Allerdings sei der gegenteilige Standpunkt, nach dem allein die Folgen, also das Ziel oder der Zweck unseres Tuns, die Mittel legitimieren könnten, ebenso kritikwürdig und trete das moralisch Gute mit Füßen.

Ein Beispiel: Wenn ich überzeugt bin, dass Waffengewalt immer falsch ist, werde ich auch dann nicht zur Waffe greifen dürfen, wenn ich dadurch meinen besten Freund retten könnte – zumindest nicht, ohne gegen meine moralischen Überzeugungen zu verstoßen. Wenn ich die Güte meines Handelns aber daran festmache, dass ich das Leben meines Freundes retten will, dann ist mir im Zweifel jedes Mittel recht, selbst wenn es ein anderes moralisches Unrecht in Kauf nimmt. In diesem Beispiel erzeugen beide Haltungen in ihrer reinen Form ein Dilemma, allerdings zieht sich der Gesinnungsethiker oftmals auf einen Standpunkt der sozusagen reinen Lehre zurück, er strebt nach dem kontextunabhängigen Guten und grenzt sich damit von der Fehlbarkeit, der Komplexität und den Schwierigkeiten lebendiger Entwicklungen ab. Ebendiese Entwicklungen und Folgen aber macht der Verantwortungsethiker zum Gegenstand seiner Überlegungen: »Der Verantwortungsethiker (...) rechnet mit eben jenen durchschnittlichen Defekten der Menschen, (...) er fühlt sich nicht in der Lage, die Folgen eigenen Tuns soweit er sie voraussehen konnte, auf andere abzuwälzen. Er wird sagen: diese Folgen werden meinem Tun zugerechnet.«

Welche Methoden kann und darf ich aber guten Gewissens einsetzen, um meinem Streben nach dem Guten zu entsprechen – und lassen sich die von Weber skizzierten Positionen überhaupt so klar voneinander abgrenzen?[50] Denken wir noch einmal an Carola Rackete, die aus ganz klar gesinnungsethischen Gründen getan hat, wovon sie überzeugt war, es tun zu müssen. Und doch ging es in ihrer Entscheidung selbstverständlich auch um die Folgen ihres Tuns: die Möglichkeit, die geflüchteten Menschen an Land zu bringen, sie medizinisch versorgen zu lassen, sie vor noch schlimmeren Umständen an Bord zu bewahren – aber sicher auch darum, ihren eigenen Vorstellungen von dem, was das Richtige ist, treu zu bleiben, unabhängig von den Bedingungen, die dieses Richtige für falsch oder verboten erklärt haben. Nicht nur in diesem Fall zeigt sich, dass die klare Trennung zwischen beiden Ethiken nicht haltbar ist, denn auch der Gesinnungsethiker richtet sein Tun auf eine Zukunft aus, in der die Folgen seines Tuns sichtbar werden sollen, und ebenso trifft der Verantwortungsethiker seine Entscheidung auf der Grundlage einer Gesinnung, ohne die er nicht in der Lage wäre, eine Wahl zu treffen, die er mit ihren Folgen als *gut* begründen könnte.[51] Es geht also letztlich vor allem um den Referenzrahmen dessen, was ich für gut halten und wozu ich stehen kann, was ich als verantwortbar vertreten kann: kein *Entweder-oder*, sondern ein überzeugtes *Es kommt darauf an.*

Aber noch einmal: Worauf genau? In Zeiten, in denen sich Moralvorstellungen auflösen und individualisieren, in denen wir den Eindruck gewinnen, beständig verantwortlich zu sein und oftmals nicht recht wissen, ob und wie wir zuständig sein können, welche Kompetenzen wir dafür brauchen – und, ob das, was wir heute für gut halten, morgen auch noch das Richtige ist, fragen wir uns immer häufiger, was wir überhaupt noch tun können, um alldem gerecht zu werden.[52]

Die Entscheidung, Verantwortung übernehmen zu wollen, mag dabei helfen, diesem Gefühl des Unbehagens und der Verunsicherung entgegenzutreten – Verantwortung für das, was wir als persönliche Suche nach Antworten aus guten Gründen und einer inneren Überzeugung heraus für das Gute halten. Auch wenn wir die Welt nicht retten werden, weil wir ab morgen weniger Fleisch essen, nicht mehr schlecht über andere Leute sprechen, uns für Geflüchtete einsetzen oder unser Auto abschaffen. Verantwortung zu übernehmen bedeutet nicht, Lösungen zu präsentieren, sondern sich im Rahmen des Möglichen dafür einzusetzen, dass die Welt nicht schlechter, sondern besser wird. Sich dafür entscheiden zu können, ist bereits eine Form von Privileg, das uns unser oft recht wohlständiges Leben in demokratischer Freiheit bietet. Menschen, die gezwungen sind, mit wenig auszukommen, die in Armut leben oder sich mit Gelegenheitsjobs über Wasser halten müssen, um ihre Familie zu ernähren, verzichten ungefragt und können sicher über so manche Debatte um Minimalismus und Konsumverzicht nur den Kopf schütteln.[53] Aber in allen menschlichen Lebensformen gilt dennoch das Prinzip der Verantwortung, das ganz unabhängig von den materiellen Möglichkeiten des Einzelnen greift. Der Versuch einer zugeneigten Haltung zu ebender Welt, die wir vorfinden, in der diejenigen, die dazu in der Lage sind, mehr beitragen können als andere. Denn die Tatsache, dass wir unseren Kleiderschrank auf wenige Dreihundert-Euro-Stücke reduzieren, die farblich alle so wunderbar kombinierbar sind, ist eben kein Zeichen von Verantwortung, sondern leider in den meisten Fällen ein Trend. Zur Verantwortung gehört, für uns und unsere Welt sorgen zu können, mit all den menschlichen Unvollkommenheiten und gescheiterten Versuchen, das Richtige zu tun, und beharrlich zu bleiben in dem Versuch, uns ihr voller Zuneigung zuzuwenden – selbst dann, und vielleicht sogar gerade dann, wenn wir nicht wissen können, ob diese Welt noch zu retten ist, wir die Hoffnung darauf aber nicht aufgeben wollen.

2. KAPITEL

Warum tragen wir Verantwortung?

> *»Das Warme, die Freundlichkeit und Güte, das sind die Dinge, auf die es ankommt. Hohe Intelligenz und umfassende Bildung bedeuten nichts, wenn sie nicht menschenfreundlich sind. Sie bleiben leer.«*
>
> FERDINAND VON SCHIRACH UND ALEXANDER KLUGE, »TROTZDEM«

Vor etwas über zehn Jahren war ich Gast in Südfrankreich, im schönen Chateau d'Orion, einem Ort, der ein wenig am Rand des üblichen schnellen und sommerlichen Lebens liegt und an dem es darum gehen sollte, sich in guter Gesellschaft mit philosophischen Fragen und Gedanken zu beschäftigen. Mit Blick auf die Hügelketten der Pyrenäenausläufer unter dem großen schützenden Blätterdach einer Platane saßen wir dort in einer kleinen Gruppe zusammen und dachten gemeinsam über die philosophische Bedeutsamkeit der Liebe nach – unter der klugen und sehr lebendigen Leitung des Theologieprofessors Werner G. Jeanrond, der sonst im schwedischen Lund seine Vorlesungen hielt. Ich war zwei Tage später zu der Veranstaltung gestoßen und landete mitten in den

Ausführungen über den Liebesbegriff bei Augustinus. Während der nächsten Tage folgten Gespräche und Gedanken über die unterschiedlichen Formen der Liebe, die schon so viele Wendungen genommen und mittlerweile in einem recht einseitigen Verständnis romantischer Leidenschaften stecken geblieben zu sein schienen. In dieser Woche habe ich gelernt, anders und neu über das nachzudenken, was wir unter Liebe, Bedeutsamkeit, Zuneigung und Fürsorge verstehen können – und vielleicht sollten.

Ein Satz, den Werner Jeanrond in eine morgendliche Unterhaltung einfließen ließ, ist mir besonders in Erinnerung geblieben: »Wir müssen lernen, von einer Ethik der Wahrnehmung zu einer Hermeneutik der Liebe zu finden.« Nur dieser Satz, keine Begründung oder Erklärung, die mir bis heute begleitend im Gedächtnis geblieben wäre, aber er reicht vollkommen, um mich immer wieder einmal zu fragen, was ein solcher Wechsel bewirken könnte – jetzt, für mich, für einen bestimmten Konflikt oder eine gesellschaftliche Frage. Wäre mir dieser Satz in einer Vorlesung begegnet oder hätte ich ihn in einem klugen Buch gelesen, ich hätte wahrscheinlich nickend zugestimmt und wäre zum nächsten Gedanken übergegangen. Dort aber, in dieser kleinen Runde denkender Menschen, die sich weitab von ihrem Alltag mit solch grundsätzlichen Fragen beschäftigen wollten, wurde dieser Satz zu einer Art Maßgabe für ein Verhalten, das erst noch gefunden werden wollte.

Bleiben wir noch für einen Moment bei diesem einen Satz, der letztlich doch ambivalent bleibt: Eine Ethik der Wahrnehmung schien und scheint mir bis heute sehr sinnvoll, als das aufmerksame Betrachten dessen, was ist, und als die reflektierte Überlegung, was daraus folgen soll. Eine solche Reflexion scheint doch das zu sein, was wir brauchen, um uns in dem zu üben, was wir als verantwortliches Handeln verstehen wollen, auch wenn das auf so etwas wie einem Moralsinn oder Humes »Sympathie« fußt. Aber geht es nicht zu weit, hier von Liebe zu sprechen? Und was würde eine Hermeneutik der Liebe bedeuten?

Die Hermeneutik ist eine geisteswissenschaftliche Methode des Deutens von Texten, des Interpretierens und Auslegens; eine Hermeneutik der Liebe lässt sich also so beschreiben, dass wir lernen, uns mit etwas vertraut zu machen, es mit Hingabe zu verstehen und zu interpretieren, uns auch dem zugeneigt zu widmen, was wir nicht auf den ersten Blick liebevoll betrachten würden. Wenn wir die Hermeneutik als die Lehre des Deutens und Interpretierens von lebendigen Zusammenhängen ernst nehmen, dann liegt in ihr die Methode, die Reflexion und analytische Abwägung notwendig ergänzt, damit wir verstehen lernen, was uns in dem Empfinden von »Sympathie« und Verantwortungs*gefühl* wichtig ist, was wesentlich bleiben soll und was nicht. Es bedeutet auch, dass wir beginnen zu begreifen, wie wir das, was wir lieben, deuten wollen, damit es uns zum Hintergrund und Fundament dessen wird, was wir tun können. Und vielleicht sogar noch wichtiger: wie wir das, was wir deuten müssen und was uns umgibt und Fragen an uns richtet, so liebevoll betrachten können, dass uns am Ende Verstehen und Begegnung möglich erscheinen. Einer Hermeneutik der Liebe geht es nicht um romantische Liebe, sondern um eine Form der Zuneigung und Fürsorge, um ein »Wohlwollen«, wie es Aristoteles beschrieben hätte,[1] mit dem wir uns der Welt zuwenden können, um in ihr Entscheidungen zu treffen. Entscheidungen, die uns eine gemeinsame Zukunft möglich erscheinen lassen, aus Sorge um und für sie und weil es für das Gute und damit das Richtige ist. Wenn es also im Folgenden um die Frage gehen soll, was Verantwortung ausmacht, was uns zu ihr bewegt, warum wir überhaupt Verantwortung tragen und welche Verbindungen durch sie möglich werden, bildet der Gedanke einer Hermeneutik der Liebe das Fundament. Nur sie ermöglicht die Nähe, die es braucht, um zu verstehen, welche Form von reflektierter Zuwendung und Fürsorge möglich wird, und um zu erkennen, wofür wir verantwortlich sind oder sein wollen bzw. können.

Das Gute ist niemals gleichgültig: Der Geist des Humanismus

Wie aber sollen wir uns von all dem berühren und ergreifen lassen, was dringlich und notwendig zu tun ist, damit wir nicht nur in unseren eigenen Belangen, sondern auch in den großen globalen Kontexten wirklich handlungsfähig werden? Wir haben gesehen, dass es einen Bezug zum Guten gibt und geben muss, damit wir überhaupt in der Lage sind, unser Handeln moralisch auszurichten. Nun geht es aber weniger darum, dieses Gute zu erkennen, es begrifflich fassbar zu machen, als vielmehr um die Überlegung, wie das Gute auf uns wirkt, was es mit uns macht und was aus der Abwesenheit des Guten folgen kann oder könnte. Diese Fragen sind deshalb so wichtig, weil wir immer dann verantwortlich handeln wollen, wenn uns etwas betrifft, angeht oder berührt – wir es nicht aus Bequemlichkeit abschütteln, es aus Überforderung links liegen lassen oder an die neue Kollegin delegieren können. Aber kann das gehen? Wie können wir ernsthaft glauben, dass menschliche Zuneigung und Wohlwollen dazu taugen, die Welt zu verbessern, wenn es doch gleichzeitig der Mensch war und ist, der sie so zugerichtet hat und täglich für mehr Zerstörung, Leid und Not sorgt? Ausschlaggebend dafür ist unser Menschenbild, das uns für eine Kraft der Verantwortung sprechen lässt, von der wir glauben, dass sie uns als Menschen gegeben ist – ebenso wie die offensichtliche Fähigkeit, uns gierig, zerstörerisch, selbstsüchtig und unverantwortlich zu verhalten.

Was halten wir eigentlich von uns selbst? Gern führen wir die *Menschlichkeit* an, wenn von humanistischen Gründen oder humaner Hilfe die Rede ist, um zu betonen: Dahinter stehen Absichten, die wir mit dem Guten verbinden und eben nicht mit etwas, das auf gedankenlosen Egoismus und profitorientierte Zerstörung ausgerichtet ist. Wollen wir aber den Menschen als »im Grunde gut« anerkennen, wie es der niederländische Historiker Rutger Bregmann in seinem jüngsten Buch[2] eindrücklich zu tun versucht, so brauchen wir doch ein bisschen Hilfe, um zu verstehen, was uns offensichtlich daran hindert, unserer menschlichen Natur gemäß zu handeln und uns das Gute zuzutrauen.

Dass der Mensch dafür gemacht ist, nach dem Guten zu streben, kann mit guten Gründen angezweifelt werden, und es herrscht in Philosophie und Wissenschaft durchaus auch die Überzeugung, dass der Mensch so wenig Begabung zum Guten habe, dass er vor sich selbst und den Folgen seines Handelns geschützt werden müsse. Am besten von einem übergeordneten Staatsapparat, wie Thomas Hobbes es 1651 mit seinem *Leviathan* vorschlug und damit eine der Grundlagen für ein Welt- und Menschenbild schuf, in dem Verantwortung als menschliche Gabe nicht vorkommt, sondern nur das klare Befolgen von Pflicht und Gesetz menschliches Miteinander überhaupt denkbar macht. So schreibt er in seiner Staatstheorie: »Jeder muss alle seine Macht und Kraft einem oder mehreren Menschen übertragen, wodurch der Wille aller gleichsam in einem Punkt vereinigt wird, so dass dieser eine Mensch oder diese eine Gesellschaft der Stellvertreter jedes einzelnen wird, und jeder ihre Handlungen so betrachtet, als habe er sie selbst getan, weil er sich ihrem Willen und Urteile freiwillig unterworfen hat.«[3] Hobbes ist überzeugt, dass den Menschen kein angeborener Trieb zum menschlichen Miteinander – der unumgänglich für ein soziales Wesen in einer Gemeinschaft wäre – antreibt, sondern allein der Trieb zur Selbsterhaltung, der die Menschen aus einem ursprünglichen Streit aller gegen alle nur dadurch austreten lässt, dass sie in einem gemeinsamem Willensakt einen »Staatsvertrag« schließen.

Vielleicht braucht es also so etwas wie ein klares Vertragswerk, das die besten Seiten des Menschen sichtbar macht? Auch Jean-Jacques Rousseau, weniger Mathematiker als Hobbes und mehr Pädagoge, glaubte an einen solchen Vertrag, nur unter anderen Voraussetzungen. Rousseau war sicher, dass der Mensch durchaus *gut* auf die Welt komme, aber von der Zivilisation überfeinert und völlig entfremdet von sich und der Natur kaum noch in der Lage sei, sich auf sein natürliches Wesen zu besinnen. Nur in diesem menschlichen Naturzustand aber sei es möglich, einen wahrhaft menschlichen *Gesellschaftsvertrag*[4] aufzusetzen, in dem jeder »frei von seinen eigenen« Ketten zur Entfaltung kommen könne.[5] Hier wird der Mensch also eher von den Umständen und den kulturellen Entwicklungen gehindert, sein gutes Wesen zum Ausdruck zu bringen. Allerdings reiche es, so Rousseau, nicht, sich über diese äußeren Fesseln zu beklagen oder alten, idealen Welten nachzutrauern, sondern die Aufgabe bestehe darin, sich zunächst über die Umstände klar zu werden, die dazu beitragen bzw. die Ursache sein könnten. Rousseau entwickelt im 18. Jahrhundert eine (zugegebenermaßen ebenfalls ideale) Welt der *citoyen*, der Bürger, die sich, sich auf ihre natürlichen Fähigkeiten berufend, zu einer Gemeinschaft souveräner Geister zusammentun und freiwillig die Regelungen verfügen, die ihnen das bestmögliche Zusammenleben garantieren.

Das, was Rousseau hier zum natürlichen Wesen eines Menschen, der zum Guten fähig ist, erklärt, ist seine Fähigkeit, sich aus freiem Willen zur Welt zu verhalten und souverän zu handeln: Regelungen zu finden, einen (Gesellschafts-)Vertrag zu schließen und gleichzeitig darin das Recht auf Freiheit und Individualität hochzuhalten. Rousseau reklamiert also den selbstbestimmten Umgang mit den Möglichkeiten und Hindernissen dessen, was ein Leben in Gemeinschaft von uns fordert. Wir müssen uns somit eine Position suchen, eine Haltung wählen, die auch bei Rousseau immer von einer Form der Bedeutsamkeit geprägt ist, die etwas mit der Liebe oder Zuwendung zu einem Menschen – auch sich selbst – oder einem Gegenstand zu tun hat.[6] Hier entscheidet sich also, ob wir uns auf das Wagnis einer Hermeneutik der Liebe einlassen wollen oder durch Kontrolle und Autorität das im Menschen zu zügeln versuchen, was dem entgegensteht: das Bequeme, Egoistische oder auch das Böse. Die Kraft der Verantwortung liegt darin, diese Ambivalenz nicht aus den Augen zu verlieren und dennoch nach einer Aussöhnung zu streben.

Dabei erleben wir nur oft genug, dass *das Gute* und *das Böse* keine klaren Antagonisten sind, sondern dass Grauzonen und fließende Übergänge auftauchen, der Kontext zu klären ist und begründet werden kann. Man darf sich das Gute im Menschen vielleicht nicht so sehr als eine Form permanenten Edelmuts vorstellen: Es kann sehr vieles, und sehr vieles nicht – aber ihm ist nichts egal.

Der Gegenspieler des Guten ist oftmals viel weniger das ausgesprochen Böse und Grausame als vielmehr die Gleichgültigkeit, die die politische Denkerin Hannah Arendt sogar zu einem Ursprung des Bösen erklärte. In ihren berühmt gewordenen Aufzeichnungen über den Prozess gegen den ehemaligen SS-Obersturmbannführer Adolf Eichmann, der nach dem Zweiten Weltkrieg in Israel vor Gericht gestellt wurde, beschreibt sie ihre Beobachtung, dass das Böse oft unerwartet wenig monströs und gewaltig daherkommt, vielmehr in einer fast leisen und scheinbar banalen Form der Gleichgültigkeit auftritt, die eine »Unfähigkeit zu denken« offenbart.[7] Für dieses Böse ist nichts von Bedeutung, für das es sich zu kämpfen lohnt: Es ist eben nicht getragen von Werten und Überzeugungen, auch nicht von einer Art dunklen, perfiden Energie, wie man es sich oft vorstellt, sondern von der Abwesenheit all dessen.

Der Gleichgültigkeit fehlt es an Möglichkeiten, die Welt zu deuten, sich in sie einzufühlen: Es ist alles »gleich gültig«, egal ob ich dies oder jenes tue, mich hier oder dort einsetze oder eine Meinung habe. Wir alle kennen Gleichgültigkeit in bestimmten Bereichen, als Hilflosigkeit, nicht zu wissen, was das Richtige ist, keinen klaren Standpunkt zu haben – aber solange wir noch danach suchen, uns Hilfe oder Rat, Informationen oder Wissen aneignen, ist das Gute weiterhin am Werk.[8] Erst wenn die Abwesenheit des Guten absolut geworden ist, wir der Welt nicht mehr zugeneigt begegnen, verlieren wir die Möglichkeit, ins Gespräch zu kommen, uns neu und anders zu verständigen und die Gleichgültigkeit zu überwinden. Solange wir noch in der Lage sind, in ebendiesem Gespräch zu bleiben, mit uns selbst ebenso wie mit Organisationen, politischen Institutionen oder Gruppierungen, solange wir über Bedeutungen verhandeln und Perspektiven entwickeln können, solange haben wir es mit anderen Qualitäten zu tun: vielleicht mit Machtstreben und Narzissmus, mit Formen von Angst oder Verzweiflung oder Einsamkeit, aber nicht mit *dem Bösen*. Demnach ist die Aufgabe und Verpflichtung des Guten – im Sinne eines anzustrebenden Humanismus der Verantwortlichkeit – die Überwindung der Gleichgültigkeit zugunsten der Bedeutsamkeit.[9] Dabei spielt die Kraft der Verantwortung eine besondere und zentrale Rolle. Denn verantwortliches Handeln ergibt sich nicht allein durch das Streben nach dem Guten oder ist durch die Erfahrung eines *moral sense* begründbar, sondern es wird notwendig, weil jede Form der Menschlichkeit in einem Spannungsfeld aus »gut« und »böse« entsteht – wenn wir verantwortliche Wesen sein wollen, müssen wir entscheiden, wie wir uns in diesem Spannungsfeld verhalten wollen. Hannah Arendt geht sogar davon aus, dass das Gute die einzige Kraft sei, die radikale Veränderungen möglich machen könne. In einem Brief an ihren langjährigen Lebensgefährten Gershom Scholem aus dem Jahr 1963 schreibt sie: »Das Böse ist immer nur extrem, aber niemals radikal, es hat keine Tiefe, auch keine Dämonie. Es kann die ganze Welt verwüsten, gerade weil es wie ein Pilz an der Oberfläche weiterwuchert. Tief aber und radikal ist immer nur das Gute.«[10]

Das Gute ziehe diese Tiefe und Kraft aus der Verwurzelung in einem Grund, einem Dafür; das Böse aber sei an nichts interessiert als an gedankenloser Zerstörung oder Verwahrlosung. Damit könne es auch in nichts verwurzelt sein: Es gibt nur ein Dagegen, aber kein Dafür.

So werden Gedankenlosigkeit und bequeme Unwissenheit zu einer eigenen Form der Bösartigkeit, die ihren Ausdruck darin findet, keine Verantwortung für irgendetwas tragen oder übernehmen zu wollen. Stattdessen verbirgt sie die eigene Ohnmacht hinter zynischer Passivität oder erkennt das Eigene als das einzig Gute an, so in narzisstischer Selbstübersteigerung jeden Bezug zur »Güte« des eigenen Tuns verlierend. Wer so denkt, wendet sich keinem Gegenstand zu, lässt sich nicht berühren und verweigert jede Zuneigung – außer vielleicht der zu sich selbst und den eigenen Interessen. Daraus entwickelt sich ebenfalls eine Deutungsstruktur und Priorisierung, aber geleitet allein von dem, was für einen selbst am nützlichsten und wirksamsten ist. In dieser Fixierung aber verlieren wir den Bezug zu dem, was das Wesen der eigenen Handlungen ausmacht, und damit den Boden, auf dem wir stehen. Darin finden wir nicht immer Formen von Gewalt oder offensichtlicher Grausamkeit, Zerstörung oder Gemeinheit, aber wir erleben, dass die Voraussetzungen dafür geschaffen werden, dass der gewissenhafte Einspruch leiser wird und die Folgen billigend in Kauf genommen werden – vor den Augen der Öffentlichkeit. Kaschiert oft und gern durch unterschiedliche Formen geistigen *bullshits*, die Harry G. Frankfurt vor einigen Jahren philosophisch untersuchte.[11] Das Wesensmerkmal des *bullshit* ist das Streuen falscher Informationen, um die eigene Wirksamkeit und Reichweite zu steigern – das, was wir heute als »alternative Fakten« erleben und durch aus als Bestandteil politischer Krisenbewältigung: Es geht nicht darum, recht zu haben oder zu lügen, sondern darum, der Gegenseite Sand in die Augen zu streuen, Misstrauen zu säen und am Tag darauf wieder das Gegenteil zu behaupten. Im *bullshit* findet sich die größtmögliche

Entfernung menschlichen Handelns von dem, was wir als verantwortungsvoll erkennen. Es fehlt jeder empfundene und ernst zu nehmende Bezug zu dem, was den Dingen zugrunde liegt – alles, was heute als Wert bestimmt wird, kann morgen schon anders sein. Die Wirksamkeit dessen, was wir tun, wird allein am Nutzen und Mehrwert für das Eigene ausgerichtet, allein darin lässt sich für den *bullshitter* etwas Gutes ausmachen.

Gegen diese Form des Bösen als Gleichgültigkeit gegenüber einem allgemeingültigen Guten können wir nur schwer vorgehen. Allein die Stärkung der Gegenseite, die Kräftigung dessen, was von Bedeutung ist und bleiben soll, und die Zuversicht, dadurch etwas bewirken zu können, was anderen Kriterien gehorcht, kann hier für Veränderung sorgen. Gerade deswegen bleibt es trotz aller Uneinigkeit darüber, was das Gute im Menschen sein mag, sinnvoll, davon auszugehen, dass unser Handeln in irgendeiner Form von der Vorstellung des Guten geprägt war, ist und bleibt – schlicht, weil wir diese Erfahrung beständig machen und ohne diese Voraussetzung so etwas wie menschliche Gemeinschaft unmöglich wäre. Wir können also eine Entscheidung treffen und uns der Überzeugung anschließen, dass dieses Streben einen Bestandteil der *conditio humana*[12] ausmacht, den wir nicht aufgeben wollen.

Damit stehen wir auf dem geistigen Fundament des Humanismus, der mehr als hundert Jahre vor Thomas Hobbes und Jean-Jacques Rousseau den Ausgang aus dem an der scholastischen Lehre ausgerichteten Mittelalter prägte und nicht nur nach dem Guten fragte, sondern nach dem, was den Menschen als gut auszeichnet – ihn also als ein Wesen definiert, das sogar für sich selbst einen Wert in Anspruch nehmen darf und sollte: die Menschenwürde. Der italienische Renaissance-Denker Pico della Mirandola hob diesen kostbaren Wert des Menschlichen in seiner *Rede über die Würde des Menschen*[13] gar als eine eigene Form des Wunders hervor. In dieser Wertigkeit löst sich der einzelne Mensch in seinem Sein von seinem notwendigen Verhältnis zu einer übergeordneten Instanz oder Ordnung: Er entfaltet ein *Selbstbewusstsein*, eine Fähigkeit, in ein Selbstverhältnis einzutreten und darin eine Beziehung zur Welt zu verwirklichen, die allerdings seiner Verantwortung untersteht, sofern er seiner eigenen Würde gerecht werden will. Der Mensch folgt entsprechend weniger einem Prinzip des Guten (oder einer »Idee« wie bei Platon), sondern sieht sich in der Lage, das Gute zu tun, es zu erkennen und selbst zu verkörpern. In neunhundert Thesen hat Pico della Mirandola diese Überzeugung ausformuliert, in denen er unter anderem die Einigung der drei Weltreligionen fordert, um sich gemeinsam der Gestaltung der Welt zuwenden zu können. Dies gelinge aber nur, wenn sich jeder Einzelne durch Wissen und Bildung (eine Möglichkeit, die damals wenigen, aber heute durchaus vielen von uns gegeben ist) der Welt zu nähern bereit sei, sie als Sinnzusammenhang zu verstehen und nicht nur als nutzbare Ressource zu erklären versuche.

Das humanistische Denken blieb im 15. Jahrhundert noch in einen religiösen Kontext gebettet, aber der Einzelne (die Einzelne eher noch nicht) wurde in den folgenden Jahrhunderten mehr und mehr als aufgeklärter und mündiger Bürger gesehen, der sich durch Bildung und Wissen befähigt sah, die Welt, wie sie war, infrage zu stellen und in einer Gemeinschaft von Menschen, die sich selbst in ihrer Wertigkeit und Würde anerkennen, zum Besseren zu verändern. Bis heute trägt diese Überzeugung die *Charta der Vereinten Nationen*, in der jedem Menschen grundlegende Rechte zugesprochen werden.[14] Am 10. Dezember 1948 wurde in der UN-Generalversammlung darüber hinaus eine *Allgemeine Erklärung der Menschenrechte* (zurückgehend auf Immanuel Kants Schrift *Zum ewigen Frieden*[15]) verkündet, in der es gleich im Artikel 1 heißt: »Alle Menschen sind frei und gleich an Würde und Rechten geboren. Sie sind mit Vernunft und Gewissen begabt und sollen einander im Geiste der Brüderlichkeit begegnen.«[16]

Aber ist die Würde des Menschen wirklich unantastbar? Menschen werden unwürdig behandelt oder sehen sich entwürdigendem Verhalten ausgesetzt; andere benehmen sich würdelos; wir sprechen davon, dass etwas unter unserer Würde ist, und denken an Würdenträger, die sich ein bestimmtes Ansehen qua Amt oder Leistung verdienen mussten. In all diesen Fällen ist die Würde ein Gut, das zerbrechlich ist, infrage stehen kann und dem wir mit unserem Handeln entsprechen müssen. Die Würde, die wir dem Menschen zusprechen, ist in unserem heutigen Verständnis also sowohl der Grund als auch das Ziel bestimmter Entscheidungen und Handlungsweisen, die wir als *gut* beschreiben wollen – der Weg dorthin führt über eine Praxis der Verantwortung, die nach Antworten sucht, wie die Möglichkeiten zu einem solchen Handeln unter gegebenen Bedingungen aussehen können oder müssen.

Es stellt sich also die Frage nach der Perspektive, die wir einnehmen wollen, um das, was wir als Menschen sind und was wir tun können, in einen größeren Zusammenhang zu betten. Das ist kein Gedankenspiel, das sich in Relativismen verliert, sondern eine der wichtigsten Herausforderungen in der Deutung der möglichen Facetten des Guten, die der sogenannte moderne Mensch in dem, was er als Fortschritt beschreibt, seit Jahrhunderten gestaltet. Heute gilt es, den Geist eines modernen Humanismus zu wecken, der es sich zur Aufgabe macht, sich dem zuzuneigen und ernsthaft zuzuwenden, was zu verantworten er imstande sein will. Auf dieser Grundlage können Visionen oder Zukunftsbilder entstehen, die nicht nur die Würde des Menschlichen, sondern die Würde des Lebendigen schützen, sodass wir uns weniger einer Welt gegenüberstellen, die wir verändern müssen, als uns selbst als Teil eines Zusammenhangs erleben lernen, den zu schützen wir aufgerufen sind.

Die Dringlichkeit dieser Aufgabe erlaubt es nicht länger, aus der Distanz heraus gleichgültig zu bleiben: Das, was geschieht, geht uns an, unabhängig davon, ob wir das wollen oder nicht. In einem solchen Zusammenhang sind wir Betroffene, auch wenn wir es noch nicht spüren. Und die Frage ist, wie wir diese Erkenntnis nicht nur zur Kenntnis, sondern zum Anlass nehmen, tätig zu werden.

Stellen wir uns also nun weiter die Frage, ob wir wollen können, dass uns etwas berührt; ob wir Fürsorge verordnen oder Zuwendung zur Pflicht erklären können und ob das dann noch etwas mit Verantwortung zu tun hat.

Verantwortung als soziales Gefühl: Der Wille zur Zuneigung

Verantwortung bedeutet also, nicht gleichgültig sein zu wollen und sich dem zu widmen, was zu tun ist. Aus einer Position heraus, die uns alle eint: die der Menschlichkeit. Das klingt ganz wunderbar und kaum jemand würde widersprechen. Aber was heißt das ganz konkret? Der australische Philosoph Peter Singer beschreibt in einem seiner Aufsätze ein Gedankenexperiment, das er »Das Kind im Teich« nennt. Drohte vor unseren Augen ein Kind in einem Teich zu ertrinken, so könnten wir gar nicht anders, als ihm zu helfen. Es gäbe keinen Zweifel daran, dass dies die richtige Tat wäre. Selbst wenn außer uns noch andere Menschen am Ufer wären oder wir nicht schwimmen könnten, wir würden uns aufgerufen fühlen, für Hilfe zu sorgen. Hier gibt es für kaum jemanden einen Zweifel. Aber: Ist das Leben eines Kindes mehr wert, nur weil es vor unseren Augen in Not gerät?[17] Nein, ganz sicher nicht. Es gibt keinen guten Grund, warum wir nicht auch in anderen Teilen der Welt dafür sorgen müssen, Menschen zu retten oder ihnen zu helfen, Leid zu lindern, egal ob in Kriegsgebieten, Flüchtlingslagern oder auf Schlauchbooten im Mittelmeer.

Stimmen wir dieser Einsicht in Gänze und ohne Wenn

und Aber zu, dann müsste sich allerdings einiges verändern. Gerade im Hinblick auf die sogenannte humanitäre Hilfe scheint uns doch eher eine Mischung aus hilfloser Gleichgültigkeit, Unsicherheit und dem Festhalten an Eigeninteressen zu umgeben als Einigkeit, das Gute tun zu wollen. Zu Recht, mag man einwenden, denn bei allem guten Willen können wir wohl schwerlich jedes Kind auf der Welt retten, egal wie richtig dies sein mag – es scheitert an den Grenzen des Machbaren, des Menschenmöglichen. Aber wann genau ist die Grenze zum Menschenmöglichen erreicht? Gerade die letzten Monate haben gezeigt, dass wir uns von sehr viel mehr betreffen lassen können, als wir vielleicht ahnten – und selbst wenn diese Grenzen erreicht sind, wie genau gehen wir mit ihnen um? Denn bei all den Wellen der Solidarität in Zeiten der Coronakrise, den Versuchen, sich um Nachbarn oder alte Eltern zu kümmern – die Kinder im Jemen spüren wenig von unserer Hilfsbereitschaft. Wenn wir tatsächlich von verantwortlichem Handeln sprechen wollen, das nicht vor der eigenen Haustür bzw. an der nächsten Küste endet, dann geht es um die Überlegung, welche Folgen das eigene Handeln hat, die sich dann eben nicht mehr verantworten lassen. Wenn ein Unternehmen in Deutschland sich nicht um die eigenen Lieferketten schert und damit das Leid der Textilarbeiterinnen in Bangladesch übersieht oder in Kauf nimmt, dann muss der Vorstand vielleicht kein Kind aus dem Teich ziehen, sich aber dennoch fragen, welchen Anteil die eigenen Entscheidungen am Leid der Kinder ebendieser Textilarbeiter haben. Und das ist ja längst nicht die einzige Frage: Handele ich verantwortungslos, wenn ich einem solchen Unternehmen seine Produkte abkaufe? Was kann ich überhaupt über Produktions- und Lieferwege herausbekommen, und wie schaffe ich es, mich von der eigenen Unsicherheit nicht lähmen zu lassen?

Im Kern gibt es zwei Möglichkeiten, die sich aber auch sehr wohl verbinden lassen: Entweder müssen wir in Zukunft unsere Kreise kleiner ziehen und das Maß an Verantwortung an das anpassen, was wirklich in unserer Reichweite liegt (auf institutioneller Ebene: keine Ausbeutung anderer Länder, um unseren Wohlstand zu finanzieren; auf persönlicher Ebene: der Versuch, bewusster und informierter zu konsumieren), oder aber wir denken darüber nach, ob es möglich ist, die Reichweite unserer Zugeneigtheit zu verändern (dann haben wir die Verantwortung dafür und müssen eingreifen, wenn die Folgen unseres Wohlstands für Not in fernen Gebieten der Welt sorgt). Im ersten Fall gehen wir das Risiko bestimmter Folgen gar nicht erst ein, im zweiten Fall riskieren wir sie, stehen dann aber konkret für die Folgen ein.

Um nicht zuzulassen, dass in beiden Fällen die reine Ferne ein Hindernis für Verantwortung darstellt, brauchen wir offenbar andere Kriterien für das, was von Bedeutung ist und den Grund für verantwortliches Handeln bildet. Wieder fragen wir uns also, was, egal wann und egal wo auf der Welt, bedeutsam bleibt, unabhängig davon, wie nah oder fern uns etwas ist. Der 1882 geborene Nikolai Hartmann prägte in seiner Ethik erstmals den Begriff der »Fernstenliebe«.[18] Auch Hartmann spricht durchaus von einer natürlichen Gebundenheit des Strebens an das Nächstliegende, ohne dass darin irgendetwas Verwerfliches liege. Wir können schlicht oftmals gar nicht anders, als uns dem verbundener zu fühlen, was uns näher ist. Es fällt uns leichter, das Bild eines ertrunkenen Flüchtlingsjungen am Strand einer Mittelmeerinsel in unserem Kopf verblassen zu lassen als das eines geliebten Verstorbenen, der Teil unseres Lebens war. Wenn der Regenwald oder die Steppe brennt, dann entsetzen uns diese Bilder, aber wir können unser Leben weiterführen, ohne dass dieses Entsetzen uns zwänge, unser Verhalten zu ändern. Und darin liegt nicht nur etwas zutiefst Menschliches, was uns in unserer Unvollkommenheit alle betrifft, sondern sogar ein wichtiger emotionaler Schutzmechanismus, der uns davor bewahrt, am Leid der Welt zugrunde zu gehen. Wir können uns dem, was räumlich oder zeitlich in der Ferne stattfindet, nicht auf dieselbe Weise emotional zuneigen wie dem, was in unserer Familie, vor unserer Haustür oder auch in unserem Land geschieht. Wollen wir aber ethisch wirksam werden, müssen wir lernen, unsere Kreise weiter zu ziehen und den Blick zu weiten.

Peter Singer spricht hier von einem *moral circle*, der sich auf die Dinge erstreckt, die uns unmittelbar oder in nächster Nähe betreffen. Es geht also darum, diesen Kreis durch die Übernahme von Verantwortung zu erweitern, die Kreise miteinander verbinden zu lernen. Nur so werden wir ethisch wirksam werden – vor der eigenen Haustür, am anderen Ende der Welt, bezogen auf die Gegenwart, aber auch in Fragen, wie eine lebenswerte Zukunft aussehen kann. Im Rahmen des uns Möglichen, den wir stecken und über den wir uns klar werden müssen. Nikolai Hartmann sieht es als menschliche Gabe an, dass wir vorausschauen können, und eben daraus erwachse sogar so etwas wie eine Pflicht, nämlich als »(…) die dem Menschen eigene Verantwortung auch für das Künftige, soweit es in seiner Macht steht«. Es gibt also immer Grenzen, aber diese sind nicht fest gesteckt, und so gelte es, laut Hartmann, sehr genau hinzuschauen, damit »die Macht in den Weltlauf bestimmend einzugreifen« eben genau so weit geht, als der Mensch »sie mit seinen Kräften auszudehnen weiß«.[19] Das heißt also nicht, dass wir unsere Aufmerksamkeit auch nur auf Dinge richten, die in diesem Rahmen liegen. Selbstverständlich kann keiner von uns die Brände am Amazonas verhindern und südamerikanische Politiker zum Umdenken bewegen, aber wir können uns fragen, wie wir dennoch wach und aufmerksam dafür bleiben, was der Kauf von Produkten mit Palmöl damit zu tun haben könnte. Noch immer richten wir uns, mit Nikolai Hartmann gesagt, oft zu bequem auf das Nächstliegende und geben allein dem »Drang des Augenblicks« nach, denn das »Minimum an Aktivität in eingefahrener Bahn« sei letztlich doch das Einfachste.[20] Das, was uns aber aus dieser Bahn werfen kann, ist erlebte Nähe, tatsächliche Betroffenheit oder das moralische Signal, dass wir mehr tun können, als uns an Gewohntes zu klammern. In einem solchen Moment verändert sich unsere Perspektive aufgrund einer veränderten Gefühlslage: Wir fühlen uns angesprochen, aufgerufen und wollen Antworten finden. Die guten Gründe, die Erkenntnisse und Fakten liefern, mögen schon lange klar sein, der Grund unseres Handelns liegt aber auf einer anderen Ebene – der des persönlichen wie kollektiven Verantwortungsgefühls ganz im Sinne von Humes *moral sense*.

Ein Gefühl nicht nur zum Gegenstand, sondern auch zum Grund für reflektiertes verantwortungsvolles Handeln zu erklären, ist aber alles andere als einfach und ein philosophisch eher ungewöhnliches Manöver. Zwar ist unser Gefühlsleben seit der Antike ein wichtiges philosophisches Thema, auch wenn sich die Philosophie in den letzten Jahrhunderten sehr viel lieber der menschlichen Rationalität zugewandt (und das Feld der Emotionen der Psychologie überlassen) hat. Doch schon Aristoteles unterschied Lust und Unlust als notwendige Motivationen für das eigene Tun und Lassen, und bei den römischen Stoikern, etwa bei Seneca, wurde das Ziel der *ataraxie*, also der Gemütsruhe und damit der Selbstbeherrschung hochgehalten, um sich in seinen Entscheidungen nicht zu sehr von Leidenschaften und Begehrlichkeiten leiten zu lassen. In dieser Tradition gelten Gefühle aber meist als Störenfriede rationalen und wohlüberlegten Handelns. Die Gegenüberstellung von sinnlichem und damit oft auch körperlichem Erleben im Gefühl und dem vermeintlich objektiven Erklären einer Welt, die von uns unabhängig durch den Verstand zu erkennen ist, hat sich dabei durch die Epochen hindurch immer wieder als Leitprinzip durchgesetzt. Die zuweilen lästigen Aktivitäten eines fühlenden Körpers galt es eher zu überwinden als zum Thema des Denkens zu machen.[21]

Spätestens seit den Einsichten Sigmund Freuds in die Kraft eines menschlichen Unbewussten,[22] von dem wir nie sicher sein können, wie es unser Handeln bestimmt und wo die Grenze zu dem verläuft, was uns bewusst und damit im Denken zur Verfügung steht, steht die Bedeutsamkeit der emotionalen Verfasstheit des Menschen aber neu zur Diskussion, auch wenn das Bild des Störenden dabei nicht so recht verschwinden will. Gegenwärtig und immer wieder durch neurowissenschaftliche Forschungen bestätigt, erlebt die Gefühlswelt eine neue Aufmerksamkeit in ihrer Bedeutsamkeit für das, was und warum wir etwas tun und lassen. Die Prägung, die wir durch gefühlte Erlebnisse in unseren ersten Lebensjahren erleben, hat in der Forschung zu neuen Perspektiven auf unsere Fähigkeit geführt, uns als Teile einer Gemeinschaft zu erleben. Wie geborgen, zugewandt oder aufmerksam wir uns fühlen können, hat einen großen Einfluss darauf, wie wir mit uns selbst, aber auch anderen Menschen umgehen – und wie wir darüber denken. Gehen wir also noch einen Schritt zurück, um zu verstehen, was wir überhaupt mit einer Emotion oder einem Gefühl meinen.

Eine eindeutige Definition gibt es dazu nicht. Einigen können sich Denker und Forscherinnen aus unterschiedlichen Disziplinen auf eine begriffliche Abgrenzung zwischen Emotionen *(emotions)* und Gefühlen *(sentiments)*. Emotionen werden in diesem Sinn verstanden als die unmittelbaren und körperlich spürbaren Reaktionen auf eine bestimmte Situation (Trauer, Angst, Freude), während Gefühle eher eine grundsätzliche Form des Empfindens bezeichnen, eine Art »Hintergrundgefühl«.[23] Gefühle beschreiben in dieser Unterscheidung eher lang anhaltende sinnlich erlebbare Zustände, wie Liebe, Vertrauen oder

Heimweh, die nicht direkt als Reaktion mit einem körperlichen Signal verbunden sein müssen, sondern sich als Grundgefühl äußern, wenn wir z. B. von Zufriedenheit, Wohlbefinden, Traurigkeit oder Sehnsucht sprechen. Eine direkte Emotion wie Wut oder Freude wird hingegen oft von einer klaren körperlichen Veränderung begleitet: Herzklopfen, Magenschmerzen, Schweißausbrüche oder Ähnliches. Aber – und das ist der für den vorliegenden Kontext wichtige Punkt – sowohl emotionale Reaktionen wie auch lang andauernde »Hintergrundgefühle« entstehen nicht zufällig, sondern aufgrund verinnerlichter Erlebnisse, Prägungen, Gedankenwelten, die wieder aufleben und von uns als körperliche Signale erlebt werden.[24]

Ganz in diesem Sinne können wir unser Verantwortungsgefühl entweder als emotionale Reaktion erleben oder als eine Form des Hintergrundgefühls entwickeln, das aber immer wieder nach reflektierter Abwägung in unserem Handeln zum Ausdruck kommt. Mit anderen Worten: Es gibt die Möglichkeit, Verantwortung als Hinwendung zur Welt und dem, was sich in ihr ereignet, zu spüren, um sich dann zu entscheiden, welche Rolle und Ausprägung dieses Empfinden in Bezug auf die eigenen Handlungen haben darf. Wir können unser Verantwortungsgefühl also verkümmern oder daraus eine Kraft werden lassen, die wir in moralischen Fragen und der eigenen Werteorientierung für grundlegend erklären. Daher wollen wir im Folgenden von Verantwortung als einer sozialen Emotion sprechen, die wir direkt und sehr plötzlich erleben können, die als Verantwortungsgefühl dann aber zu einem eben gefühlten Hintergrund werden kann, auf den wir uns auch kollektiv berufen können. Diese Begründung ist im wahrsten Sinne immer in Beziehung zu dem Anspruch einer gewollten ethischen Wirksamkeit zu denken, die eben nicht selbstverständlich und auch nicht für jeden gleich zu denken bzw. zu fühlen sein kann.

Verantwortliches Handeln beschreibt also eine relationale Funktion in einem begründbaren sozialen Miteinander, das auf einer gemeinschaftlichen und sinnlich erlebbaren Reaktion oder Haltung[25] beruht, die uns mit der Welt, den Menschen und Dingen darin in Verbindung treten lässt – ganz persönlich, aber auch als Kollektiv, als Gemeinschaft, als Gesellschaft. Dabei geht das Verantwortungsgefühl über Empathie und Mitgefühl hinaus, weil es einen direkten ethischen Handlungsaufruf einschließt, der uns als Orientierung an dem, was wir als das Gute beschrieben haben, erreicht. Dieses Gute ist dabei nicht etwas Relatives, individuell Auszuhandelndes, sondern der ursächliche, letzte Grund für unser Handeln, das quasi organisch in ihm wurzelt, und nicht so sehr analytisch verankert ist. Wir fühlen uns verantwortlich, wenn uns etwas im wahrsten Sinne des Wortes *existenziell* angeht, es uns berührt und betrifft – und eben dann handeln wir entsprechend.

Daraus aber ergibt sich eine weitere Fragestellung, nämlich ob eine solche Emotion oder ein Hintergrundgefühl ausreicht, um eine rationale Motivation für unser Handeln auszuprägen, ob wir also das Gespür für das, was wir als das Gute unserem verantwortlichen Handeln zugrunde legen wollen, auch wirklich mit Gewissheit als Grund anführen können. Anders gefragt: Welche Form von Gewissheit bietet ein Gefühl oder eine Emotion? Wissen wir wirklich, ob wir jemanden lieben? Möglicherweise nicht, gerade in dieser Frage herrscht oft verstörende Unsicherheit. Aber umgekehrt ist gerade die Liebe der sicherste Grund für das, was wir tun oder lassen. Und wenn das schon schwer zu entscheiden ist, wie sieht es dann mit ihren Spielarten aus, unter die wir auch die verantwortliche Praxis einfügen wollen, ebenso wie die Zuneigung, die Zuwendung, das Interesse, die Sorge und vielleicht auch die Neugier?

Erinnern wir uns an das Gedankenexperiment von Peter Singer: Woher wissen wir, ob wir für die Rettung verantwortlich sind, wenn vor unseren Augen ein Kind zu ertrinken droht? Wir wissen es einfach. Wir können uns hier nicht aus der Verantwortung stehlen, ganz egal wie und was wir fühlen. Wir lieben dieses Kind nicht, kennen es nicht einmal, aber wir wollen nicht in einer Welt leben, in der Hilfe und Sorge für ein anderes, noch dazu ein hilfloses, sich in Gefahr befindendes Wesen keine Rolle mehr spielt. Diese Gewissheit haben wir. Und der Grund für dieses Wissen ist ein Empfinden. Es gibt also ein Grundgefühl, das uns verpflichtet, etwas zu tun, auch wenn andere Gefühle wie Angst oder Hilflosigkeit damit kollidieren und uns verunsichern können.

Denken wir noch einmal an die Methode einer »Hermeneutik der Liebe«, an die Fähigkeit, die Klaviatur des liebevollen Zugangs zu den Dingen verstehen und spielen zu lernen. In all diesen Facetten erleben wir eines nie: absolute Sicherheit. Aber dennoch haben wir die Möglichkeit, Strukturen zu schaffen, für Orientierung zu sorgen oder Richtungen vorzugeben. Etwas oder jemanden mit Sicherheit lieben zu wollen, ist unmöglich. Aber wir können uns sehr wohl um einen liebevollen Blick bemühen, uns fragen, wie wir mit unserer Gefühlslage umgehen wollen, ob wir eine Beziehung hegen und pflegen oder verkümmern lassen. Also können wir uns sehr wohl dafür entscheiden, den Dingen oder Menschen mit liebevollem Wohlwollen zu begegnen – oder auch nicht.[26]

Diese Entscheidung gilt es zu treffen, um sich eben nicht nur verantwortlich zu fühlen, sondern darüber hinaus auch so zu handeln. Um Verantwortung nicht nur zu tragen, sondern auch übernehmen zu können, brauchen wir also eine wohlwollende Nähe zum Gegenstand der Verantwortung. Ob diese Nähe räumlich, zeitlich, inhaltlich, geistig oder sozial zu erklären ist, ist nicht der zentrale Punkt, sondern dass es sie gibt bzw. wir sie ermöglichen wollen und herstellen können. Wir können uns nicht zwingen und nicht gezwungen werden, uns von etwas berühren zu lassen, aber wir können selbstständig die Entscheidung treffen, uns etwas oder jemandem zuzuneigen, sodass Nähe entsteht. Dieses Bild der zugewandten Bewegung ist sehr anschaulich, zeigt aber gleichzeitig die Grenzen dieser Analogie auf: Wie sollen wir uns zu einem Kind neigen, das in Kanada in einen Teich fällt, wie zu einer Dürrekatastrophe in Australien oder gar unserem ganzen Planeten? Und wie können wir unterschiedliche Zuneigungen oder Zugeneigtheiten miteinander kombinieren, wenn wir z.B. als Eltern und als Vorgesetzte Verantwortung tragen und darin Handlungsoptionen miteinander in Widerspruch geraten? In solchen Situationen ist es unmöglich, sich voller Zuneigung und Wohlwollen gleichzeitig auf all das zu richten, wofür wir möglicherweise verantwortlich wären (und auf die bereits erwähnten Grenzen soll noch ausführlicher eingegangen werden). Aber erweitern wir die Überlegung, mit welchen emotionalen Reaktionen oder Hintergrundgefühlen wir die Welt betrachten, noch um einige andere Facetten unserer emotionalen Möglichkeiten. *Betroffenheit* entsteht durchaus auch aus anderen emotionalen Befindlichkeiten, die nicht die Zuneigung zu etwas beschreiben, sondern mit Sorge die Abwesenheit von etwas feststellen – einer Sorge,[27] von der wir uns nicht nur passiv betreffen lassen, sondern die wir aktiv gegen die Gleichgültigkeit und Resignation der Welt richten oder aus der heraus wir etwas möglich machen oder wieder herstellen wollen, das uns wichtig und wertvoll erscheint.

Der Philosoph Hans Jonas sieht in der emotionalen Haltung der Sorge eine grundsätzliche Form der »Totalverantwortung« sichtbar werden. In diesem Sinne formuliert er auch eine klare Definition der Verantwortung und versteht sie als »die als Pflicht anerkannte Sorge um ein anderes Sein«. Die Urform dieser totalen Verantwortlichkeit führt er auf die Beziehung von Eltern zu ihren Kindern zurück, wobei hier die unbedingte Verantwortung für die eigenen Kinder darauf beruht, dass die Eltern sich als Urheber dessen erkennen, wofür sie verantwortlich sind, und sie (normalerweise) diesem Ergebnis in Liebe verbunden sind. Parallelen zu diesem Verhältnis sieht Jonas interessanterweise aber auch in der Rolle des Staatslenkers, der sich natürlich nicht als »Urheber« seiner Bürger versteht, sondern als Bewahrer und Behüter eines sozialen Gefüges, von dem er zugleich ein Teil ist. Jonas erkennt hierin ein der Liebe vergleichbares Gefühlsverhältnis, das aus einer gemeinsamen Interessengemeinschaft herrührt: »Dies begründet, wie bei der Familie, der die Symbolik entlehnt ist, mehr als nur ein Pflichtverhältnis, nämlich jene emotionale Identifizierung mit dem Ganzen, die gefühlte ›Solidarität‹, die der Liebe zum Einzelnen analog ist.«[28] Die Frage der Solidarität, die ein wichtiger Brückenschlag für die Überlegung ist, wie wir von einer liebevollen Beziehung zwischen zeitlich und räumlich verbundenen Menschen zu einer verantwortungsvollen Fernbeziehung kommen können, wird uns im nächsten Unterkapitel weiter beschäftigen. Bleiben wir zunächst noch bei der sorgenden Perspektive auf das, wofür wir verantwortlich sein wollen bzw. können.

In einer Haltung der Sorge wird ein Gefühl von Bedeutsamkeit zum Grund für das, was wir als verantwortungsvolles Handeln zum Ausdruck bringen. Dies ist die Bedingung für ein kollektives Verantwortungsgefühl, das in der Lage ist, eine Gemeinschaft zu tragen. Hans Jonas schreibt dazu weiter: »Das Faktum des Gefühls macht dann das Herz für die Pflicht empfänglich, die von sich aus danach nicht fragt, und beseelt die übernommene Verantwortung mit ihrem Impuls. Es ist schwer, wenn auch nicht unmöglich, Verantwortung zu tragen für etwas, das man nicht liebt, so dass man sich eher die Liebe dazu erzeugt als die Pflicht ›frei von Neigung‹ zu tun.«[29] Die Eindeutigkeit, die aus dieser Einsicht spricht, können wir durchaus anzweifeln, aber nehmen wir Hans Jonas' Überzeugung ernst, ergibt sich daraus eine Wandlung der eigenen Haltung, aus der heraus Bedeutung entsteht. Nicht die naheliegende Deutung, dass man die Verantwortung für etwas ablehnt, dem man nicht liebevoll begegnen kann (weil es zu weit weg, nicht unmittelbar wichtig oder schlicht nicht geschätzt ist), gilt als Begründung, sondern die mögliche Übung darin, sich dem zuzuneigen, was uns zu einer Antwort aufruft, dem wir uns widmen, für das wir sorgen *wollen*.

Fragen wir also ganz konkret: Welche Sorgen machen sich moderne aufgeklärte Menschen aus welchen Gründen, wo wollen wir Sorge tragen und wie fürsorglich können wir sein, als vergängliche, unvollkommene Wesen voller paradoxer Neigungen, die wir mühsam in gut und schlecht einzuteilen versuchen, inmitten kultureller Wandlungsprozesse, die Einfluss auf eine Natur haben, die uns bei Weitem überlegen ist und dennoch unter uns leidet? Darüber könnten wir uns sicherlich ausgiebig Sorgen machen. Aber wie wir gehört haben, gibt es nicht allein die grübelnde Sorge, die uns in Angst und Furcht vor Hindernissen oder Verlusten aufreibt, sondern auch die Sorge für oder um etwas oder jemanden, das oder der uns wichtig ist. Fragen wir also noch einmal genauer: Worauf richten wir gegenwärtig unser »sorgendes Sein«?

Diese Frage ist ein Teil jeder Form verantwortlicher Praxis. Wenn wir für jemanden oder etwas sorgen, dann tun wir dies aus einem Gefühl der *Verbindlichkeit*, der Verbindung und damit des Mitgefühls für das, was unser Gegenüber als unserer Sorge bedürftig kennzeichnet. So richtet sich unser Gefühl der Verantwortung nicht nur auf normative Verbesserungen (wie z. B. die Zukunft unserer Kinder, für die wir sorgen wollen), sondern auch auf Zustände, in denen das Leid und die Not anderer unser Mitleid erregen. Die Fähigkeit, Mitleid zu fühlen, ist eine Voraussetzung verantwortlicher Praxis, ein Empfinden, das die Gedanken der Würde und Menschlichkeit nicht nur auf die Fähigkeiten, die Rechte und den Wert des Menschen bezieht, sondern ihn auch als Leidenden, als verletzlich und bedürftig anerkennt. Eine solche Mitleidsethik, die uns auf eindrückliche Weise im Denken Arthur Schopenhauers begegnet, sieht auf den anderen aber nicht als »Leidtragenden« herab, sondern schafft eine Verbindung zwischen allen Menschen, die jeden von uns in seinem Streben nach oft unerreichbaren Idealen und in seinen Unvollkommenheiten als würdevoll ansieht. Nicht obwohl, sondern gerade deswegen – sich selbst immer eingeschlossen. »Die Güte des Herzens«, schreibt Schopenhauer in seiner Preisschrift *Über die Grundlage der Moral*, »besteht in einem tief gefühlten, universellen Mitleid mit Allem was Leben hat.«[30]

Nach Schopenhauer ist es also weitaus weniger das gemeinsame Streben nach dem Guten, sondern ein tief empfundenes Mitleid, das »die wahre moralische Grundtriebfeder« unseres menschlichen Handelns ausmacht und das dem Willen des Menschen nicht bzw. anders zugänglich ist als reflektierte gute Gründe. Damit werden wir als verantwortliche Wesen nicht nur in unserem Wohlwollen angesprochen, sondern in allen Formen der Sorge, die auch das Empfinden von Angst, Furcht und

Bedrohung als Gründe für notwendiges verantwortliches Handeln ernst nimmt.

Denken wir noch einmal an das Kind im Teich: Wir sind verantwortlich aus Sorge um das Kind, aus Angst, dass es ertrinken könnte, und fühlen uns *deshalb* als Verantwortliche angesprochen, nicht weil wir plötzlich voller Zuneigung für ein bestimmtes menschliches Wesen sind. Wandeln wir das Beispiel ein wenig ab und überlegen, wie sich unser Gefühl verändert, wenn z.B. ein betrunkener Mann, eine verwirrte Frau oder ein verletztes Tier ins Wasser gestürzt wäre? Für unseren Anspruch an das, was verantwortliche Praxis ausmacht, liegt darin kein Unterschied. Oder doch? Wie steht es um die Machbarkeit, oder im Fall des Tieres vielleicht um das Risiko, selbst verletzt zu werden? Wir brauchen in allen Fällen sowohl den zugeneigten Blick auf das, was wir für gut und bedeutsam halten, ganz egal auf wen sich dieser Blick richtet, als auch gleichzeitig ein klares Empfinden dafür, wann ebendiese Werte durch Tun oder Unterlassen bedroht werden und unter welchen Bedingungen wir sie erhalten oder auch verteidigen müssen – vor Ort, gegenüber Kindern oder Hilfsbedürftigen, direkt in Sichtweite und vor der eigenen Haustür ebenso wie in einer Ferne, die von den eigenen Handlungen und ihren Folgen betroffen sein wird. Eine Ethik, die in der Lage ist, sich räumlich wie zeitlich in diese Ferne auszudehnen, hält also ein Menschenbild im Sinne eines humanistischen Grundverständnisses hoch und betont darin das Gute und die Überzeugung, im eigenen Handeln auch wirksam werden zu können. Gleichzeitig braucht es aber auch die Einsicht, wie sehr wir dieses Menschenbild bedroht sehen und wie wir für den Erhalt des Guten kämpfen müssen: Wer also wollen wir sein und welche Antworten haben wir für Gegenwart und Zukunft?

Erinnern wir uns an die hochemotionale Rede der Umweltaktivistin Greta Thunberg auf dem Weltwirtschaftsforum im Januar 2019 in Davos, als sie ihren Zuhörern entgegenschmetterte, dass sie sich wünschte, sie würden in Panik geraten: »Ich möchte, dass ihr so handelt, als wenn unser Haus brennen würde. Denn es brennt bereits.« Mit weniger wolle sie sich nicht mehr zufriedengeben, denn: »Die Erwachsenen sagen immer, wir müssen den jungen Menschen Hoffnung machen, aber ich will eure Hoffnung nicht«, so Thunberg. »Ich möchte nicht, dass ihr hoffnungsvoll seid. Ich möchte, dass ihr in Panik geratet. Ihr sollt die Angst spüren, die ich jeden Tag spüre.«[31] Hier findet sich diese Gleichzeitigkeit von Angst und Wohlwollen ganz deutlich: Panik schüren, um Verantwortung zu ermöglichen? Ja und nein. Denn wir geraten nur in Panik, wenn uns etwas wichtig ist und in Gefahr ist. Allerdings ist Panik nicht der emotionale Zustand, in dem sinnvolle Entscheidungen getroffen werden und verantwortliches Handeln eine solide Basis hat. Wenn wir panische Angst haben, treffen wir keine gut durchdachten und tragfähigen Entscheidungen, wir können als Grund unserer Handlungen nur diese beherrschende Emotion selbst angeben, also fehlen all die Voraussetzungen, von denen wir bisher ausgegangen sind, um verantwortliches Handeln zu beschreiben. Das wird wohl auch nicht in Greta Thunbergs Sinne sein.

Die Panik, die Thunberg meint, soll uns nicht ohnmächtig machen, sondern in höchster Dringlichkeit helfen zu erkennen, wie wichtig es ist, zu handeln. Damit ist der Grund unserer Panik und die Bedrohung, die ihr zugrunde liegt, der Anlass und Gegenstand unserer Überlegungen: Der reflektierte Umgang mit der eigenen emotionalen Verfasstheit spielt eine wesentliche Rolle, um zum Kern dessen zu gelangen, worüber wir nachdenken sollten und warum und in welcher Art und Weise dies zu tun ist. Und das gilt nicht nur für die große Aufgabe, im Angesicht des Klimawandels eine angemessene emotionale Verfasstheit zu entwickeln, sondern auch dafür, in dieser Verfasstheit handlungsfähig zu bleiben. Denken wir an ganz persönliche Momente der Überforderung, der Sorge und Angst oder Wut: Wie beurteilen wir unsere Trauer, Angst, Überforderung, Wut in diesem konkreten Kontext? Wie gut können wir mit ihnen umgehen und wie genau kennen wir uns eigentlich in diesen Gefühlslagen?[32]

Dieser reflektierte Umgang, der die eigenen Emotionen nicht verneint, sondern sie selbst zum Gegenstand unseres Denkens macht, erinnert uns noch einmal an die philosophische Denkschule der Stoa, die bereits im dritten Jahrhundert vor Christus dazu geraten hat, die Gemütsruhe *(ataraxía)* anzustreben, um möglichst gute Entscheidungen für das eigene Leben zu treffen. Dies gilt nicht nur für Momente der Panik, der Angst, des Zorns, der kopflosen Liebe oder der überwältigenden Begeisterung, sondern auch und vielleicht heute noch mehr für Zeiten der Überforderung oder Verunsicherung. Für Erfahrungen also, die wir gegenwärtig, in unserem Kontext, als Verantwortungsdiffusion beschreiben würden: Es gibt so viel zu tun, die Aufgaben sind zu groß, mein eigener Einfluss ist gering. Wir alle kennen diese lähmenden Momente. Aber was ist die Alternative? Das Leben genießen, solange es noch geht? Sich nur um sich selbst kümmern? Sich in seinen eigenen Sorgen vergraben? Alles verständliche Reaktionen. Aber mit Verantwortung hat das dann nicht mehr viel zu tun.

Bleiben wir bei der Frage, wie sich die Kraft der eigenen Verantwortung stärken lässt, dann kommen wir aus solchen Momenten der Verunsicherung nur durch sorgfältiges Abwägen und Priorisieren heraus – also durch eine rationale Methode, die uns im Umgang mit emotionaler Überforderung, Unruhe oder Erschütterung Möglichkeiten der Klärung bietet. Das gilt für die Frage der Trennung von einem ehemals geliebten Partner genauso wie für die Überlegung, ob sich ein Unternehmen nur noch durch Massenentlassungen retten lässt, oder die Frage, ob ich ertrinkende Menschen an Bord meines Schiffes hole. Nur wenn ich diesen aufrichtigen, emotional wie rational begründeten Bezug zu dem herstelle, was ich tue, kann ich auch wirklich verantwortlich sein. Alles andere beschreibt andere Formen menschlichen Verhaltens, denen der abwägende Teil der erlebten Verbundenheit fehlt: Nachahmung, Gehorsam, Funktionieren oder Taktieren – all dies ist nicht immer verwerflich und manchmal notwendig, aber es bleibt ein Reagieren auf äußere Umstände und ist kein verantwortliches Handeln.

Antworten auf den anderen: Zur Verantwortung gerufen

Diese Definition verantwortlichen Handelns scheint im ersten Moment mehr Fragen aufzuwerfen als zu beantworten: Wo fühlen wir uns wirklich – ob aus Liebe und Zuneigung oder aus Angst und Mitleid – aufgerufen, sorgend ins Geschehen einzugreifen, verantwortlich zu handeln? Wo schauen wir genauer hin, und wo lassen wir aus diesem aufmerksamen Betrachten eine Verbindung, eine gefühlte Nähe entstehen? Und gleichzeitig: Wo gestehen wir uns ein, dass wir an die Grenzen dessen geraten, was wir leisten können, obwohl wir wissen, dass Nichtstun eine humanitäre Katastrophe ist und unser Mitgefühl uns die Tränen in die Augen treibt? Wen lassen wir sterben und unter welchen Umständen? Was spricht für das Recht auf Abtreibung, was gegen Sterbehilfe (und umgekehrt)? Welches Empfinden können wir in diesen Fragen zum Thema machen und aus welchen Gründen?

Immer wird es eine Rolle spielen, welchen Standpunkt man einnimmt, welche Perspektive und Haltung das auszeichnet, was man für richtig hält und was einen selbst in welcher Weise angeht: Ich werde eine andere Einstellung zu den Besuchsverboten in Altenheimen während der Coronakrise haben, wenn ich selbst einen Angehörigen im Pflegeheim besuchen möchte oder wenn ich meiner sterbenden Mutter nicht zur Seite stehen kann. Ich werde auch zu den Anforderungen von Homeschooling oder neuen Lernformaten andere Positionen beziehen, je nachdem, ob ich Lehrerin, Vater oder Schülerin bin –

selbst wenn ich durchaus in der Lage bin, von meinen eigenen Bedürfnissen und Gefühlen zu abstrahieren. Und das gilt sowohl für die Einschätzung der grundsätzlichen Situation in einem allgemeinethischen Sinne als auch in der Beziehung, in der wir unser eigenes Handeln dazu setzen können und wollen.

Zentral bleibt dabei, eben diese Beziehung selbst zum Gegenstand unserer Überlegungen zu machen und diesen »Zwischenraum« auf seine Bedingungen hin zu befragen. In der Gestaltung einer solchen Beziehung sind wir selbst ein wesentlicher Teil, aber es gibt Bezugspunkte, über die wir nicht entscheiden können, die die Grenzen dessen markieren, was uns in unserer jeweiligen Autonomie und Souveränität als Möglichkeit gegeben ist – und diese Grenze setzt nicht selten dort an, wo wir erkennen, dass wir nicht allein in einer bestimmten Situation sind.

Sören Kierkegaard, der Mitte des 19. Jahrhunderts die zentralen Gedanken der Existenzphilosophie vorbereitete, vermisst bei der aufgeklärten Betonung des modernen Menschen als potentes, souveränes Subjekt den konkreten und nicht verallgemeinerbaren Bezug von Mensch zu Mensch, der den Einzelnen zu dem herausfordert, was er sein und wollen kann.[33] Kierkegaard ist überzeugt, dass der einzelne Mensch erst in diesem Bezug zu dem werden kann, der er ist, und sich darin auch das anzueignen lernt, wofür er sich verantwortlich fühlt. Die Autonomie, die uns als freiheitsfähiges und damit auch verantwortungsvolles Individuum auszeichnet, bleibt in dieser Sichtweise eine wichtige Errungenschaft, braucht aber einen klaren Blick für das, was uns in dieser Autonomie prägt: das Verhältnis zu anderen Menschen – die Bezogenheit, die uns als soziale Wesen auszeichnet.

Wenn wir dies nun auf die Verantwortung anwenden, dann trägt sie dem als eine relationale Praxis Rechnung: Wir sind immer für etwas verantwortlich – meist für andere Menschen, für unsere Kinder, Mitarbeiter, Patienten oder Klienten oder sogar für die Angehörigen kommender Generationen, aber auch für uns selbst. Und fragen wir weiter: Könnten wir Verantwortung als einen Aufruf von außen oder innen einfach negieren oder ablehnen? Und wenn ja, unter welchen Umständen, aus welchen Gründen?

Der französische Philosoph Jacques Derrida ist überzeugt, dass wir einen solchen Aufruf nicht ablehnen können. Er versteht den Menschen als soziales Wesen, das grundsätzlich zur Verantwortung aufgerufen ist. In jeder Beziehung sieht Derrida einen »Appell des Anderen« laut werden, einen Ruf, der uns zum Handeln fordert, aber – und hierin werden doch immer wieder die Grenzen des Möglichen sichtbar – in seiner umfassenden Art und Weise immer unerfüllbar bleibt. In dieser Aufforderung entstehe ein unauflösbar asymmetrisches Verhältnis,[34] das die Autonomie des Einzelnen offenlegt und unterwandert, sodass jeder Mensch in seiner Selbstbestimmtheit und Vernunftbegabung unvollkommen bleiben müsse. Derrida geht so weit zu sagen, dass der Versuch, Regeln und Institutionen der Verantwortung zu etablieren, immer eine Figur des Wahnsinns und ein Zeichen der Maßlosigkeit des Anspruchs bleiben wird, ohne aber damit dem ursprünglichen Appell seine Wirkung oder Notwendigkeit nehmen zu wollen. Wir müssen also unser Bestes geben, um dem Aufruf zu folgen und nach Antworten zu suchen, in dem Wissen, dass uns dies in den meisten Fällen wohl nicht ganz konsequent und widerspruchsfrei gelingen kann. Aber, und auch das ist ein wichtiger Gedanke, darin liegt kein Scheitern, sondern eine Notwendigkeit. Nach Derrida strebt Verantwortung schlicht keine Versöhnung an, die in der vollständigen Erfüllung des Anspruches liegen könnte; sie ist als Versuch, dem anderen zu antworten, immer ein Wagnis. Es geht um den Versuch, nicht um den Erfolg. Übernimmt also z.B. eine Ärztin die Verantwortung für das Wohlergehen eines Patienten, dann bleibt immer die Möglichkeit bestehen, dass dieser Patient stirbt. Verantwortung ist nie eine garantierte Lösung – sie bleibt der Versuch zu antworten. Ein Versuch, in dem das Gelingen oder Misslingen des eigenen Tuns zwar der Tatherrschaft des Verantwortlichen unterliegen, aber dennoch nicht allein darin aufgehen können. Selbst die beste Ärztin wird Momente der Ohnmacht erleben müssen.

Emmanuel Lévinas, in dessen Philosophie das Phänomen des »Anderen« eine tragende Rolle spielt,[35] fügt dem noch eine weitere Figur hinzu, die das Verhältnis der verantwortlichen Person gegenüber dem, für den sie verantwortlich ist, noch um einen Dritten erweitert und erschwert. Die Figur des Dritten ist nach Lévinas ein störendes Element, das die direkte und einfache Verbindung zwischen dem Selbst und dem Anderen unmöglich macht. Wir sind, so Lévinas, nie direkt und unmittelbar mit jemandem oder etwas verbunden, und selbst in Momenten größter Verbundenheit droht Veränderung oder Wandel. Erst durch das Element dieses Dritten aber entstehe das Erleben von Pluralität und damit die Aufgabe der Verantwortung.

Verantwortung entsteht in einem Spannungsfeld von polaren Konflikten und Unklarheiten – ansonsten wäre sie nicht notwendig, und wir könnten uns Gewohnheiten und Gebote zulegen, an denen sich unser Handeln ausrichten lässt. Erneut also erleben wir das, was uns als menschlich auszeichnet, weniger in dem, was wir im Streben nach dem Guten erreichen oder worin wir unser Vermögen unter Beweis stellen können, sondern darin, dass wir uns gerade dem menschlichen Ringen mit dem Nichtkönnen, dem Unvermögen widmen.

Hierin liegt ein starker Gegenentwurf zu dem, was sich als autonomes Subjekt verantwortlichen Handelns etabliert hat: Wir werden in dem Versuch einer Antwort zu einem autonomen Subjekt, das sich aber nicht dadurch auszeichnet, alles zu können, sondern dadurch, in seiner Unvollkommenheit den Versuch zu wagen. Das Subjekt konstituiert sich als ein Wesen, das unvertretbar zum Antworten aufgerufen ist; es ist responsiv, aber eben nicht als souveränes Subjekt, sondern als zerbrechliches Wesen, das in einem Trotzdem wagt, sich in einer undurchschaubaren Welt einzurichten.

Bei Emmanuel Lévinas liegt in diesem Umgang mit dem anderen nicht nur das Eingeständnis der eigenen Unvollkommenheit, sondern erst die eigentliche Möglichkeit der Stärkung, der »Ernährung«[36] verborgen, die er als »Mittel zur Wiederherstellung der Kräfte« im weitesten

Sinne fasst. Wir werden den anderen, unser Gegenüber, nie in Gänze verstehen oder ihm entsprechen können, aber gerade in dieser nicht aufzulösenden Andersartigkeit liegt eine Bereicherung für das, was wir kennen – und zugleich ist diese Andersartigkeit auch der Grund für die Betroffenheit und damit der Anlass für das eigene Verantwortungsgefühl. Denken wir hier noch einmal an die Verantwortung, die Eltern für ihre Kinder tragen oder später auch wieder die Kinder für ihre Eltern. In diesen eigentlich doch sehr nahen menschlichen Beziehungen bleibt das Gegenüber dennoch immer eine Quelle der Andersartigkeit. Eine solche Beziehung ist selten einfach, und sie wandelt sich im Laufe der Zeit ständig, sie ist aber gleichzeitig eine nährende und bereichernde Erfahrung im Miteinander (so schwierig sie auch sein mag), selbst wenn sie letztlich zur Abgrenzung führt und an dieser Grenze aber wiederum das Eigene in seiner Position zu dem, was es für gut hält, erkennen lässt.

Aus diesem Gedanken heraus entsteht ein Bezug zu dem, was wir als anders – als fremd, entfernt, schwierig – erleben, den wir aber in einem solchen Denken nicht von uns fernhalten können, vielmehr als Aufgabe ernst nehmen müssen, um uns dazu zu verhalten. Auf den anderen zu antworten, bedeutet nicht, jedem zu helfen und jedes Problem zu seinem eigenen zu machen, sondern zu klären, warum wir welchem Aufruf folgen können und welchem nicht. Daraus folgend können wir konkrete Hilfe leisten, wir können unsere Stimme erheben und protestieren, uns aus gutem Grund abwenden oder schlicht Prioritäten für das setzen, was wir zu leisten imstande sind. In alldem aber können wir uns als die zeigen, die sich bestimmten Grundsätzen und moralischen Vorstellungen verbunden fühlen: Das ist es, was sich als eine Haltung der Solidarität beschreiben lässt.

Im März 2020 spielten Mitglieder des serbischen Nationalorchesters, verteilt auf ihre »Homeoffices«, die italienische Widerstandshymne *Bella Ciao*, um in der Zeit der Pandemie ein Zeichen des Beistands nach Italien an die vielen Covid19-Patienten, die Ärzte, Pfleger und Angehörigen zu senden.[37] Ein virtuelles Beisammenstehen, ein Für-etwas-Sein in einer Zeit, in der nichts anderes helfen kann als das Wissen, mit der eigenen Betroffenheit nicht allein zu sein – und dem anderen ein Gegenüber zu sein, nur für einen Moment. Hier ging es und geht es – denn in den letzten Monaten haben wir viele Zeichen einer solchen Verbundenheit gesehen – um das Empfinden und Anerkennen einer Zusammengehörigkeit mit anderen, die nichts damit zu tun hat, dass man sich nah ist, sich liebt oder befreundet ist, auch nicht um das konkrete Mitleid in einer spezifischen Notlage. Hier geht es um die Anerkennung des Menschlichen, einer Menschlichkeit, die uns in all ihren Ausdrucksformen zusteht und bei deren Verletzung wir oft sehr berührende Zeichen der Solidarität und Verbundenheit erleben. Damit ist der gemeinte andere, mit dem wir uns solidarisch zeigen, eben nicht nur der Nächste oder gar der Freund, mit dem uns eine erlebte und bedeutsame Beziehung verbindet, sondern auch der möglicherweise Fernste, in dem wir uns dennoch wiedererkennen.

Gemeinsame Werte als Quelle der Solidarität

Damit kommen wir am Ende dieses Kapitels auf den Grundgedanken der Solidarität – eine Vorstellung, von der wir derzeit ebenfalls viel erwarten und die für die aufgeworfenen Fragen an die Verantwortung einige Brückenschläge möglich machen kann. Bleiben wir noch einen Moment bei dem Online-Ständchen und dem, was das serbische Nationalorchester damit zum Ausdruck gebracht hat. Hierin lag nicht die Übernahme von Verantwortung oder ein konkretes Hilfsangebot, das bedürftigen Italienern aus ihrem Leid heraushelfen sollte. In diesem Stück Musik lag ein Zeichen des Verstehens, des Anerkennens einer schwierigen und leidvollen Situation aus der Ferne und ein Versuch der Aufmunterung. Die Musiker waren hier weder zuständig noch in einer bestimmten Rollenverantwortung oder hätten die notwendige Kompetenz gehabt, um konkrete Verantwortung zu übernehmen. In der Situation von Carola Rackete oder wenn man beobachtet, wie ein Kind in einen Teich fällt, dann wären in diesen Momenten Zeichen der Solidarität reichlich fehl am Platz gewesen. Hier wäre und war verantwortliches Eingreifen und konkretes Handeln gefordert, weil die Voraussetzungen andere waren, und doch ist der solidarische Grundgedanke eine Voraussetzung dafür, dass wir in konkreten Momenten uns von einem anderen aufgerufen fühlen, für ihn oder sie einzutreten. Beides geht also Hand in Hand, und eines bildet die Voraussetzung für das andere. Aus Solidarität kann Verantwortung erwachsen; aus einem Verantwortungsgefühl heraus verhalte ich mich solidarisch, auch wenn ich nicht konkret eingreifen kann. Beispiele für menschliches Handeln, das sich aus Solidarität dem unbekannten anderen und der Not des Augenblicks verschreibt, gibt es in Fülle, von den vielen praktischen Nachbarschaftsaktionen während der Pandemie bis zur Geschichte der polnischen Gewerkschaft mit dem programmatischen Namen *Solidarność*.

Gerade in Krisenzeiten zeigen sich oft Wellen der Solidarität, die aus dem Empfinden einer gemeinsamen Menschlichkeit hervorgehen und das Mitleiden mit dem oder den anderen zum Anlass für die Übernahme von Verantwortung nehmen. Das, was sich hier zeigt, ist nicht immer persönliche Zuneigung oder wahrhaftige Fürsorge, sondern es sind Zeichen der Menschlichkeit, die gesetzt werden, um sich als Teil einer Gemeinschaft zu einer bestimmten Form des Miteinanders zu bekennen – eines Miteinanders, das darauf beruht, füreinander sorgen zu wollen und den anderen nicht seiner Not zu überlassen. Neben die praktischen Akte der Solidarität treten ihre Zeichen, wie Menschenketten zu bilden, Blumen abzulegen, Kerzen anzuzünden oder sich aus der Ferne mit einem Video, einer Botschaft, einem Stück Musik zu Wort zu melden. Und nicht umsonst ist es gerade die Arbeiterbewegung, die sich in ihren Anfängen der bitteren Not der Industriearbeiter gegenübersieht, die von Solidarität singt, wie in Bertolt Brechts *Solidaritätslied*: »Vorwärts und nicht vergessen / Worin unsere Stärke besteht / Beim Hungern und beim Essen / Vorwärts und nie vergessen: Die Solidarität.«[38]

Solidarität ist aber weit mehr als eine Parole oder politische Tradition, mehr als die Grundlage für ein Sozialversicherungssystem und auch mehr als das Mitgefühl mit Einzelnen, die sich in einer schwierigen oder beklagenswerten Lage befinden. Solidarität ist ein geistiges Prinzip der Verbundenheit, auf dem sich jedes soziale Miteinander überhaupt erst zu entfalten beginnen kann und das sich in Handlungen zeigt, die keinen persönlichen Vorteil für den Einzelnen bereithalten. Damit ist Solidarität das, was zum einen die Voraussetzung für verantwortliches Handeln ausmacht, wenn wir unser Tun in den Dienst einer Gemeinschaft stellen, aber auch das, was immer wieder aufs Neue entsteht, wenn wir unser Verantwortungsgefühl ernst nehmen, indem wir uns dazu entschließen, auf die Bedürfnisse und die Not des anderen antworten zu wollen, und zwar immer mit dem Anspruch, die bestmögliche Antwort zu geben. Es gibt keine äußeren Strukturen, mit denen wir uns konform zeigen müssen, sondern es geht um eine gewollte Verbundenheit zu dem, was uns wesentlich und wertvoll erscheint, um eine menschliche Gemeinschaft gelingen zu lassen.

Mit der Solidarität schlagen wir Brücken und Verbindungen, auch wenn zeitliche oder räumliche Entfernungen zwischen uns liegen. Eine solche Haltung kann sehr weit reichen – weiter als das Gefühl der Zuneigung oder die Empfindung von Liebe. Weiter als Angst und Sorge oder Panik. Wir können uns gegen viele Widerstände und über Hindernisse hinweg mit Menschen solidarisieren, denen in anderen Teilen der Welt Leid oder Ungerechtigkeit widerfährt – selbst dann, wenn es nicht in unserer Macht steht, ihnen tatkräftig zur Seite zu stehen.

Was aber hält diese Verbindung aufrecht und lebendig? Eine Solidargemeinschaft wird bzw. bleibt immer dann lebendig, wenn sie sich gemeinsam auf bestimmte Werte beruft, auf Grundwerte, die nicht weniger im Sinn haben, als den Wert der Menschlichkeit zu verteidigen und ihn im eigenen Handeln zum Ausdruck zu bringen. Von Werten wird derzeit ebenfalls viel und häufig geredet und sie spielen natürlich auch in der vorliegenden Argumentation eine Rolle. Was aber sind Grundwerte menschlichen Miteinanders, und wie schaffen wir es, uns so über sie zu verständigen, dass sie unser Handeln als verantwortlich nachvollziehbar machen?

Ein Wert sei ein Wert, worum es gehe, sei eben, das, was von Wert ist, geltend zu machen, schrieb der US-Philosoph John Dewey.[39] Fassen wir es so: Werte sind Gründe, die unserem freiheitlichen Handeln eine Richtung geben. Sie beschreiben etwas, das wir für gut halten und an das wir aus guten Gründen glauben wollen.[40] Manche dieser Werte betrachten wir als so wesentlich, dass sie in den gesellschaftlichen Grundlagentexten wie Verfassungen und der Allgemeinen Erklärung der Menschenrechte aufgenommen werden wie der schon diskutierte Wert der Freiheit.

Diese Grundwerte sind also nicht nur das Fundament, sondern auch die moralische Begründung für ein gesellschaftliches Handeln, das wir alle anstreben, in dem Glauben, dass wir als Menschen auf diese Weise unser Leben gemeinsam gelingen lassen können. Welche Maßstäbe einer humanistischen Zivilkultur müssen wir also erstreiten, verteidigen und immer wieder durch eine verantwortungsvolle Praxis verwirklichen – um eine solidarische Wertegemeinschaft bleiben zu können?[41] Selbst wenn wir die beständig wachsende Komplexität beklagen und uns in werterelativistischen Debatten oftmals zu verlieren drohen, so sind manche Überzeugungen überraschend einfach. Es ist immer falsch, einen unschuldigen Menschen zu töten; es ist nicht von den Bedingungen abhängig, ob es geboten ist, das Kind aus dem Teich zu retten; es gibt keinen guten Grund dafür, den Klimawandel zu befürworten. Manche Dinge werden in der konkreten Überprüfung dessen, was *von Wert* sein soll, bestechend einfach, und hier hilft die Frage nach der Solidarität für eine Richtungsentscheidung: Ich kann mich z. B. nicht mit den Demonstranten im Hambacher Forst solidarisieren und gleichzeitig den Bau neuer Kohlekraftwerke unterstützen. Wenn es um eine innere Haltung geht, geht nur das eine oder das andere. Oftmals entscheiden wir uns allerdings gegen bestimmte Grundwerte und im Gegenzug für bestimmte Interessen, Nützlichkeiten oder Vorteile, die dadurch aber keinen zwingenden Bezug zum Guten aufweisen. Es ist sicher *gut*, Arbeitsplätze zu sichern, um Menschen ihren Lebensunterhalt garantieren zu können, aber es ist alles andere als *gut*, wenn wir dabei ein Ökosystem zugrunde richten, sodass die folgenden Generationen diese Möglichkeiten eines sicheren Lebensunterhalts dann nicht mal mehr als Option erleben können. Das heißt nicht, dass innerhalb einer solidarischen Wertegemeinschaft nicht darum gerungen werden muss, wie diese gemeinsamen Werte geltend gemacht werden können, dass nicht Fehler geschehen und Kompromisse in Kauf genommen werden können. Aber aus diesem konstruktiven Ringen einer demokratischen Debatte darf kein Werterelativismus folgen, in dem jeder für gut halten kann, was ihm oder ihr gerade passt.

Sich mit der Solidarisierung innerhalb einer Gemeinschaft, zu der ich mich zugehörig fühle, auseinanderzusetzen, wird damit zu einer existenziellen Beschäftigung mit dem, was uns gemeinsam als Wertegemeinschaft auszeichnet – auch und gerade wenn es Mut kostet, dafür einzustehen, Unannehmlichkeiten, Verzicht oder Opfer von uns fordert. In einer Solidargemeinschaft geht es darum, die Frage nach dem eigenen Vorteil umzudrehen und den eigenen Beitrag zu einem System, zu einer Gemeinschaft immer aufs Neue mitzudenken. Es reicht nicht, Steuern zu zahlen, um sich einen Platz in einer solchen Gemeinschaft zu sichern, und erst recht geht es nicht darum, auf das zu pochen, was dieses System einem schuldet. Vielmehr müssen wir uns klarmachen, dass eine Gemeinschaft, auf die wir alle angewiesen sind, nur durch ihre Mitglieder zu einer *wirklichen* Gemeinschaft wird – und eben nicht nur zu einem System, das gesteuert und geregelt und in das investiert wird, um den größtmöglichen Nutzen abzuwerfen. Als Gegenbild zum solidarischen – und im engeren Sinne verantwortlichen – Menschen macht der Kasseler Soziologe Heinz Bude den Menschentypus des »Trittbrettfahrers« aus, der allein nach dem Nutzen und den Vorteilen fragt, die ihm ein System zur Verfügung stellt. Ohne Solidarität gibt es aber schlicht keine Gemeinschaft. Eine Solidargemeinschaft von Trittbrettfahrern würde also gar nicht erst entstehen.[42]

Mit dem französischen Soziologen Émile Durkheim lässt sich sagen, dass Solidarität dort zu finden ist, wo wir uns in ein soziales Geschehen einbezogen fühlen. Und genau das gilt für die meisten Menschen, egal in welchem Kontext dieses Leben stattfindet oder ob wir uns freiwillig für diese sozialen Bedingungen entschieden haben. Ob wir also wollen oder nicht, wir sind in einer Solidargemeinschaft auf das zurückgeworfen, was wir im Rahmen unserer ganz persönlichen Verantwortung zu leisten imstande sind – selbst wenn wir nicht wissen können, ob dieses Handeln Wirkung zeigt. Umso mehr Gewicht bekommen unsere eigene moralische Position, die Kenntnis der Werte, auf denen sie beruht, und – soweit das möglich ist – ein Bewusstsein für die Konsequenzen, die sich aus unserem Standpunkt ergeben. Um sich darüber klarer zu werden, können wir uns unter südfranzösischen Platanen auf Gemeinsamkeit, Nachdenklichkeit und Gespräche einlassen. Aber eben diese innere Prüfung sollte uns zur Gewohnheit werden: Beginnen wir also damit, im Denken ein Gespräch mit uns selbst zu führen – um von einer »Ethik der Wahrnehmung« zu einer »Hermeneutik der Liebe« und letztlich zu einer Haltung zu finden, die uns darin bestärkt, dass wir nicht für alles verantwortlich sein, uns aber in jedem Fall auf die Suche nach Antworten machen können.

Wie uns dies gelingt und wie angesichts aller Unsicherheiten und fragilen Bedingungen, denen wir ausgesetzt sind, Verantwortung zwar nicht alles lösen, aber dennoch gelingen kann, soll im Mittelpunkt des folgenden Kapitels stehen.

3. KAPITEL

Wie gelingt Verantwortung?

> *»Verantwortung ist immer konkret. Sie hat einen Namen, eine Adresse und eine Hausnummer.«*
> KARL JASPERS

Das Bild, wie die neuseeländische Premierministerin Jacinda Ardern nach dem Terroranschlag von Christchurch eine muslimische Frau umarmte, ging um die Welt.[1] Es zeugte von einer Verbundenheit, die viele Menschen berührte. Darin zeigte sich die Politikerin in ihrer Rolle als Premierministerin, aber auch als Mensch, der große Nähe und Mitgefühl auszudrücken imstande war. Jacinda Ardern konnte in diesem Moment keine Verantwortung für das übernehmen, was geschehen war, aber das Versprechen für die Zukunft abgeben, sich in dieser Verbundenheit um größtmögliche Sicherheit und Wachsamkeit für die Menschen in Neuseeland zu bemühen. Eben dafür war sie auf institutioneller Ebene in einer noch nicht geklärten Zukunft verantwortlich – für den gegenwärtigen Moment aber war es ein Ausdruck von Mitgefühl und Anteilnahme, der über die Zuständigkeit einer öffentlichen

Rolle weit hinausging. Verantwortung übernahm sie, indem sie binnen weniger Tage eine Verschärfung des Waffengesetzes erreichte und darin klare Maßstäbe setzte. Die Verordnung trat kurz darauf in Kraft.

Jacinda Ardern ist eine der jüngsten Premierministerinnen in der Geschichte ihres Landes, die zweite Staatschefin der Welt, die während ihrer Amtszeit ein Kind zur Welt brachte und sich gleichzeitig deutlich dagegen wehrt, ihre politische Rolle mit der ihrer Person als Frau zu vermischen. Sie steht für Vielfalt und Offenheit, für das, was sie als Grundwerte ihrer Nation beschreibt: »empathy, a strong sense of justice«, ergänzt mit einer guten Portion Pragmatismus, wie sie es selbst in ihrer ersten Rede vor den Vereinten Nationen 2018 betonte.[2] In dieser Rede als Regierungsoberhaupt begrüßte Jacinda Ardern die Versammlung auf Te Reo Maori, in der Sprache der indigenen Bevölkerung. Sie setzt sich seit Beginn ihrer Amtszeit dafür ein, dass Wohlstand und Wohlbefinden nicht allein als ökonomische Werte verstanden werden, sondern rief 2019 auf dem Weltwirtschaftsforum in Davos ein Programm für das nationale *Wellbeing* ins Leben, für das sie Rekordsummen u.a. für die psychische Gesundheit, gegen häusliche Gewalt und für die Zukunft der Jugend zur Verfügung stellte. Damit erweist sie sich nicht nur als verantwortliches Staatsoberhaupt, sondern setzt sich über die politische Agenda hinaus für menschliche Grundrechte ein – auch gegen politische Widerstände, die ihr durchaus Kritik einbringen, denen sie aber durch klare Haltungen zu begegnen versucht. In einem Gespräch mit der BBC im Januar 2019 wechselt sie mit der Moderatorin fast mühelos vom Plauderton zu klaren politischen Statements, um diese Haltung zu erläutern. In einem Kommentar zeigt sich ein Zuhörer beeindruckt davon, wie Ardern in dem Gespräch auch auf simple Fragen komplexe Antworten zu geben verstand und damit Horizont und Tiefe des Gesprächs immer wieder absicherte. Sein Fazit: »We need more Jacinda Ardern in all walks of life.«[3]

Warum soll uns das hier interessieren? – Diese Frau macht stellvertretend deutlich, wie es gelingen kann, politische Verantwortung zu übernehmen, und sich darin sowohl tatkräftig und ergebnisorientiert den eigenen Aufgaben zu widmen, bestimmt und klar zu sein, als auch emotional offen und menschlich berührbar zu bleiben und um Hilfe zu bitten – mithin Verantwortungsgefühl sichtbar zu machen und verantwortlich zu handeln, selbst wenn es schwerfällt. Das, was darin gelingt, ist mehr als die Charakterstärke einer einzelnen Person, sondern eine Führungspraxis, die darauf angewiesen ist, in einem sozialen Kontext – also der Öffentlichkeit – anerkannt und getragen zu werden. Wenn etwas gelingen soll, braucht es ein Außen, das die Bedingungen unterstützt, sie kritisch hinterfragt und die Entscheidungen des Verantwortlichen mit Leben füllt. Das bedeutet nicht, dass jeder und alle mit den getroffenen Entscheidungen übereinstimmen müssen. Im Falle von Jacinda Ardern gibt es durchaus Kritik daran, dass und wie sie ihre Entscheidungen öffentlichkeitswirksam ins rechte Licht zu rücken versteht, aber auch hier gelingt es ihr, auf Kritik klar und eindeutig zu antworten und sie damit zu entkräften: »Den

Vorwurf, sie sei mehr mit der Selbstvermarktung als mit Regieren beschäftigt, adelt sie nicht einmal mit Aufmerksamkeit«, so stand es bereits vor der Pandemiebekämpfung in einem Zeitungsartikel zu lesen. Und das offenbar zu Recht. »Bereits im November (2019) nahm Ardern eine Aufgabe an, die ihr das eigene Team im Rahmen eines ›Social Media Cups‹ gestellt hatte. Sie sollte in einem Video innerhalb von zwei Minuten erklären, was ihre Regierung bisher verändert habe. 92 000 neue Arbeitsplätze, mehr als 2200 staatliche Häuser, 140 Millionen neue Bäume, günstigere Arztbesuche, ein höherer Mindestlohn, mehr Klassenzimmer und eine Arbeitslosigkeit, die auf dem niedrigsten Stand seit elf Jahren ist. Letztendlich war die Liste so lang, dass Ardern 56 Sekunden überzog.«[4] Spätestens in der Bekämpfung der Coronapandemie bewies Jacinda Ardern schließlich, dass sie in Zeiten der Unsicherheit auf Krisensituationen gleichzeitig mitfühlend und dennoch klar und kalkuliert reagieren kann. Nicht nur in diesem Zusammenhang betont Jacinda Ardern selbst die Notwendigkeit, sich als Teil einer Gemeinschaft zu sehen und gemeinsam zu handeln: »This plan will only work, if you help us«, sagte Ardern an ihre Landsleute gerichtet.[5] Der Erfolg gab ihr recht – aber gelungen ist dies nur, weil die Neuseeländer mit Teamgeist und Freundlichkeit auch den harten Restriktionen begegnet sind, um das gemeinschaftliche Leben wieder zurückzuerobern. Sie waren deutlich weniger mit Protesten und Widerstand gegen die Einschränkung ihrer Grundrechte beschäftigt als an anderen Orten der Welt und konnten schneller wieder freier leben. Verantwortung wird hier erneut als eine auszuübende und beständig zu überprüfende Praxis deutlich, die nicht nur von Entscheidern und politischen Führungspersonen, sondern von uns allen abgesichert und immer wieder neu erschaffen werden muss, um gelingen zu können.

Verantwortung lässt sich also als ein ziemlich vielfältiges Phänomen zusammenfassen, ein »dichter« Begriff, wie es in der Philosophie heißt. Das bedeutet, dass sich darin sowohl beschreibende wie auch bewertende Elemente finden, die darüber hinaus auf unterschiedliche zeitliche Ebenen ausgerichtet sind und sich inhaltlich auf verschiedene Aspekte wie Zuständigkeit, Rechtslage oder eben moralische Gebote beziehen. Immer aber meint Verantwortung die menschliche Fähigkeit, sich im Guten auf die Welt zu beziehen, indem wir durch Abwägung gute Gründe für unser Handeln finden. Diese Gründe können sich aus Erkenntnissen und Tatsachen ergeben oder aber als bestimmendes Hintergrundgefühl wirksam werden, das in moralischen Fragen unsere Werthaltung zum Ausdruck bringt. Damit stehen wir in Sachen Verantwortung immer gewissermaßen auf zwei Beinen in der Welt und sind gefragt, die guten Argumente und die Stimmigkeit des moralischen Empfindens in unserem Handeln in Deckung zu bringen.

Um also nicht nur zu begreifen, was Verantwortung eigentlich ist und warum wir sie tragen, sondern wie sie gelingen kann, gilt es aber auch hier sehr sachlich zunächst zwei Ebenen zu unterscheiden: die der individuellen und die der institutionellen[6] Verantwortung. Die Frage also, inwieweit wir als einzelne Person aufgerufen sind, verantwortlich zu handeln, und wie dies auch in Abhängigkeit und in Abgrenzung zu institutionalisierten Formen verantwortlichen Handelns möglich sein kann. Die Grenzen zwischen beiden Ebenen sind dabei aber nicht klar und eindeutig auszumachen, sie beziehen sich aufeinander und beeinflussen sich gegenseitig, weil auch in Institutionen einzelne Menschen Verantwortung tragen und institutionalisierte Handlungspraktiken sich immer im Tun einzelner Menschen ausdrücken. Interessant ist also bei der Frage nach einer gelingenden Praxis, ob und wie sich eine Institution und darin eine öffentliche Rolle verändert (wie man es bei der Premierministerin Ardern sehen kann), wenn darin individuell verantwortlich gehandelt wird bzw. werden soll. Und zwar immer sowohl auf der rational und sachlich begründbaren Ebene wie auf der normativen Ebene menschlicher Wertvorstellungen, die nur durch ein bestimmendes Grundgefühl für das Gute, das Nahbare und Menschliche einzufangen ist. Dies gilt natürlich nicht nur für politische Entscheider, sondern für jeden Menschen, der Verantwortung trägt. Eben deshalb bleibt es herauszufinden, wie sich individuelle Machbarkeit und die Zugehörigkeit zu bestimmten (gesellschaftlichen, beruflichen, politischen) Institutionen austarieren lassen, um zu bestimmen, unter welchen Bedingungen das, was wir anstreben, gelingen kann. Wenn wir wissen wollen, was in der *eigenen* Verantwortung machbar bleibt, egal unter welchen Umständen, müssen wir uns also darüber klar werden, was dieses Eigene ist.

Eigenverantwortung im Sinne der Gemeinschaft

Wie lernen wir nun aber, die institutionalisierte Form von Verantwortung von der persönlichen zu unterscheiden? Was lässt sich gesellschaftlichen Gremien, politischen Entscheidern und moralischen Instanzen an Verantwortung zuweisen, und an welcher Stelle sind wir im Sinne der Eigenverantwortung zuständig, das für uns Machbare umzusetzen?

Der Saarbrücker Philosoph Michael Schmidt-Salomon sieht beide Formen dieser Machbarkeit kritisch: Für ihn sind wir alle vergleichbar mit Fünfjährigen, die die Aufgabe übertragen bekommen, einen Jumbojet zu fliegen.[7] Schlössen wir uns diesem defätistischen Vergleich an, wären wir allerdings kaum noch handlungsfähig. Sicher fällt es uns oft schwer, Kompliziertheit und Komplexität von Situationen und Handlungen einzuschätzen, aber der Vergleich hinkt insofern, als dass wir in vielen Lebensbereichen verantwortlich sind, ohne zu wissen, dass am Ende ein Jumbojet die Lösung sein wird. Verantwortung bedeutet nicht, einen Pilotenschein zu machen, sondern nach situationsangemessenen und zugleich gangbaren Wegen zu suchen. Und wer sollte verantwortlich dafür sein, genau die zu finden, wenn nicht wir?

Die Suche nach individuellen Alternativen fällt in den Bereich der persönlichen Verantwortung, keine Institution kann einem das abnehmen – wir sind eigenverantwortlich. Was aber meint diese Vorsilbe »eigen«? Eigenverantwortung wird häufig angemahnt, wenn es darum geht, Prozesse zu begleiten oder Aufgaben zu erledigen, die nicht klar geregelt sind und über einen bestimmten Zeitraum immer wieder geprüft und möglicherweise angepasst werden müssen – in der Schule wird eigenverantwortlich gearbeitet, wenn der Lehrer nicht jeden Zwischenschritt überprüft oder für eine Weile den Raum verlässt; im Job geht es um Eigenverantwortung, wenn wir den Weg zum Ergebnis selbst herausfinden sollen. Wir müssen uns in eigener Verantwortung um unsere Gesundheit kümmern und die Risiken bestimmter Entscheidungen selbst abwägen, das lässt sich an keinen Arzt delegieren. Was aber ist der Unterschied zwischen Verantwortung und Eigenverantwortung? Handle ich nicht immer auf *eigene* Verantwortung, es geht doch gar nicht anders, oder doch?

Das Eigene, das hier gemeint ist, bezieht sich weniger auf die Person, die die Verantwortung trägt, sondern auf den Gegenstand der Verantwortlichkeit: Ich bin für das mir Eigene verantwortlich, dafür, etwas zu meinem Eigenen zu machen. Ich kann verantwortlich leben, ohne für alle Fragen meines Lebens Lösungen haben zu müssen, ganz zu schweigen von gesellschaftlichen, politischen, philosophischen. Aber ich bleibe allein dafür verantwortlich herauszufinden, wer ich bin oder in meinen Entscheidungen sein kann, was für eine Haltung ich einnehme und wie ich so etwas wie einen Charakter auspräge. Darin verbinden sich die konkreten Aufgaben bspw. einer eigenverantwortlichen gesundheitlichen Vorsorge mit dem, was ich auch als moralische Verantwortung mir selbst gegenüber trage: Ich trage Sorge für das, was ich als Eigenes erlebe.

Der französische Philosoph Michel Foucault, der sich in seinem Spätwerk ausführlich mit der antiken Tradition der Selbstsorge – also dem fürsorglichen Verhältnis zu sich selbst – auseinandergesetzt hat, bezeichnet dieses besondere Selbstverhältnis als das zentrale Thema der griechisch-römischen Welt, die mit dem Begriff der *epimeleia* die lebenspraktische Art und Weise bezeichnet, »in der die individuelle Freiheit – oder bis zu einem gewissen Punkt die bürgerliche Freiheit – sich als Ethik reflektiert hat«.[8] Es geht also darum, die eigene Wahlmöglichkeit, das, was wir als Geschenk der Freiheit oder auch als eine Last der *Geworfenheit* erfahren, auf eine ethische Weise zu nutzen, die das Eigene auch als ein Begrenztes anerkennt. Begrenzt durch sich selbst, als die, die wir sind, durch die zeitliche Verfasstheit des Lebendigen, aber auch durch institutionalisierte Vorgaben, die wir in unserem Handeln selbst zum Thema machen können.

In nichtmoralischen Fragen sind diese Grenzfragen relativ leicht zu beantworten: Wer z. B. als Mann geboren wurde, stößt an die biologische Grenze seines Handelns, wenn es darum geht, ein Kind zu gebären. Und wer einen Marathonlauf absolvieren möchte, stößt je nach Trainingszustand früher oder später oder gar nicht an seine physischen Grenzen. Wie aber sieht es mit unseren moralischen Grenzen aus, die etwas mit unserem Charakter zu tun haben, aber auch mit dem, wozu wir fähig sein können – als wahre Fähigkeitswesen, die immer in der Lage sind, eine Haltung einzunehmen, wie die US-Philosophin Martha Nussbaum den Menschen beschreibt[9]. Das, was wir mit Charakter – was, vom Griechischen übers Lateinische sich herleitend, ursprünglich so viel wie Merkmal, Erkennungszeichen, Stempel bedeutet – meinen, ist die persönliche Mischung aus dem, was uns zu den Menschen hat werden lassen, als die wir uns beschreiben, mit den Fähigkeiten, Eigenschaften, Erinnerungen, von denen wir sagen würden, dass sie uns zu denen machen, die wir sind: eine innere Verfasstheit, das Empfinden, eine originäre Persönlichkeit zu sein, die sich aus Prägungen, erworbenen Fähigkeiten und kultivierten Eigenschaften zusammensetzt und die wir als inneres Potenzial vorfinden, aber nach außen als Haltung ausprägen und entwickeln müssen. Eben diese Praxis des Prägens und Ausprägens ist es, was einen Charakter formt, idealerweise einen Charakter, der sich darin übt, sein Handeln am Guten auszurichten. Das entspräche dem Konzept eines im besten Sinne »tugendhaften Lebens«, wie es in der *Nikomachischen Ethik* beschrieben wird. Aristoteles erklärt hier die Tugenden des Menschen zur Grundlage dessen, was ein ethisch gelingendes Leben überhaupt nur möglich mache. Er unterschied Tugenden, die wir aus uns selbst heraus durch Übung kultivieren müssen, von denen, die wir durch Belehrung – also von anderen Menschen wie Eltern, Freunden oder Gegnern, aber auch äußeren Instanzen oder Institutionen wie z. B. Schule, politischen Organen oder Religionen – lernen müssen und können.

Die moralischen Tugenden, die Aristoteles zur ersten Kategorie zählt – dazu gehören Tapferkeit, Besonnenheit, Gerechtigkeit, Freigebigkeit, hohe Gesinnung und Wahrhaftigkeit – können wir uns nicht beibringen lassen, sondern jeder von uns ist aufgerufen, sie in der sozialen Interaktion einzuüben, sodass sie zu einer Gewohnheit des Handelns werden. Nichts trägt mehr zur Charakterbildung bei, als moralische Gewohnheiten auszuprägen, so die antike Einsicht und gleichzeitig die Grundlage für das, was wir hier als eigenverantwortliches Handeln beschreiben wollen. Wie aber prägen wir moralische Gewohnheiten aus, wie wirken wir einer moralischen Nachlässigkeit und Ignoranz entgegen – individuell ebenso wie im Rahmen einer Gemeinschaft, deren Verhalten nicht mehr durch eine unhinterfragbare Instanz, wie es in früheren Jahrhunderten die Religion war, kontrolliert wird? Indem wir ebendiese Auseinandersetzung führen, laut darüber nachdenken und ins Gespräch gehen, die eigenen Grenzen der moralischen Gewohnheiten auf den Prüfstand stellen und mit anderen teilen. Ein ethischer und eigenverantwortlicher Umgang mit den uns gegebenen Möglichkeiten bedeutet eben nicht das beständige Streben nach der optimalsten Version unserer selbst im Rausch der freien Möglichkeiten, sondern meint einen Gegenentwurf zur »Gewalt der Positivität«, in der wir nicht die Geworfenheit in die Möglichkeit, sondern die Leistung des gelungenen Entwurfs zum Ziel eine gelingenden Lebens erklären. Diese »Gewalt«, die der Gegenwartsphilosoph Byung-Chul Han in seinen Essays *Die Müdigkeitsgesellschaft* und *Die Transparenzgesellschaft* vor einigen Jahren herausgearbeitet hat und die er aktuell unter dem Eindruck der Coronakrise in seinem Essay *Die Palliativgesellschaft* neu ins Verhältnis zur Welt gesetzt hat, ist eben nicht die Übernahme von Verantwortung, sondern die Ausbeutung des Eigenen zugunsten der Maximierung verwirklichter Möglichkeiten. In einer solchen Welt, so Han, haben wir die Sprache für Schmerz und Leiden verlernt – die dann Voraussetzung dafür wäre, wirklich fürsorglich und voller wohlwollender Sorge auf uns und die Welt zu schauen. Die Gewalt der Positivität verliert den sorgenden Blick auf das, was in aller Unvollkommenheit möglich bleibt, indem wir Menschen in ihrem Leid begleiten, trösten und für sie da sind, ohne Lösungen präsentieren zu können.[10]

In dieser Verschiebung ergibt sich ein neues Verhältnis von institutioneller Verantwortung und eigenverantwortlichem Handeln. Die durchgetaktete Disziplinargesellschaft der Vergangenheit, in der klare Regeln und Grenzen dafür sorgten, dass jeder wusste, was zu tun und lassen sei, ist, so Han, von der Leistungsgesellschaft abgelöst worden, in der jeder sich selbst konditioniert, als sei er sein eigener Unternehmer: Damit werden wir selbst für Erfolg und Misserfolg unseres Tuns verantwortlich, über alle Grenzen hinaus. Die »Negativität des Sollens« hat sich laut Han zu einer viel effizienteren »Positivität des Könnens« entwickelt: Wir können alles sein, was wir wollen, wir müssen nur ehrgeizig und willensstark daran arbeiten; jeder nichtgelebte Traum ist das Scheitern des Träumers selbst.[11] Folgte man dem, kann die Aufforderung nur lauten: Übernehmen wir Verantwortung und lernen endlich, den Jumbojet zu fliegen. Doch in diesen oft übersteigerten und unmöglichen Ansprüchen ist das sich selbst ausbeutende Subjekt Täter und Opfer zugleich, Herr und Knecht in einer Person. Darin fehlt also jede verantwortungsvolle Haltung sich selbst und damit den eigenen Möglichkeiten gegenüber, die tatsächlich verwirklicht werden könnten und die wir selbst verwirklichen wollen, jenseits mehr oder weniger eindeutiger gesellschaftlicher Erwartungshaltungen. Nicht nur eine erschöpfte, sondern eine ausgebrannte Seele, die sich weniger um moralische Exzellenz als eher um kurzfristigen Balsam in Form von Konsum oder Wellnessauszeiten zu kümmern versucht, ist das Resultat. Wir leben also in einer unverantwortlichen Weise uns selbst gegenüber und verwechseln ein Leben, das Erwartungen erfüllt und Leistungen erbringt, mit einem gelingenden Leben, in dem wir lernen, unsere Seele auf das Beste gedeihen zu lassen, wie Platon es den weisen Sokrates in der *Apologie* sagen lässt.

Nun kann man sich natürlich fragen, wie wir uns um unsere eigene Seele kümmern können, während um uns herum die Welt nach Lösungen ruft. Nicht nur Greta Thunberg hat uns deutlich gemacht, dass »unser Haus in Flammen steht« und wir von allen Seiten gemahnt werden, endlich etwas zu verändern. Selbstverständlich geht es in der eigenverantwortlichen Form einer modernen Selbstsorge nicht um gut kaschierten Egoismus, sondern um die Vorstellung, nur dann auf gute Weise leben und etwas verändern zu können, wenn wir der Gemeinschaft eben nicht ratlos und ausgebrannt, sondern mit ausgeprägten Fähigkeiten und moralischen Gewohnheiten gegenübertreten können, die uns Sicherheit und Halt geben. Und das gelingt, wenn wir uns als Fähigkeitswesen verstehen, die sich in dieser Eigenschaft auch der »Gewalt der Positivität« widersetzen können, indem sie die Sprache von Schmerz, Leid und Unvollkommenheit neu verstehen und sprechen lernen. Wie also sieht eine verantwortungsvolle Veränderung aus, in der beide Gedanken Platz finden, das Vertrauen in die eigenen Fähigkeiten und die Möglichkeit, sich zu einem Unvermögen zu bekennen – und beides sowohl persönlich wie institutionell? Das Fähigseinmüssen und das Nichtkönnendürfen?

Eines der interessantesten Ergebnisse der Coronakrise ist sicher die Erfahrung, die wir alle entgegen der Forderung nach Wachstum und Maxi- bzw. Optimierung mit einem unfreiwilligen Weniger gemacht haben: weniger sozialer Kontakt, weniger Mobilität, weniger Konsum. Manche Dinge waren schlicht eine Zeit lang nicht verfügbar. Was genau hat das mit unserem Leben gemacht? Selbst wenn wir dieses Weniger ausschließlich als Verzicht und Einschränkung von Lebensqualität bewerten, dann ist es auch in einem Festhalten an Wachstum und Steigerung erforderlich, eine gut begründete Wahl möglich zu machen, die jede und jeder von uns treffen kann: für ein Tun, aber ebenso für ein Lassen. Hierin geht es weniger darum, Grenzen zu erreichen, die uns physisch oder moralisch anzeigen, dass wir am Rand des Machbaren angekommen sind, sondern darum, einen anderen Blick zu entwickeln, der in einem Weniger das Wesentliche erkennen kann. Es hat sich als unsere Aufgabe erwiesen, die eigene Reichweite zu verringern, um darin die Übersicht zurückzugewinnen und uns selbst zum Innehalten, Aufatmen, zur Regeneration und Heilung zu verhelfen.

Bleiben wir bei der Idee eines linearen Fortschritts, in dem das Optimale das Maximale bedeutet, dann wird die

Erschöpfung, von der Byung-Chul Han schreibt, nicht nur den Einzelnen, sondern die Menschheit betreffen und darüber hinaus die Ressourcen einer Erde erschöpfen, die ebenso begrenzt sind wie die jedes anderen »Organismus«. Es geht also erneut darum, die Frage zu stellen, was wir aus welchen Gründen schützen wollen, indem wir auf die Verwirklichung von Möglichkeiten verzichten und daraus eine moralische Gewohnheit werden lassen. Diese »begründete Enthaltsamkeit« (Jürgen Habermas)[12] gelingt aber nur, wenn wir bereit sind, die Grenzen dessen, was wir tun können und wollen, selbst ins Zentrum unseres Handelns zu rücken – also eine besondere Form gesellschaftlicher Charakterbildung betreiben, die nicht individuell, sondern auch institutionell als gemeinsame ethische Aufgabe zu verstehen ist.[13]

Macht und Machbarkeit: Grenzen der Verantwortung

Die Frage aber bleibt, was tatsächlich *in unserer Macht steht* – persönlich und als Gemeinschaft. Und was genau bedeutet dieser Gedanke, dass überhaupt etwas in unserer Macht stehen kann? Begrifflich bezieht sich die Macht weniger auf das menschliche *Machen*, sondern eher darauf, etwas zu können, befähigt zu sein – also das Vermögen zu besitzen.[14] Wir erfahren diese Fähigkeit der Macht immer dann, wenn wir uns als Urheber eines Geschehens erleben, wenn wir unseren Willen auf etwas richten und dies verändern oder gestalten können. Max Weber definiert Macht als »die Chance, innerhalb einer sozialen Beziehung einen eigenen Willen auch gegen Widerstreben durchzuführen, gleichviel worauf diese Chance beruht«.[15] Sie ist damit so etwas wie ein Potenzial, das sich im Handeln auf die Verwirklichung von Möglichkeiten richtet. Aber diese Macht ist als Vermögen an Bedingungen gebunden, die letztlich über die Machbarkeit und die Begrenztheit ebendieser Möglichkeiten entscheiden. *Ultra posse nemo obligatur* – über das Menschenmögliche hinaus kann niemand verpflichtet sein, lautet ein Rechtsgrundsatz. Aber wir haben es uns schon einmal gefragt: Woran können wir ebendieses Menschenmögliche erkennen? Rechtlich mag sich dies in einer konkreten Situation fassen und einordnen lassen, aber das dem einzelnen Menschen ethisch Mögliche, die Überlegung, zu welcher Verantwortung jeder von uns fähig sein sollte, lässt sich nicht allein auf rechtlicher Ebene klären, sondern besitzt immer auch eine moralische Ebene. Wieder stehen wir vor Fragen der eigenen Gesinnung, den Folgen, die aus unseren Taten und Überzeugungen entstehen, und der Haltung, die wir darin einnehmen müssen.

Besondere Herausforderungen für unsere Entscheidungen und ihr Wechselverhältnis zu den Aspekten menschlicher Machbarkeit bzw. Mächtigkeit hat der technische Fortschritt mit sich gebracht, der die Welt in den letzten beiden Jahrhunderten in rasanter Geschwindigkeit verändert hat. Stoßen wir also heute an die Grenzen des Menschenmöglichen, weil uns die Macht fehlt, wir ohnmächtig sind oder uns machtlos fühlen? Oder geraten wir an die Grenzen des Machbaren, weil wir im Übermaß unsere eigene Reichweite ausgedehnt und damit unsere menschliche Macht missbraucht haben? Beides. Damit stehen aber sowohl auf individueller wie auf institutioneller Ebene zwei verschiedene Fragestellungen zur Debatte: Wofür können wir die Verantwortung übernehmen, weil wir die Macht dazu hätten, es aber möglicherweise nicht wollen? Und welche Form des Machbaren müssen wir ablehnen, weil wir für die Folgen dessen, was wir tun, keine Verantwortung übernehmen können, selbst wenn wir es wollten? Schauen wir zunächst zurück und überlegen, ob wir aus Entscheidungen der Vergangenheit lernen könnten, welche Haltung zu anderen Ergebnissen oder Folgen geführt hätte als die, mit denen wir noch heute konfrontiert sind.

Eine der verheerendsten technischen Errungenschaften war die Entwicklung der Atombombe, eine ungeplante Konsequenz aus der Entdeckung der Uranspaltung durch das Forscherteam um Otto Hahn. Als der Atombombenabwurf auf Hiroshima am 6. August 1945 im Rundfunk bekannt gegeben wurde, befanden sich einige der Forscher gemeinsam auf einem Landsitz in der Nähe von London, auf dem sie von britischen Offizieren gefangen gehalten und sorgfältig bewacht wurden, um jeden Kontakt zur Außenwelt zu vermeiden. Zu ihnen gehörten neben Otto Hahn auch die Physiker Werner Heisenberg und Carl Friedrich von Weizsäcker. Nach der entsetzlichen Nachricht des Atombombenangriffs zog sich Otto Hahn erschüttert zurück, Heisenberg und von Weizsäcker machten einen Spaziergang durch den Garten, um über die Folgen der Bombardierung gemeinsam nachzudenken. Heisenberg und von Weizsäcker suchten nach Antworten im Gespräch. Die Frage, ob Hahns Entdeckung den Atombombenabwurf zur Folge gehabt habe, eröffnete die gemeinsamen Überlegungen dazu, welche Verpflichtung aus dem Wissen hervorgeht, das man hat, gerade im Hinblick auf die unterschiedlichen Weisen, auf die es genutzt werden könnte. Carl Friedrich von Weizsäcker war der Überzeugung, dass »die Entwicklung der Wissenschaft zum Lebensprozess der Menschheit« dazugehört, sodass »der Einzelne, der in ihm wirkt, auch nicht dafür schuldig gesprochen werden« könne. Daraus folgert er: »Die Aufgabe muss daher nach wie vor darin bestehen, diesen Entwicklungsprozess zum Guten zu lenken, die Erweiterung des Wissens nur zum Wohl der Menschen auszunutzen, nicht aber diese Entwicklung selbst zu verhindern.«[16]

In diesem Sinne unterscheidet von Weizsäcker zwischen einer Entdeckung und einer Erfindung. Er ist überzeugt, dass Entdeckungen sich kaum verhindern ließen. Wenn ein Wissenschaftler eine Entdeckung nicht mache, dann mache sie ein anderer, wenn also Einstein die Relativitätstheorie nicht entdeckt hätte, dann wäre für jemand anderen die Zeit reif gewesen. Damit spricht er dem einzelnen Forscher die Einzigartigkeit ab und ist sicher, dass naturwissenschaftliche Phänomene sozusagen an die Oberfläche, ans Licht, drängten, um dort entdeckt, enthüllt zu werden. Solche Entdeckungen sind in dieser Denkweise ethisch neutral (worüber sich streiten ließe). Sie machen etwas sichtbar, was ohnehin in der Welt ist.

Eine Erfindung hingegen füge der Welt gewissermaßen etwas hinzu. Gerade wenn es um Erfindungen technischer Art gehe, sei die Zielsetzung des eigenen Handelns eine grundlegend andere, so von Weizsäcker: »Der Entdecker kann in der Regel vor der Entdeckung nichts über die Anwendungsmöglichkeiten wissen, und auch nachher kann der Weg bis zur praktischen Ausnützung noch so weit sein, dass Voraussagen unmöglich sind (...) Aber bei den Erfindern ist es in der Regel anders. Der Erfinder – und so will ich das Wort verwenden – hat ja ein bestimmtes praktisches Ziel vor Augen. Er muss überzeugt sein, dass die Erreichung dieses Zieles einen Wert darstellt, und man wird ihn mit Recht der Verantwortung dafür belasten.«[17]

Bezogen auf die Ausgangsfrage hieße diese Unterscheidung: Hahn hat die Uranspaltung entdeckt, amerikanische Physiker haben die Atombombe erfunden. Der eine hat eine Entdeckung gemacht, von der er nicht zwingend wissen konnte, wohin sie führt; die anderen aber haben eine Erfindung auf den Weg gebracht, die niemals ohne den großen Zusammenhang des technischen Fortschritts auf der Erde beurteilt werden dürfe. Wovon aber sollte sich eine solche Beurteilung leiten lassen? Was ist eine verantwortliche Entscheidung in Bezug auf die Zukunft, in der die Folgen des eigenen Handelns beträchtlich sein können? Mit anderen Worten: Was ist das Menschenmögliche in der Bewertung des eigenen Tuns?

Nach von Weizsäcker entscheidet die Wahl der Mittel darüber, »ob eine Sache gut oder schlecht sei«.[18] Mit anderen Worten: Wenn wir uns das Ziel setzen, Frieden unter den Menschen zu gewährleisten oder herzustellen, dann entscheiden die Mittel darüber, ob dieser Frieden ein *guter* ist oder nicht. Erreichen wir Frieden durch die Abschreckungswirkung atomarer Waffengewalt oder durch Dialog und Kooperation? Ein durch Drohung erzwungener Frieden wäre in diesem Verständnis kein wirklicher Frieden, sondern maximal eine Abwesenheit von Gewalt. Das Ziel in einem Konflikt, einen Waffenstillstand zu ermöglichen, bedeutet noch nicht das Erreichen von Frieden; die Möglichkeit, über Abschreckung und Androhung von Gewalt weiteres Blutvergießen und Leid zu verhindern, ist aber ebenfalls ein legitimes Ziel. Wichtig ist in diesem Zusammenhang, nicht das eine gegen das andere auszuspielen, es miteinander gleichzusetzen oder zu verwechseln, sondern die Unterschiedlichkeit beider Zustände anzuerkennen. Frieden entsteht nicht allein durch die Abwesenheit von Gewalt, sondern meint einen Zustand, der nur auf friedlichem Weg erreicht werden kann, sein Ziel also zugleich zur Methode macht. Das heißt nicht, dass Zwang und Gewalt immer auszuschließen sind, wenn es darum geht, einen Krieg oder einen Zustand großen Unrechts zu beenden (denken wir etwa an die Abschaffung des Apartheidsregimes in Südafrika), aber es heißt, dass hier die Mittel nicht den Zweck heiligen, weil der Zweck sich mit den Mitteln verändert.

Was aber folgt aus diesen Überlegungen zur Folgenabschätzung des eigenen Tuns und zur Erreichung als gut erkannter Ziele mit integeren Mitteln für das Handeln des Einzelnen? Was können Forscher, Wissenschaftlerinnen, IT-Entwickler, Unternehmerinnen und Konsumenten heute daraus ableiten? »Wir haben immerhin verstanden«, versucht Heisenberg darauf aus der Vergangenheit zu antworten, »dass es für den Einzelnen, dem der wissenschaftliche oder technische Fortschritt eine wichtige Aufgabe gestellt hat, nicht genügt, nur an diese Aufgabe zu denken. Er muss die Lösung als Teil einer großen Entwicklung sehen, die er offenbar bejaht, wenn er überhaupt an solchen Problemen mitarbeitet. Er wird leichter zu den richtigen Entscheidungen kommen, wenn er diese allgemeinen Zusammenhänge mit bedenkt.«[19]

Und dass ein solcher Blick sich eben nicht durch pragmatische Interessen oder gegebene Machtstrukturen verbietet, sondern damals wie heute – man denke an das ganze weite Feld des Whistleblowing – möglich sein kann, bewies während der Forschungsarbeiten an der Entwicklung der Atombombe in den 1940er Jahren eine britische Sekretärin, über deren Schreibtisch die streng geheimen Informationen der britischen Atomforschung gingen. Melitta Norwood war die Gefährlichkeit der Forschungen, die dort betrieben wurden, moralisch offenbar sehr deutlich und klar. Sie entschied sich wagemutig für ein »Gleichgewicht des Schreckens« und spionierte über vierzig Jahre lang als *Red Joan* für den russischen Geheimdienst, sodass beide Seiten auf demselben Stand der Forschung sein konnten, um sich wahrhaft gegenseitig abzuschrecken. Darin liegt keine Lösung, aber – stellen wir uns die Perspektive Melitta Norwoods vor – doch der Versuch, Verantwortung für eine Entwicklung zu übernehmen, die in ihrer Einseitigkeit noch dramatischere Risiken in sich barg als in der Offenheit der Erkenntnisse, die beide Seiten hätten einsetzen können. Darin liegt weiterhin eine Bedrohung, aber es ist eine andere. Und bis heute ist es Gegenstand der Diskussion, ob Forscherdrang und der Wert der Wissenschaft allein als Motoren des eigenen Handelns ausreichen oder ob nicht auch in der Forschung Entscheidungen auf der breiteren Basis einer Technologiefolgenabschätzung getroffen werden müssen.[20]

Die Atomforschung hat uns die Ambivalenz technischen Fortschritts und damit das Ausmaß menschlicher Macht im großen Stil deutlich gemacht. Sie hat bereits lange vor der Denkbarkeit digitalisierter Welten, selbstlernender KI oder avancierter Gentechnik gezeigt, dass es unmöglich ist, die Folgen der eigenen Entdeckungen bzw. Erfindungen so einzugrenzen, dass wir wirklich von Verantwortung im Sinne einer planbaren *Tatherrschaft* im Rahmen des Menschenmöglichen sprechen können. Aber hat sich durch diese Erkenntnis etwas verändert? Wie beurteilen wir heute die Zukunftsfähigkeit menschlicher Entdeckungen und Erfindungen? Unser Eingreifen in sensible ökologische und soziale Strukturen hat komplexe und überaus fragile Konstruktionen erzeugt, die anfällig und unberechenbar sind. Dieser Gestaltungswille und die Möglichkeit, ihn durchzusetzen, hat in manchen Teilen der Welt zu Fortschritt, Wohlstand und einem hohen Lebensstandard geführt, und dort teilen heute immer noch manche Menschen aus der eigenen komfortablen Lage heraus die Sorge um die Zukunft des Planeten nicht. Doch auch wenn weltweit die Kindersterblichkeit abgenommen hat, die Zahl der Kriege kleiner wurde und wir alles in allem eine höhere Lebensqualität verzeichnen können, so bleibt die Frage offen, ob es sich hier nicht nur um Kollateralerfolge des selbstsüchtigen Raubbaus der Industrienationen handelt, durch den der Wohlstand in manchen Regionen dieser Welt ein Maß erreichen konnte, das in jedem Verständnis des Wortes unverantwortbar geworden ist.

Die Fragen menschlicher Verantwortlichkeit haben sich auf diese Weise also sogar noch verschärft, weil die Möglichkeiten und Machbarkeiten des Menschen weitreichender und einschneidender geworden sind, die Konsequenzen, die mit seinem Handeln verbunden sind, aber nur ungern vorausbedacht und diskutiert werden, was doch dringlicher denn je wäre. Gleichzeitig aber sind die mitzudenkenden Zusammenhänge, von denen schon Heisenberg spricht, mittlerweile derart komplex und differenziert, dass es uns schwer- und schwerer fällt herauszufinden, wie wir sie in unser Denken und damit in die zu gebenden Antworten einbeziehen können. Wir stellen also fest, dass wir auch hier an die – sehr unterschiedlich bewerteten – Grenzen des Machbaren stoßen, bei aller Anstrengung, das zu bewältigen, was wir da zu beantworten haben. Auf der einen Seite lässt sich darin tatsächlich eine Beschränkung erkennen, die uns auffordert, uns bescheidener auf ein Weniger zu beziehen; auf der anderen Seite aber wird lautstark für ein beständiges Überwinden dieser Grenzen plädiert, um neue, ersehnte Lösungsperspektiven zu öffnen. Welcher Weg ist der richtige?

Kommen wir dazu noch einmal auf unsere ganz persönlichen Begrenzungen zurück: Wir alle kennen die Ambivalenz vieler Entscheidungssituationen. Wir können schlicht nicht immer alles wissen, was wir wissen müssten, um auf sicherem Boden zu stehen; wir haben nicht genug Zeit oder nicht die Möglichkeit, uns alle Kenntnisse anzueignen, um sagen zu können, ob dieses oder jenes Unternehmen sich an all seine Vorgaben hält, welche Zusatzstoffe in seinen Produkten zu finden sind und ob die Führungsebene zu gut bezahlt wird. Wir entscheiden oftmals in der Hoffnung, dass wir glauben dürfen, was wir nicht wissen können, und glauben das, was wir zu wissen meinen. Das ist grundsätzlich auch gar nicht anders möglich. Beschränktheiten und Engpässe zeigen uns jeden Tag aufs Neue, wo unseren Grenzen sind: Unser Wissen ist unvollständig, unsere Aufmerksamkeit knapp, und je mehr wir uns vornehmen, desto schwieriger wird es. Der Kontext gerät aus dem Blick, wir können kein ganzes Bild mehr erzeugen: Wir hören nicht zu, urteilen fahrig und zu schnell, denken nicht mit und nicht nach (dann springt Google ein, und wie sicher wir uns damit fühlen wollen, wissen wir ebenfalls nicht).

Wenn das so ist, dann haben wir es allerdings nicht so sehr mit einer Obergrenze des Menschenmöglichen, sondern mit einem Zuwenig zu tun: einem Zuwenig an Auffassungsvermögen, einem Zuwenig an Bildung, einem Zuwenig an Geduld oder Aufmerksamkeit, die wir optimaler nutzen könnten. Wird daraus der bereits als gewaltsam beschriebene Aufruf zur Dauerproduktivität, können wir unterschiedlich reagieren. Den einen Weg haben wir bereits aufgezeigt: Wir reduzieren das, was wir an Aufgaben an uns heranlassen, entsorgen, entrümpeln, entschleunigen und versuchen uns in der »Verkleinerung« unserer Welt, um darin auf das Wesentliche zu treffen, in dem wir uns wieder neu auskennen lernen. Aber auch hierin liegt eine Gefahr, die wir derzeit erleben: Die Regionalisierung und Verengung der eigenen Welt erzeugt neue Nationalismen und bereitet den Nährboden für einfache und oft populistische Antworten, die uns Überforderten vorgaukeln, dass Vereinfachung ein Ausweg sein kann. Hieraus entsteht kein Verantwortungsbewusstsein, sondern im besten Fall der Rückzug in die Innerlichkeit privaten Cocoonings oder im Außen eine öffentliche Debatte, die in der Verkleinerung den Blick für das Wesentliche verliert.

Denn der Blick für die eigene Begrenztheit darf nicht zur Folge haben, den Wunsch nach Wirksamkeit aufzugeben, nur ist die Frage, wie und worauf wir hinwirken wollen bzw. können. Das menschliche Streben, die eigene Macht im Sinne der Machbarkeit wirken zu lassen, muss nicht allein Zerstörung und Missbrauch nach sich ziehen. Und selbst in einem Prozess der Zerstörung und Bedrohung, in Krisen und Umwälzungen bleibt es notwendig, Verantwortung zu übernehmen – gerade dann sogar, wenn vielleicht auch auf eine andere Weise. Der amerikanische Schriftsteller und Umweltaktivist Jonathan Franzen geht sogar noch weiter. Er sieht es z.B. als »unverantwortlich« an, immer noch an dem Gedanken festzuhalten, wir könnten die Welt, wie sie ist, *retten*; für ihn gilt es vielmehr, den kommenden Veränderungen so ins Auge zu sehen, dass wir für sie gerüstet sind, auch unter schwierigen Lebensbedingungen so gut wie möglich leben können und darin kleinere gute Entwicklungen vorantreiben.[21] Entscheidend für das, was wir unter verantwortungsvollem Handeln verstehen, ist also in unserer heutigen Zeit nicht nur das, was wir für gut, sondern auch das, was wir für möglich – und also noch machbar – halten. Darin wird ein anderes Verständnis von Macht möglich, das weniger mit Beherrschung oder Kontrolle zu tun hat als vielmehr mit der Idee, etwas zu *machen*, das nicht die Lösung sein muss, aber durchaus positive Veränderungen nach sich zieht und damit über das Streben nach Herrschaft hinausreicht.

Bertrand Russell war überzeugt, dass der Begriff Macht eine Art neutraler Fähigkeit beschreibt, wirksam zu werden: »Machtliebe im weitesten Sinne ist der Wunsch, imstande zu sein, beabsichtigte Wirkungen auf die Außenwelt, ob menschlich oder nicht-menschlich, zu erzielen. Dieser Wunsch ist ein wesentlicher Teil der menschlichen Natur, und in energischen Menschen ist er ein sehr großer und bedeutender Teil.«[22] Aber genau deswegen bedeute Machtliebe eben auch, so Russell, den Nächsten glücklich zu machen; alle Machtliebe zu verurteilen, würde auch bedeuten, die Nächstenliebe zu verurteilen. Wichtig aber bleibt dieser Zusatz Russells: »Wohltätige Machtliebe« muss mit einem Zweck verbunden sein, »der nicht die Macht ist«. Das also, was Macht möglich machen kann, muss über sie selbst hinausgehen, sodass sie zur Bedingung der Möglichkeit wird und nicht, als reines Machtstreben, Ziel individuellen Handelns. Dieses Streben könne keine Veränderung und schon gar keine Verbesserung ermöglichen, so Russell, aber er schließt überaus optimistisch: »Es ist letzten Endes nicht die Gewalt, die die Menschen regiert, sondern die Weisheit jener, die die gemeinsamen Sehnsüchte der Menschheit anrufen – Glück, inneren und äußeren Frieden und Verständnis für eine Welt, in der wir, nicht durch eigene Wahl, leben müssen.«[23]

Das klingt ganz wunderbar, und man bewundert diese Zuversicht erst recht, wenn man bedenkt, dass Bertrand Russell diese Worte in einer überaus schwierigen Weltlage zwei Jahre nach dem Ende des Zweiten Weltkrieges schrieb; allerdings scheint sich diese Überzeugung in den letzten Jahrzehnten nicht bestätigen zu wollen. Welche Möglichkeiten lassen sich also in diesem hoffnungsvollen Glauben wahrhaft verwirklichen und halten dem stand, was wir an ethischer Wirksamkeit in die Welt bringen wollen und dürfen?

Martin Heidegger sah das Wissen um die Möglichkeit als wichtigste Qualität des menschlichen Handelns und bewies selbst, wie manche Möglichkeiten in die geistige Irre führen können. Ähnlich wie einige Zeit später die französischen Existenzialisten Jean-Paul Sartre und Albert Camus spricht Heidegger von einem *Entwurf*, den wir in unserer *Geworfenheit* dem menschlichen Seinkönnen entgegensetzen können, vielleicht sogar müssen. Dieser gestaltende Umgang mit dem Möglichsein ist für Heidegger der entschlossene Schritt des *eigentlichen Menschen*[24] und zwar unabhängig davon, ob wir die Welt retten oder uns bewusst um das Gute in kleineren und regionalen Bezügen kümmern wollen. Im Umgang mit der Machbarkeit des Möglichen finden sich also beide Gedanken wieder: die notwendige Verkleinerung der eigenen Reichweite, um Dinge wirklich möglich zu machen und sich nicht in maßloser Größe zu verlieren; aber eben auch die Notwendigkeit, das Machbare zu versuchen und es über die bestehenden Grenzen hinaus auf das Menschenmögliche auszudehnen, ohne darin in das Leistungsdenken menschlicher Omnipotenz zu verfallen. Daraus ergeben sich zwar unterschiedliche Praktiken verantwortlichen Handelns, beides schließt aber die Möglichkeit ein, sich nicht nur für die Verwirklichung, sondern auch dagegen zu entscheiden. Zu bewahren und Nein zu etwas Neuem zu sagen, ist ebenso machbar wie die Verwirklichung einer Möglichkeit. Für den philosophischen Anthropologen Max Scheler liegt darin sogar einer der wichtigsten menschlichen Wesenszüge: »Mit dem Tiere verglichen, das immer Ja zum Wirklichen sagt – auch da noch, wo es verabscheut und flieht –, ist der Mensch der Neinsagenkönner, der Asket des Lebens, der ewige Protestant gegen alle bloße Wirklichkeit.«[25]

Dabei geht es Scheler nicht um ein entschlossenes und revolutionäres Nein, den Protest eines beständigen Dagegen, sondern um eine Vielfalt der Ablehnung dessen, was möglich sein könnte, aber nicht gewollt werden darf: eine Haltung, die von der Enthaltsamkeit, der Genügsamkeit, der Bescheidenheit bis hin zur Verweigerung reicht. Selbst das Machbare, das, was *in meiner Macht steht*, ist etwas, zu dem wir Nein sagen können: Ich kann mein Auto abschaffen, auch wenn es gute Gründe dafür gibt, es zu behalten. Ich bin in der Lage, auf Alkohol zu verzichten, obwohl ich auf eine Party eingeladen bin; ich kann mich gegen den nächsten Karriereschritt entscheiden, um für meine kranken Eltern da zu sein. Andere Dinge sind sehr viel schwerer oder gar nicht zu verneinen, weil wir an einer bestimmten Stelle unseres Leben einmal Ja gesagt haben: Wenn ich eine Familie gründe, dann kann ich nicht nach drei Jahren Nein zu meinem Kind sagen, ohne dabei (höchstwahrscheinlich) verantwortungslos und moralisch zweideutig zu handeln.

Auf diese Weise mit sich selbst ins Gericht zu gehen, fällt nicht immer leicht, zumal jeder und jede von uns feststellen wird, dass er oder sie Dinge tut, zu denen wir alle lieber Nein sagen sollten. Wenn wir uns für oder gegen etwas entscheiden, ist es wichtig, sich selbst gegenüber so ehrlich wie möglich zu klären, welche Form von Verantwortung oder Verantwortungslosigkeit wir zu tragen bereit sind: Entscheiden wir uns für oder gegen die Biokartoffeln aus der Region, für oder gegen die große Karriere, für oder gegen die Teilnahme an einer Demonstration, für oder gegen ein Leben, das wir uns nicht ausgesucht haben? Hier geht es nicht um asketischen Verzicht oder einen bewussten Minimalismus, um Notwendigkeiten oder ein physisches Unvermögen, sondern darum, Position zu beziehen, eine Haltung einzunehmen, für die wir uns entscheiden müssen. Was wollen wir einmal nicht bereuen müssen, indem wir Ja oder Nein sagen? Indem wir das Gute wählen, das Böse verhindern oder zumindest zu tun versuchen, was in unserer Macht steht? Manchmal auch gegen die eigenen Wünsche und Vorstellungen – in Form einer *emotionalen Selbstbeherrschung*, wie sie ebenfalls in unserer Macht steht.

Der Stoiker Epiktet war überzeugt, die Frage, was wirklich in unserer eigenen Macht stehe, sei niemals ohne die beständige Übung einer asketischen Lebensweise zu beantworten, wobei Askese hier nicht zwingend die Abkehr von jeglichem Genuss und Wohlbefinden meint, sondern eine Lebensweise beschreibt, die das eigene, das innere Maß kennt und nicht zum Übermaß neigt. Nur so wird die eigene Haltung anhand von Maßstäben und Kriterien verständlich. In Epiktets berühmt gewordenen *Handbüchlein der Moral*, in dem sich schon vor über zweitausend Jahren richtungsweisende Regeln für ein gelingendes Leben fanden, steht gleich zu Beginn, dass von all dem, was wir zu tun gedenken, »das eine in unserer Macht« steht, »das andere nicht«. Die Kunst liege also darin, herauszufinden, wo die Grenze dazwischen verläuft. Epiktet führt weiter aus: »In unserer Macht stehen Urteil, Trieb zum Handeln, Begehren, Meiden, mit einem Wort alles, was unsere eigene Betätigung ist, nicht in unserer Macht der Leib, der Besitz, Ansehen, Würden, mit einem Wort alles, was nicht unsere Betätigung ist.« Wenn wir unser Leben und Handeln gelingen lassen wollen, so der stoische Denker, dann dürfen wir nicht verwechseln, was in den Rahmen unserer Möglichkeiten fällt, also den Bedingungen unterliegt, die wir in unserem Tun verändern können, und dem, was »seiner Natur nach frei«, also »nicht zu hindern, nicht zu hemmen« ist. Epiktets Schlussfolgerung klingt nun ein wenig zu schön, um wahr zu sein, aber sie ist dennoch einen Gedanken wert: »Siehst du aber nur das als dein an, was wirklich dein ist, das Fremde aber, wie es der Fall ist, als fremd, so wird dich niemals jemand zwingen, niemand dich hindern; du wirst niemanden schelten und dich über niemanden beklagen; nichts wirst du wider deinen Willen tun, niemand wird dir schaden, keinen Feind wirst du haben; denn es kann dir nichts widerfahren, was dir schadet.«[26]

Mit anderen Worten: Bleiben wir bei dem, was uns angemessen ist, dann werden wir weniger mit den übermäßigen Folgen unseres Tuns zu kämpfen haben. Im 21. Jahrhundert wird dies ganz sicher nicht die einzige Weisheit sein, mit der wir den drängenden Fragen der Gegenwart begegnen können, aber im beständigen Ringen um das Verschieben von Grenzen, von Eingriffen in Ökosysteme und organische Kreisläufe und im Hype um technische Lösungen für Probleme, die wir ohne so manchen technischen »Solutionismus«[27] gar nicht erst hätten, ist diese Ermahnung der stoischen Philosophen mehr als bedenkenswert.

Es gilt also, Maßstäbe des (Menschen-)Möglichen zu suchen und zu finden, das *rechte Maß*, das sich nicht an Mittelmaß und machbarer Bequemlichkeit ausrichtet, sondern sich als das moralisch Angemessene versteht – also durchaus mühsam und anstrengend sein kann. Schon Aristoteles vertritt in seiner *mesotes*-Lehre das Anliegen, das Gute auch immer als das uns Gemäße verstehen zu lernen. Dieses rechte Maß ist es, was es in einer verantwortungsvollen Lebensweise anzustreben und in der Gestaltung eines sozialen Miteinanders zu berücksichtigen gilt.

Doch was ist angemessen und was, in Abgrenzung dazu, erforderlich oder gar notwendig? Darauf eine Antwort zu finden, ist die Aufgabe des oder der Verantwortlichen. Ferdinand von Schirach gibt in seinem Gespräch mit Alexander Kluge, das unter der schönen Überschrift *Trotzdem* veröffentlicht wurde, ein Beispiel, indem er eine Analogie zu den Freiheitsbeschränkungen der Coronakrise zieht. Welche Maßnahmen sind oder waren in dieser Zeit angemessen, welche Ergebnisse hatten Maßnahmen, die im Rückblick möglicherweise maßlos scheinen und doch verantwortungsbewusst waren? Die Pandemie war und ist, während dies geschrieben wird, eine Bedrohung für das Leben von Menschen, darin sind wir uns alle einig. Diese Bedrohung geht aber auch von anderen zum Teil sehr üblichen Alltagspraktiken aus, wie z. B. dem Autofahren. Die jährlichen Verkehrstoten führen aber nicht dazu, dass wir eine Debatte darüber führen, ob das Fahren von Autos eine grundsätzliche Gefahr für Leib und Leben darstellt. Schirach überlegt nun, wie es wäre, wenn ein Polizist dies zu ändern versuchte: »Er schlägt deshalb vor, allen Menschen die Fahrerlaubnis zu entziehen. Sein Ziel – das Leben von Menschen zu schützen – ist auch legitim. Aber es ist in diesem Fall natürlich nicht angemessen. Wir können sogar sagen, Ausgangsbeschränkungen seien zur Bekämpfung der Pandemie geeignet – das Virus kann damit wohl zunächst eingedämmt werden. Das Problem liegt an anderer Stelle: Ist ein Ausgehverbot überhaupt erforderlich? Die Verfassungsrechtler definieren das so: Ein gewähltes Mittel ist dann erforderlich, wenn es keine mildere Maßnahme gibt, die denselben Erfolg mit gleicher Sicherheit erzielt.«[28]

Dies ist eine auf rechtlicher Ebene vorgenommene Abwägung des rechten Maßes. Die Bewegungsfreiheit von Menschen in einer Pandemie einzuschränken vermindert – nach dem geltenden Kenntnisstand in dem Moment, in dem die Entscheidung getroffen wird – das Risiko von Krankheit und Tod so wahrscheinlich, dass diese Maßnahme als angemessen anzusehen ist. Die Möglichkeit, ein Auto sicher zu steuern bzw. dies nicht zu können und einen Unfall zu verursachen, birgt ein anderes Risiko und ist unmittelbar mit dem Können und der Zuständigkeit einzelner Menschen in Verbindung zu bringen; die Frage der Verantwortlichkeit ist hier also völlig anders und individuell zu stellen, auch wenn das ursprüngliche Argument, Leben schützen zu wollen, dasselbe ist. Es steht also nicht allein die Frage nach Machbarkeit und Möglichkeit im Raum, sondern auch die Überlegung, wie wir angemessene Maßstäbe formulieren, um auf unterschiedliche Kontexte angemessen antworten zu können.

Auf der Suche nach Gewissheit: Was sind wir verpflichtet zu wissen?

Wir brauchen also Grundlagen, von denen ausgehend sich solche Entscheidungen treffen bzw. begründen lassen. Was müssen wir wissen, und wann wissen wir schlicht nicht genug, um verantwortungsvoll handeln zu können? In persönlichen Überlegungen des eigenen Konsums oder der Kindererziehung werden wir andere Antworten finden als in globalen Fragen der Klimakrise, die uns eine gemeinsame Zukunft ermöglichen sollen. Die Direktorin des Alfred-Wegener-Instituts für Polar- und Meeresforschung in Bremerhaven, Antje Boetius, erinnert hier ganz zu Recht: »Das Problem ist, dass wir mit dem Handeln nicht warten können, bis wir alles wissen. Dazu fehlt uns die Zeit.«[29] Denn was wir wissen ist: Gehandelt werden muss jetzt, hätte es schon lange müssen, und fast jede Handlung beruht letztlich auf unsicherem Detailwissen und Prognosen, die auch anders ausfallen könnten.

Selbstverständlich wissen wir, dass der Klimawandel eine Bedrohung ist und wir alle etwas beitragen müssen, um die Katastrophe vielleicht (auch gegen die Einschätzung Jonathan Franzens) noch abzuwenden. Die Einigung auf institutioneller Ebene erweist sich nicht erst seit dem Klimaabkommen von Paris als mühselig, doch wir alle sind in diesen Fragen mehr als gefordert. Aber, um noch einmal Antje Boetius zu zitieren: »Es ist wichtig, ungefähr zu wissen, was man tut. (…) Fleisch ist nicht gleich Fleisch und Gemüse auch nicht gleich Gemüse. Wenn wir zum Beispiel von nicht nachhaltig angebauten Avocados, Palmöl oder nicht nachhaltigem Soja leben, dann ist das unter Umständen doch schlechter, als ein kleines bisschen vom Hausschwein um die Ecke zu essen.«[30] Gerade in Fragen der Ernährung und des Konsums von Lebensmitteln erleben wir mittlerweile ein Gefühl der wissenden Überforderung, sobald wir versuchen, alles verantwortungsbewusst, gut und möglichst richtig zu machen.

Die Philosophin Eva Weber-Guskar spricht hierbei von einer »epistemischen Überforderung«, mit der wir alle zu kämpfen haben: Viele der Fragen und Aufgaben, die wir uns stellen, sind eigentlich eine Nummer zu groß (also das Maß überschreitend oder *maßlos*) für das, was wir zu verändern in der Lage sein können.[31] Wieder geht es um Grenzerfahrungen: Möglicherweise sind wir nicht informiert genug oder nutzen die Quellen, die uns zur Verfügung stehen, nicht, um wirklich zu wissen, was wir tun wollen. Das wäre eine in reinen Sachfragen hin und wieder noch zu lösende Aufgabe. Es kann aber auch sein, dass wir überfordert sind, weil das Wissen und die Erkenntnisse, die wir benötigen, noch nicht existiert. Damit stoßen wir in dieser Überforderung erneut an die Grenzen des Menschenmöglichen, und zwar in zeitlicher Hinsicht.

Verantwortung ist auf etwas gerichtet, was sich im eigenen Tun auf das auswirkt, was vor uns liegt – hat also, wie zu Beginn schon festgehalten, immer einen normativen Bezug zur Zukunft. Gerade im Hinblick auf das, was kommt oder notwendig sein wird, können wir uns aber offensichtlich eben nicht auf ein eindeutiges Ja oder Nein beziehen, das uns Halt bzw. eine Haltung ermöglicht. Die Tatsache, dass wir Entscheidungen auf Basis unsicheren Wissens herbeiführen müssen, trifft fast auf jede Situation zu – könnten wir tatsächlich alles wissen, wären die Folgen unseres Handelns klar und absehbar, dann könnten wir ebenso klaren Regeln folgen und die Frage der Verantwortung hätte sich weitgehend in Eindeutigkeit aufgelöst.[32] Daher kann die Schlussfolgerung nicht lauten, dass wir vor lauter Überforderung nicht mehr verantwortlich handeln können, sondern dass Verantwortung eben gerade aus dieser Überforderung und den daraus sich ergebenden Notwendigkeiten einer Entscheidungsfindung hervorgeht. Verantwortliches Handeln beschreibt die Praxis, mit der wir uns (wieder) einen Überblick über das zu verschaffen versuchen, was im Bereich des menschlich Machbaren liegt bzw. liegen darf. Und dieser Überblick bedeutet Orientierung, nicht letzte und gänzliche Beseitigung allen Zweifels. Wir müssen uns also informieren, wir brauchen fundierte Annahmen und gesichertes Wissen, um daraus Erkenntnisse und Handlungsoptionen abzuleiten – auch wenn sich dieses Wissen verändern, die Annahme vielleicht doch nicht zutreffen wird.

Gehen wir also diesen Überlegungen noch einmal genauer auf den Grund und fragen nach, wie sich ein solches Wissen greifbar machen lässt. Was bedeutet in diesem Zusammenhang die vielbeschworene Wissens- und Informationsgesellschaft? Was ist gesichertes Wissen, Gewissheit und woraus setzen sie sich zusammen? Aus Erfahrungen, eigenen Überzeugungen, aus Daten und Fakten, Informationen? Wo liegt der Unterschied zwischen dem, was wir wissen, glauben oder meinen?

Fangen wir bei den Begriffen an. Das Wort Information stammt vom lateinischen Verb *informare* ab, das so viel bedeutet wie »formen, bilden oder gestalten«.[33] Die Informationstheorie sieht in einer Information eine Teilmenge des Wissens, mit dem ein Sender durch einen Informationskanal dem Empfänger etwas mitteilt, was ein konkretes Interesse befriedigt. Eine Information ist darin zunächst neutral, ohne jeden ethischen oder moralischen Bezug; sie ist etwas außerhalb von uns, dem wir gegenüberstehen oder vielleicht auch ausgeliefert sind.[34] Nehmen wir diese Perspektive ein, dann ergibt sich unser Wissen aus der Summe vieler einzelner Informationsfragmente, ähnlich einer Maschine oder einem gut geölten Mechanismus. Je mehr Informationen wir haben, desto mehr wissen wir. In diesem Denken ist das Aneignen von Wissen eine systematische Angelegenheit, die sich sicher ist, dass die Dinge in logischen Bezügen und kausalen Wirkungsketten miteinander verbunden sind:[35] Ein solches Verständnis von Wissen findet sich vielfach in natur- und wirtschaftswissenschaftlichen Denkmodellen, in denen es, stark vereinfacht gesagt, weniger um die Deutung von Informationen geht (also genau das, was die Geistes- und Sozialwissenschaften in der Methode der Hermeneutik anwenden) als um das Sammeln und Verknüpfen von logischen Informationen zu Theorien und Modellen. Man kann aber auch eine weniger systematische Position vertreten und den Zusammenhang von Information und Wissen als einen organischen Prozess betrachten, der die Bedeutung der Transformation von Informationen zu Wissen in den Mittelpunkt rückt. Der britische Kultur- und Medienhistoriker Peter Burke nutzt dafür ein sehr anschauliches Bild, wenn er die Informationen als das, was »roh, spezifisch und praktisch« ist, kennzeichnet und das, was wir Wissen nennen, als das »Gekochte« beschreibt, »das gedanklich Verarbeitete oder Systematisierte«.[36] In diesem Bild müssen wir nicht entscheiden, auf welche Weise die Informationen im wahrsten Sinne verarbeitet werden, es ist nur wichtig, dass wir sie uns auf unsere Art und Weise zu eigen machen, um daraus etwas werden zu lassen, das wir als unser Wissen verinnerlichen und erinnern. Und wie wir alle wissen, ist ein gutes Gericht sehr viel mehr als nur die Summe seiner Zutaten.

Wenn wir also hier die Frage nach verantwortungsvollem Handeln stellen, nach dem, was genau wir wissen sollten oder gar müssen, dann ist die Unterscheidung wichtig, die wir zwischen einer Informations- und einer Wissensgesellschaft treffen. Denn auch wenn wir nicht alles wissen können, so bleiben wir doch verantwortlich für den Prozess der Transformation von Informationen in Kenntnisse. Um diese Brücke schlagen zu können, ist es erforderlich, das System bestimmter Informationen prüfend in einen bestehenden Kontext einzubinden, es sozusagen in einen menschlichen Bezug zu setzen. Auf diese Weise wird die menschliche Fähigkeit zur Transformation von Informationen als die eigentliche Ressource eines verantwortungsvollen gesellschaftlichen Fortschritts anerkannt. Nicht das Sammeln von Informationen selbst, sondern das Verbinden und Vernetzen dieser Fragmente zu Zusammenhängen und sinnvollen Beziehungen ist es, was uns auf dem Weg zu einer modernen Form von Verantwortung hilft, dazu, von einem frommen Wunsch nach mehr gelebter Verantwortung tatsächlich zu einem gemeinschaftlichen Verständnis verantwortlicher Praxis zu kommen.[37]

Der historische Wandel, den die westlichen Gesellschaften in den letzten Jahrhunderten durchlaufen haben, führte von einer Agrar- über eine Industrie- weiter zu einer Dienstleistungsgesellschaft und mündete über eine

Informations- in unsere heutige vernetzte Wissensgesellschaft. Die UNESCO hat vier Prinzipien festgeschrieben, denen diese oft unscharf definierte Wissensgesellschaft folgen sollte: Meinungs- und Pressefreiheit, Zugang zu Information und Wissen für alle, Bildung für alle, kulturelle Vielfalt. Das Paradigma einer Wissensgesellschaft wird in dieser Erklärung folgendermaßen begründet: »Die UNESCO zieht den Begriff der Wissensgesellschaften dem der Informationsgesellschaft vor. Sie legt den Schwerpunkt damit bewusst auf Bildung und Entwicklung und bezieht eine ethische, soziale und politische Perspektive ein.«[38] In diesen Formulierungen wird auch der wesentliche Unterschied zwischen Bildung und Ausbildung in einer Wissensgesellschaft angesprochen: Ein Bildungsprozess bezieht die Begabung zur Transformation anders mit ein als die Weitergabe von bestimmtem Wissen und Informationen, um eine Ausbildung abzuschließen. Der Schriftsteller und Philosoph Peter Bieri fasst dieses Verhältnis zusammen: »Bildung ist etwas, das Menschen mit sich und für sich machen: Man bildet sich. Ausbilden können uns andere, bilden kann sich jeder nur selbst. Das ist kein bloßes Wortspiel. Sich zu bilden, ist tatsächlich etwas ganz anderes, als ausgebildet zu werden. Eine Ausbildung durchlaufen wir mit dem Ziel, etwas zu können. Wenn wir uns dagegen bilden, arbeiten wir daran, etwas zu werden – wir streben danach, auf eine bestimmte Art und Weise in der Welt zu sein.«[39] Dieses Verständnis von Bildung ist das, was wir brauchen, wenn wir uns als verantwortungsbewusste Wesen ernst nehmen wollen. Wir müssen uns selbst zu dem, was ist, ins Verhältnis setzen können und nicht nur einzelne Informationsfragmente zusammensetzen lernen. Das, was es braucht, um aus Gedanken eine klare und gut begründete Argumentation entstehen zu lassen, ist kein mechanischer oder technisch abbildbarer Vorgang, sondern auf die menschliche Fähigkeit einer aneignenden Transformation angewiesen. Der Begriff der Informationsgesellschaft ist technisch geprägt und legt den Akzent auf das Mittel, nicht auf den Prozess, der zur Verarbeitung notwendig ist, auch wenn die Wissensgesellschaft natürlich weiterhin auf der Informationsbeschaffung aufbaut und aufbauen muss. Nötig ist also eine Kompetenz, die den eher technisch geprägten Blick mit dem der möglichen Transformation in Wissen verbinden lernt und sich in diesem weiten Feld bewegen kann. Auch der Frage, wie das gelingen kann, widmen sich die Vereinten Nationen. 2005 veröffentlichte die UNESCO einen ersten Weltbericht, der auf 220 Seiten den Weg *Towards Knowledge Societies* skizziert und dabei das Wissen als notwendig zur Bewältigung des immer weiter wachsenden Grades der Komplexität globaler wie digitaler Welten stark macht. Schon im Vorwort macht der Bericht deutlich, dass es darüber hinaus auch darum gehen muss, Wissen nicht als ein elitäres Vorrecht weniger zu sehen, sondern als eine Ressource, zu der jeder Bürger einer Gesellschaft Zugang haben muss.[40]

Verantwortliches Handeln ist darauf angewiesen, auf der Basis von Wissen Kriterien zu entwickeln, neue Handlungsräume zu eröffnen und Dinge in Beziehung zu setzen. Wir ziehen Schlüsse und Verbindungen, entdecken oder kreieren Strukturen. Wir können aus denselben Einsichten und Schlussfolgerungen unterschiedliche Erkenntnisse zusammensetzen – eine Fähigkeit, die wir bei der Gestaltung menschlicher Narrative nicht unterschätzen dürfen. Das Wissen, das wir brauchen, um Naturgesetze zu verstehen, ist ein anderes als das, was wir nutzen, um herauszufinden, wie wir uns in einem sozialen Kontext verantwortungsvoll verhalten sollen. Der libanesische Finanzmathematiker und Essayist Nassim Nicholas Taleb geht seit vielen Jahren der Frage nach, wie der Prozess der Auswahl von Informationen vor sich geht bzw. welche Rolle es spielt, wie wir sie bewerten und zusammensetzen. Neben unserer Neigung zur Sinnstiftung, die unsere Schlussfolgerung aus (echten oder vermeintlichen) Fakten beeinflusst, formuliert Taleb eine weitere Hürde bei der Erklärung der Welt durch das, was wir Tatsachen nennen: Wir sind nicht nur Geschichtenerzähler oder Interpretatoren, sondern gaukeln uns übersichtliche Täuschungen als Wahrheiten vor. »Unsere hyperaktiven Gehirne werden einem Phänomen lieber eine falsche, vereinfachende Narrationsstruktur überstülpen als ganz auf Narrationen zu verzichten.« Diese Schlussfolgerung steht nicht im Gegensatz zu der Einsicht, dass so manche Wahrheit weniger komplex daherkommt, als wir es uns wünschen, zeigt aber, dass die Welt als Gesamtzusammenhang so unübersichtlich ist, dass wir aus den Fragmenten, die wir haben, uns immer ein eigenes Bild, eine Geschichte zusammensetzen müssen. Aus den Informationen, die wir auswählen, formen wir ein Muster, an dem wir uns orientieren können; das ist lebensnotwendig, sagt aber nicht zwingend etwas darüber aus, ob die Dinge so sind, wie wir sie sehen. Der Verstand, so Taleb, kann ein »hervorragendes Werkzeug zur Selbsttäuschung sein«, schlicht, weil er nicht dafür geschaffen ist, »mit Komplexität und nichtlinearen Ungewissheiten umzugehen«.[41]

Bleiben wir damit also postfaktischen Relativitäten und verzerrten *biases* ausgeliefert? Nein, denn auch hier können wir uns an relationale Beziehungen halten wie in unserem Beispiel mit den Himmelsrichtungen: Relationales Denken ist nicht willkürlich, aber eben auch nicht eindeutig. Die Kunst im Umgang mit Informationen liegt darin, wachsam zu bleiben und uns selbst in unserem Denken prüfend zu begleiten. Wir können unseren Verstand nach Kräften bemühen, allerdings vorsichtiger bei der Bewertung dessen sein, was er herausfindet. Denn sobald und solange wir in der Lage sind, auch unserem eigenen Verstand gegenüber wachsam zu bleiben, auch vermeintliche Selbstverständlichkeiten auf ihre Bedingungen und ihren Kontext zu befragen, sortieren wir die gewünschten Informationen in ein anderes Muster ein – ein Muster, das selbst zum Thema der eigenen Überprüfung werden darf. Das mag für wissenschaftliche Grundlagenforschung ein selbstverständliches Vorgehen sein, in der alltäglichen Weltwahrnehmung sind wir von dieser Einsicht aber oft weit entfernt.

In Anlehnung an Hans Jonas bleibt es für den Wunsch nach Gewissheit im Streben nach einem neuen »Prinzip« der Verantwortung zentral, dass wir uns auf sehr unterschiedliche Formen von Wissen stützen, und nicht allein das naturwissenschaftliche Wissen und den technischen

Fortschritt bemühen, um die Fragen von Gegenwart und Zukunft zu beantworten. Jonas spricht von einem »Wertwissen«, das die Grundlagen all unserer Bemühungen um Wissen freilegt, auch die Bemühungen der Naturwissenschaft. Das moderne, systematische wissenschaftliche Denken hat demnach »die Grundlagen fortgespült, von denen Normen abgeleitet werden konnten, und hat die bloße Idee von Norm als solcher zerstört«. Daraus entsteht ein vermeintlich objektives Faktenwissen, das einem »Gefühl für Normen« widerspreche, sodass dieses Grundgefühl des Menschlichen sich selbst unsicher werde. Diese Unsicherheit wirft Fragen auf, die wir wiederum mithilfe systematischer Erkenntnis zu beantworten versuchen, womit wir uns immer weiter von uns selbst entfernen. Hans Jonas schlägt eine neue Form der Wissenschaftlichkeit im Rahmen einer »vergleichenden Futurologie« vor.[42] Darin müssten neue Heuristiken[43] ausgeprägt werden, die uns nicht in Angst und Schrecken versetzen, aber das Bedrohliche der eigenen Möglichkeiten auch nicht dem fortschrittsgläubigen Optimismus wachsender Technikbegeisterung überantworten. So formuliert Jonas eine »Heuristik der Furcht«, die ihm für eine technologische Zivilisation angemessen zu sein scheint – in Anbetracht der Macht, die die moderne Technik uns zur Verfügung stellt, und zugleich als Widerpart gegen die epistemische Überforderung, die uns am Handeln hindert. Ein solcher Perspektivwechsel bedeutet nicht, dass wir nun nur noch nach Bedrohungen Ausschau halten sollten, denn Jonas selbst betont, dass es deutlich leichter sei, seine Aufmerksamkeit auf die oft ja durchaus offensichtlichen Gefahren zu richten, als sich des Guten zu versichern, das als selbstverständliche Stabilität die Gegenwart trägt: Die »bloße Gegenwart des Schlimmen« drängt sich uns auf, »während das Gute unauffällig da sein und ohne Reflexion (…) unerkannt bleiben kann.«[44]

Hans Jonas' Gedanken sind mittlerweile über vierzig Jahre alt, und viele seiner Prognosen haben mittlerweile an Dringlichkeit gewonnen, sodass die Möglichkeit einer zukünftigen Stabilität des Guten weit weniger glaubhaft scheint als Ende der 1970er Jahre, doch ist dieser Gedanke aktueller denn je: Er ist eine Aufforderung, unsere Befürchtungen als Richtungsweiser dafür zu verstehen, was wir zu bewahren versuchen, sodass eine solche »Heuristik der Furcht« der Beginn, ein erstes Wort sein kann, aber nicht das letzte Wort behalten darf.

Sprechen wir also eher von einer *Heuristik der Vorsicht*, die die Vorausschau nutzt, um Risiken einzuschätzen, ohne jedes Risiko als Bedrohung misszuverstehen. Wie also sehen konstruktive Vorschläge und Denkansätze aus, die über Protest und Klage hinausreichen? Und wie lernen wir, unter der Bedingung steigender Risiken dennoch ein gutes Leben zu führen? Folgen wir dem Psychologen und Direktor des Harding-Zentrums für Risikokompetenz am Max-Planck-Institut für Bildungsforschung Gerd Gigerenzer, dann brauchen wir in Zeiten der Unsicherheit nicht allein Lösungen und Innovation, sondern eine angemessene Form der »Risikokompetenz« oder »Risikointelligenz«, damit wir uns überhaupt in einer »modernen technologischen Gesellschaft zurechtfinden« können. Die »Risikoinkompetenz« unserer gegenwärtigen Gesellschaft zeigt sich, so Gigerenzer, unter anderem daran, dass viel zu wenig mit Wahrscheinlichkeiten gearbeitet wird, dass Referenzrahmen nicht geklärt sind und z. B. relative Zahlen genutzt werden, die vielfach für mehr Verwirrung sorgen, als es die absoluten Zahlen je könnten. Gigerenzer gibt dafür ein eindrückliches Beispiel: Wenn z. B. bei einer medizinischen Studie ein Teilnehmer von fünftausend an schweren Nebenwirkungen leidet, die Studie nach einigen Jahren wiederholt wird und es dann zwei Teilnehmer mit schweren Nebenwirkungen sind, dann steigt die relative Zahl der Geschädigten um hundert Prozent. Das klingt zwar sehr dramatisch, absolut steigt die Zahl aber nur von einem auf zwei Patienten. Unerfreulich genug, aber die absoluten Zahlen liefern eine andere Grundlage für eine persönliche Risikoabwägung als die für sich genommenen relativen.[45]

Auf diese Weise lässt sich gerade im Umgang mit Informationen und dem Wunsch nach gesichertem Wissen eine neue Zielsetzung einführen: Wenn wir nicht allein die Ergebnisse verantwortlichen Handelns zum Kriterium für ihr Gelingen anerkennen, sondern das Formulieren von Heuristiken und Spielregeln als ein wesentliches Etappenziel ernst nehmen, um die Bedingungen und Umstände der zustande gekommenen Ergebnisse mit beurteilen zu können, entsteht ein anderes Verhältnis zu dem, was wir *für möglich halten* können und wollen. Um überhaupt verantwortlich handeln zu können, müssen wir den Umgang mit unvollständigem und sich beständig wandelndem Wissen lernen. Darin liegt kein »Defekt«, den es zu vermeiden gilt, sondern die eigentliche Aufgabe. Und der können wir uns nur dann wirklich nähern, wenn wir für Spielregeln und Maßstäbe sowie Entscheidungskriterien sorgen, die andere sein müssen als die, die wir gewohnt sind.

Spielregeln verantwortlichen Handelns

Diese Heuristiken und Spielregeln, die wir für unser Handeln geltend machen wollen, richten sich weiterhin und unmissverständlich an dem aus, was wir als das moralisch Gute verstehen. Wenn sich die Europäische Union vornimmt, den Ausstoß von Treibhausgasen bis 2050 um fünfundfünfzig Prozent zu reduzieren, dann wird dies nicht mit den üblichen Kompromissen zwischen wirtschaftlichen und ökologischen Interessen zu erreichen sein, sondern nur durch neue Schwerpunkte und verbindliche Regularien, die dies tatsächlich als Zielsetzung ernst nehmen. Wenn sich eine Institution dazu entschließt, nur noch regenerative Energien zu fördern, dann wird es zwar eine Zeit des Übergangs geben müssen, der aber auf ein Umdenken ausgerichtet sein muss und nicht darauf, das Bewährte so lang wie möglich am Leben zu erhalten. Welcher Weg der richtige ist, darüber kann man trefflich streiten, wichtig ist aber, dass in diesen beiden Haltungen völlig unterschiedliche Perspektiven und Paradigmen wirksam werden. Die Schwierigkeiten, die im Begriff des Guten liegen, haben wir zur Genüge erörtert, und dennoch bleiben wir bei der Überzeugung, dass es eben dieses Gute ist, das den Kern unseres Handelns bestimmt – sowohl im Streben danach, als auch in der Klage über seine Abwesenheit oder der Empörung über eine wachsende moralische »Verwahrlosung«. Um uns dem, was wir für gut halten, bzw. dem, was wir als geltendes Wertwissen anerkennen wollen, zu nähern, ist eine verantwortungsvolle Praxis vonnöten, die den Umgang mit (unsicherem) Wissen lehrt und erfahrbar macht: klare Begriffe, die Bereitschaft, sich mit diesen Begriffen in einem offenen Denken zu bewegen, und Kriterien, die in dieser Offenheit für eine (vorläufige) Begründbarkeit sorgen. Nichts anderes bedeutet es, sich in seinem Handeln klare Regeln zu geben. Und dies gilt auf eine je eigene Weise für Individuen, aber auch ganz besonders für Institutionen, die verantwortlich handeln wollen oder müssen und die wir nun besonders in den Blick nehmen.

Julian Nida-Rümelin spricht in Anlehnung an Ludwig Wittgenstein, der die Bedeutsamkeit von Sprache und Begriffen im Kontext von »Sprachspielen« zu fassen versuchte, von »Begründungsspielen«,[46] die zeigen, wie wichtig es ist, bei der Frage nach (Spiel-)Regeln, die wir in unserem Denken und Handeln befolgen, bereits bei sprachlichen Gepflogenheiten anzusetzen. Wann also spreche ich von Verantwortung und wann nicht? Wie bewusst wähle ich meine Begriffe und wie übe ich mich in der bewussten Anwendung? Aus einem überlegten Gebrauch von Begrifflichkeiten wie Moral, Ethik, dem Guten und ihren Gegenbegriffen, ergibt sich ein anderer Denk- und Handlungsspielraum, als wenn ich mich vage an *agile*, *feelgood* und *diversity talks* anschließe, die oftmals leider ein ähnliches Vokabular einsetzen, aber eine völlig andere Haltung widerspiegeln, weil es hier oft genug um das individuelle Wohlbefinden und weniger um Verantwortung geht.

Die sprachlichen Regeln ergeben einen konkreten Handlungs- und damit auch den schon erwähnten Verantwortungsraum, in dem wir in der Art, wie wir denken, sprechen und handeln, eine kommunikative Praxis der Verantwortung etablieren.[47] Nehmen wir z. B. ein Unternehmen, das in Sachen *Corporate Social Responsibility* (CSR) ein engagiertes Leitbild entwirft und soziale Projekte unterstützt – halten diese Maßnahmen einer gesinnungsethischen Überprüfung stand? Oder handelt es sich um eine zeitgeistige Aufwertung des eigenen Images, um letztlich per *Greenwashing* den eigenen Profit zu steigern? Keinem Unternehmen lässt sich vorwerfen, dass es Gewinne erzielen und stabile Umsätze erwirtschaften will und muss, um seiner Verantwortung gerecht zu werden. Aber welche Verantwortung ist damit gemeint? Die den Mitarbeiterinnen und Mitarbeitern gegenüber? Oder den Aktionären? Vielleicht aber auch die Verantwortung einer Umwelt gegenüber, auf die auch ein Unternehmen in Zukunft angewiesen sein wird? Und welche Verantwortung hat ein Wirtschaftsunternehmen gegenüber der Gesellschaft?

Darüber lässt sich trefflich streiten. Einer der Begründer der GLS-Bank, Wilhelm Ernst Barkhoff, sah sich bspw. als einen freien »Selbstgestalter der Welt und der Gesellschaft«, einer Gesellschaft, in der sich jeder als Bankier sehen und bewusst mit Geld agieren lernen müsse, um sich gegenseitig Freiheit zu ermöglichen.[48] Das Gegenstück dazu ist ein Unternehmen wie Wirecard, in dem auf seltsame Weise plötzlich 1,9 Milliarden Euro aus den Büchern verschwinden konnten und gleichzeitig der Geschäftsführer abtauchte. Im zweiten Fall hat es nie einen ernst zu nehmenden Raum der Verantwortung gegeben, der über die Interessen Einzelner hinaus gesellschaftlich bedeutsam werden konnte, sondern nur den Wunsch nach Bereicherung, wahrscheinlich unter Ausschluss jedes Begründungsspiels – so hemmungslos, dass über Jahre eine Praxis möglich wurde, von der Felix Hufeld, der Chef der Bundesanstalt für Finanzdienstleistungsaufsicht, entsetzt feststellt, er habe sie hierzulande schlicht nicht für möglich gehalten.[49] Aber eben hier gilt es, sich auch zu fragen, welche Möglichkeiten ein System eröffnet, das bestimmte Handlungsweisen als erfolgreich belohnt, die sich gerade nicht von moralischen Grundsätzen leiten lassen.[50]

Was gesamtgesellschaftlich nicht nur in so extremen Beispielen wie der Firmenpleite von Wirecard fehlt, ist die Ausgestaltung einer kommunikativen Praxis, die moralisch unverhandelbare Grundsätze festschreibt, die auch nicht an Personen oder Situationen gebunden sind und die im Sinne einer humanistischen Kultur des Menschlichen (oder gar des Lebendigen) berücksichtigt werden müssen. Dieses *Wertwissen*, von dem wir sicher sind, dass es unser Handeln begründen kann und soll, lässt Verhaltensregeln, moralische Sitten und Überzeugungen entstehen, ethische Theorien ebenso wie Gesetze und andere soziale Regeln, die institutionalisiert zur Geltung gebracht werden.[51] Dabei ist diese Form der Institutionalisierung nicht als Erstarrung oder Einschränkung von Freiheiten zu sehen, sondern mit dem Anthropologen Arnold Gehlen als eine stabilisierende Kulturleistung des Menschen, die »lebenswichtige Entlastung« bietet, aber im Hintergrund erfüllt wird, und so oftmals dem Einzelnen gar nicht mehr bewusst ist: »So entsteht die (...) wohltuende Fraglosigkeit in den Elementardaten (...), weil von diesem Unterbau innerer und äußerer Gewohnheiten her die geistigen Energien nach oben abgegeben werden können, und das ist, was ›Freiheit‹ auch bedeuten kann.«[52]

Regeln bewähren sich als formalisierte Gewohnheiten in sozialen Kontexten als eine eigene Form der Praxis, die zu einem Standard geworden ist. Sie bilden einen Standard, an dem wir unser Handeln ausrichten können, ohne ihn beständig neu verhandeln zu müssen. Allerdings gilt der Umkehrschluss nicht: Ganz sicher kann nicht jede Regel dadurch gerechtfertigt sein, dass ihr alle immer schon gefolgt sind und sie so zum Standard werden konnte. Indem wir Regeln befolgen, agieren wir in einer gemeinsamen Praxis und werden damit Teil einer Gruppe, die sich bestimmte Regeln setzt. Welche Regelungen also wollen wir in welchen stabilisierenden Institutionen wirksam werden lassen, und was liegt ihnen zugrunde, bevor wir sie als Gesetz zu einer Verpflichtung festschreiben? Und wie ändern wir ebendiese Regeln und Normen aus welchen guten Gründen – in einem ganz konkreten Verantwortungsraum?

Es ist ziemlich einleuchtend, warum der Verkehr in einer Großstadt geregelt werden muss, und auch das tägliche Miteinander verträgt klare Regeln, damit wir uns nicht jeden Tag Gedanken darüber machen müssen, wie man sich richtig begrüßt, welches Maß physischer Nähe üblich ist, was wir auf einer Hochzeit oder einer Beerdigung für Kleidung tragen und wie genau wir unser Ticket dem Busfahrer zeigen sollen. Hier finden wir Regularien vor, die ein soziales Verhalten strukturieren, das ohnehin stattfindet und mit diesen Regeln einfach besser funktioniert. Der Philosoph John Rawls hat diese Regeln in seiner Handlungstheorie *Two Concepts of Rules*[53] als regulative Regeln beschrieben. Darüber hinaus macht Rawls aber so etwas wie *konstitutive* Regeln aus, die einen bestimmten Sinnzusammenhang erst entstehen lassen. Ganz besonders deutlich wird dies bei Spielregeln, durch die ein Spiel überhaupt erst als solches erkennbar wird. Wir können sehr gern schwarz-weiße Holzfiguren auf einem Holzbrett hin und her schieben, aber erst wenn wir dies zu zweit und nach bestimmten Regeln tun, wird daraus ein Schachspiel.

Übertragen wir diese Gedanken auf das, was wir unter Begründungsspielen und verantwortlicher Praxis verstehen. Für eine Praxis der Verantwortung gilt es, diese beiden Formen von Regeln miteinander zu verknüpfen. Wir formulieren Regeln für das, was wir sachlich, rechtlich und politisch zu ordnen oder durchzusetzen versuchen, wie z.B. Themen alternativer Energieversorgung, neue Mobilitätskonzepte oder andere Wirtschaftsformen. Darin liegen große, globale Aufgaben, aber diese Handlungsfelder gibt es bereits, und in ihnen wird nach konkreten Antworten gesucht. Ein weiteres Feld aber gilt es ebenso zu bestellen: den Raum regulativer Regeln, die eine Verantwortungspraxis ermöglichen und immer wieder entstehen lassen, und der auf das wirkt, was als konkrete Maßnahme in Erwägung gezogen wird. Welches Spiel wollen wir spielen, und welche Regeln sollen darin gelten? Hierin sind wir viel weniger gegebenen Bedingungen ausgeliefert, als wir denken, und der Umgang mit dem Coronavirus dürfte uns gelehrt haben, dass es unter bestimmten Bedingungen sehr schnell gelingen kann, Regeln zu ändern. Wir haben uns auf etwas geeinigt, das eine Bedeutung hat, die wiederum auf einen Sinnzusammenhang verweist, an dem wir teilhaben oder in den wir aufgenommen werden möchten, und eben dieser Mechanismus muss bei der Frage nach dem Wert von Regeln selbst thematisiert werden. Was Regeln im besten Fall festlegen können, ist eine soziale Praxis, der wir aus guten Gründen und in der Überzeugung folgen, das Richtige zu tun, um sie dann, bei veränderten Bedingungen, erneut auf den Prüfstand zu stellen. Drehen wir also die Reihenfolge hin und wieder um und versuchen wir weniger, verantwortliches Handeln zu regeln, als Regeln zu etablieren, nach denen wir verantwortlich handeln.

Daraus kann im besten Fall eine moderne Form eines Gesellschaftsvertrages entstehen, wie es die Publikation des Wissenschaftlichen Beirates der Bundesregierung für Globale Umweltveränderungen (WBGU) 2011 bereits unter dem Titel *Welt im Wandel – Gesellschaftsvertrag für eine große Transformation* versucht hat. Darin wird zum einen an eine besondere Haltung appelliert, die eine Kultur der Achtsamkeit aus ökologischer Verantwortung und eine

Kultur der Teilhabe aus demokratischer Verantwortung mit der Zukunftsverantwortung für künftige Generationen kombinieren will. Im Zentrum steht das, was der Bericht einen »gestaltenden Staat« nennt, der sich im Wesentlichen um die Transformationsprozesse in Fragen der Energiewirtschaft, Urbanisierung und Landnutzung zu kümmern haben wird. Die WBGU ist überzeugt, dass der dafür notwendige Wertewandel bereits eingesetzt hat, auch wenn Konsumverhalten und Lebensstil noch deutlich zu verändern sind.[54] Der neue Gesellschaftsvertrag muss sowohl die selbstorganisierte Zivilgesellschaft wie auch die wissenschaftliche Expertengesellschaft einbeziehen.[55] Und an ebendiesem Punkt stehen wir derzeit und stellen fest, dass sich seit 2011 zu wenig verändert hat: Kaum jemand hat von einem solchen Gesellschaftsvertrag jemals gehört, auch wenn die Zielsetzung für jedermann einsichtig sein könnte.

Den globalen Wettbewerb prägt weiterhin ein anderes Verständnis von Spiel und seinen Regeln. Darin regieren noch immer Vorstellungen von Machbarkeit und Wachstum, und letztlich spielen wir ein »Wettspiel«[56] auf Basis von Regularien, die die Welt den eigenen Interessen unterordnen. Wir wetten auf den Ausgang unseres Handelns in einer ungewissen Zukunft – und das nicht nur an der Börse. Auch dieses Spiel folgt Regeln, aber sie sind mit einer Praxis der Verantwortung zu oft unvereinbar. Sobald wir moralische Regeln aufstellen wollen, die das normative Streben nach dem Guten in seiner ganzen Unverfügbarkeit als Motiv anerkennen, müssen wir mit Hans Jonas die Frage laut und deutlich stellen und ebenso laut beantworten: »Um welchen Einsatz darf (man) ethisch gesprochen wetten?«[57] Dürfen wir die Interessen anderer in unserer Wette einsetzen – und wenn nicht, was gilt es dann auszuschließen? Darf die Gesamtheit der Interessen anderer von mir aufs Spiel gesetzt werden? Für ein Ja sieht Hans Jonas nur eine Möglichkeit, nämlich den äußersten Notfall, der nicht darauf aus sein darf, das Beste zu ermöglichen, sondern das Schlimmste zu vermeiden. Mit anderen Worten dürfen wir nur Regeln einer verantwortlichen Handlungspraxis ernst nehmen und zum Maßstab oder zur Gewohnheit werden lassen, die sich dem Wettcharakter entziehen und nicht riskieren, was wir als Gemeinschaft aus gutem Grund nicht verantworten können – für das, was ist, und ebenso für das, was kommt und in den Folgen unseres Handelns Möglichkeiten eröffnet oder verhindert. Und wenn wir an unsere gemeinsame Zukunft denken – dann ist das eine ganze Menge.

4. KAPITEL

Haben wir eine Verantwortung für die Zukunft?

> *»Versucht, den Dingen, die ihr seht, einen Sinn zu geben, und hinterfragt, aus was sich das Universum zusammensetzt. So schwer das Leben manchmal auch erscheinen mag, es gibt immer etwas zu tun und darin gut zu sein. Es ist wichtig, dass ihr einfach nie aufgebt. Denkt daran, in die Sterne zu sehen – und nicht auf eure Füße.«*
>
> STEPHEN HAWKING

Am 24. Dezember 1968 entstand das NASA-Foto AS8-14-2383HR. Der Astronaut William Anders machte während der vierten Umkreisung des Mondes auf dem Flug der Apollo 8 mit seiner Mittelformatkamera ein Bild der Erde. Dieses Foto zeigte nicht nur die Erde, der Standpunkt des Betrachters war die Mondoberfläche. Um die Welt ging das Bild unter dem Titel *Earthrise* – Erdaufgang. Ein erster Blick von außen, eine völlig neue Perspektive und damit auch eine neue Möglichkeit, uns selbst zu sehen: als Bewohner eines kleinen, blau schimmernden Planeten, der im Angesicht dieser ungeahnten und universalen Größe plötzlich viel weniger mächtig und gewaltig zu sein scheint. Der US-Astronom Carl Sagan beschrieb in seinem Buch *Pale Blue Dot* ebenfalls diese neue Sicht auf unsere Welt und nutzte ein Foto, das aus der Raumsonde Voyager gemacht wurde – aus sechs Milliarden Kilometern Entfernung, der weitesten Distanz, aus der die Erde jemals aufgenommen werden konnte. Für Sagan unterstreicht die Winzigkeit unseres Planeten auf diesem Bild aber nicht ihre Bedeutungslosigkeit in den Weiten des Alls, sondern vielmehr die Verantwortung, die wir tragen, um diesen »blauen Punkt im All« (so der Titel der deutschen Übersetzung) zu bewahren, schlicht, weil es die einzige menschliche Heimat zu sein scheint, die wir haben. Dieser Planet bietet alles, was wir brauchen, als Teil eines organischen Ganzen, auf das jeder von uns angewiesen ist, als Ressource und Lebensgrundlage, aber auch als etwas, das selbst Rechte und Ansprüche an uns stellt, für das wir Sorge tragen müssen, wenn es so etwas wie eine menschliche, eine lebendige Zukunft geben soll. Denn, so war Carl Sagan sicher, »there is no hint that help will come from elsewhere to save us from ourselves«.[1]

Auch der Astronaut Alexander Gerst kam mit ähnlichen Einsichten aus dem All zurück. Er war im Juni 2019 zu Gast im Deutschen Bundestag und formulierte einen klaren Appell: »Wenn wir aus der Raumstation rausschauen, sehen wir Dinge, die uns als Menschen überraschen. Dinge, die eventuell ein Erdbeobachtungssatellit nicht sehen würde. Dinge, die unseren Planeten aus einer anderen Perspektive zeigen, die uns zum Nachdenken zwingen, die uns zeigen, wie verletzlich und eben auch klein unser Planet ist. Wir sehen Dinge wie die Zerstörung des Amazonas-Regenwaldes (…). Abholzung, dürre Sommer (…). Wir sehen Naturgewalten, die uns staunen lassen, die wir durch menschliche Aktivitäten verstärken können. Wir sehen Dinge, die wir mit der Natur anstellen können, Dinge, auf die wir nicht genügend vorbereitet sind.« Und Gerst fragt weiter: »Was ist unsere Aufgabe als Astronauten? Das ist, das einzufangen, zurückzubringen, zu kommunizieren. Denn eines unserer wichtigsten Kapitale in einem Hochtechnologieland wie Deutschland ist eben die nächste Generation, die wir versuchen zu inspirieren, denen wir zeigen möchten, so wie ich es damals verstanden habe, was der Raum der Möglichkeiten ist. Und wenn so ein Mädchen einmal denkt: ›Der Alexander Gerst, das ist kein Held‹, sondern: ›Was der kann, das kann ich schon lange und vielleicht viel besser‹, dann ist mein Ziel erfüllt.«[2]

Wie würde dieses Ziel lauten, wenn wir überlegen, was wir von unserm Standort aus sehen und weitergeben könnten? Was können wir tun, wie suchen wir uns hier auf der Erde eine Position, die das große Ganze, aber auch das Kleine, Nahe und uns Wichtige in den Blick nehmen lernt, um das, was wir für wesentlich halten, an die nächste Generation weiterzugeben? Wie können wir das, was wir durch die Bilder eines Astronauten erkennen, aber niemals selbst werden sehen können, zu unserem Anliegen machen und verstehen, was es bedeutet? Wie tragen wir Sorge für das, was uns wirklich Sorgen machen sollte, auch in Hinblick auf zukünftige Generationen? Wie also üben wir uns darin, Verantwortung zu übernehmen, damit das kleine Mädchen überhaupt in der Lage sein kann, etwas besser zu machen als Alexander Gerst?

Um unseren Blick für größere und große Zusammenhänge zu öffnen, müssen wir nicht ins All fliegen, aber wir können uns darin üben, in der Welt, in der wir leben, einen Schritt zurückzutreten, den Kontext der Dinge mitzudenken, nach Zusammenhängen zu fragen und so weit wie möglich das *ganze* Bild zu sehen. Immer notwendiger wird es, genau hinzuschauen, sich einen Ort zu suchen, einen Standpunkt, von dem aus wir anders zu sehen lernen – auch wenn es nicht möglich ist, sich so weit zu entfernen wie ein Astronaut, um das ganze Bild zu erkennen. Aber wir können denen zuhören, die diesen Blick gewagt haben, die gesehen haben, was wir nicht sehen können, und uns zum Nachdenken mahnen. Nicht nur Astronauten, sondern all jenen, die hier auf der Erde versuchen, einen neuen, einen anderen und vielleicht ungewohnten Blick zu wagen, und dadurch Verantwortung tragen.

Halten wir hier einen Moment inne und rekapitulieren wir, was wir unter Verantwortung verstehen: Verantwortung ist eine immer wieder im Handeln zu verwirklichende Praxis, die aus dem tief empfundenen Bedürfnis des Menschen entsteht, eine Antwort zu geben und sich am Guten auszurichten – auf eine Zukunft gerichtet, die nichts für uns tun muss, damit wir uns um sie sorgen wollen sollten. Eine Sorge, die sich an einem Prinzip des Guten orientiert, das nicht zur Verhandlung steht, auch wenn Ausdrucksformen dessen, was wir für gut halten, nicht eindeutig, sondern überaus vielfältig sind – eben aus dieser Vielfalt entspringt unser verantwortliches

Handeln. Als ein normatives Streben findet Verantwortung in polaren, lebendigen und damit konfliktreichen Zusammenhängen und sozialen Kontexten statt, die sich nur durch kommunikative Praktiken und damit einer ausdrücklichen *Grammatik* verantwortlichen Handelns in Institutionen und Regeln überführen lassen, die wir als Leitlinien anerkennen und zu Gewohnheiten des Überprüfens und Ausrichtens ausprägen. Verantwortung ist damit immer auf etwas ausgerichtet, was noch nicht ist, aber sein könnte, oder schon ist und bleiben soll – sie ist zeitlich zwar auf die Vergangenheit anzuwenden, aber in ihrem normativen Anspruch immer auf eine Zukunft ausgerichtet.

Noch deutlicher formulierte Hans Jonas 1987 in seiner Dankesrede zur Verleihung des Friedenspreises des Deutschen Buchhandels eine verantwortungsvolle Pflicht: »Wir sind freier darin (im Verhältnis der Menschheit zur Natur) geworden durch unsere Macht, und eben diese Freiheit bringt ihre Pflichten mit sich. Schritthaltend mit den Taten unserer Macht reicht unsere Pflicht jetzt über den ganzen Erdkreis und in die ferne Zukunft. (…) Jetzt und hier, so sagt uns die Pflicht, sollen wir unsere Macht zügeln, also unseren Genuß kürzen, um einer künftigen Menschheit willen, die unsere Augen nicht mehr sehen werden.«[3]

In Bezug auf das, was kommt und was wir nicht mehr sehen werden, lassen sich aber bestimmte Kriterien wie Kompetenzen und Zuständigkeiten, die Notwendigkeit von Wissen und selbst die Anerkennung neuer Heuristiken nur schwer anwenden. Denn wie sollte das gehen, wo wir doch die Zukunft, für die wir Verantwortung übernehmen wollen und müssen, nicht kennen können und sie noch in weiter Ferne liegt oder unvorstellbar in ihren Möglichkeiten ist? In dieser Frage steckt eine Vermutung, die auch gegen die notwendige Verantwortung für kommende Generationen ins Feld geführt wird, nämlich dass wir nicht in der Lage sein können, für etwas verantwortlich zu sein, das (noch) nicht existiert und von dem wir also auch noch nicht wissen können, was es benötigt. – Dass dieser Gedanke zwar interessant und nachvollziehbar ist, aber eine theoretische Konstruktion bleibt, die erneut eine verantwortliche Praxis notwendig macht und nicht etwa ausschließt, wollen wir in den folgenden Abschnitten deutlich machen.

Die Möglichkeit der Zukunft als Gegenstand verantwortlicher Praxis

Der Medizinethiker und ehemalige Richter am Bundesverfassungsgericht Udo Di Fabio sieht in einem zukunftsgerichteten Handeln des Menschen die Bereitschaft, in seinem Leben etwas »Überlegtes zu schaffen« und dafür Verantwortung zu übernehmen: In dieser Bereitschaft liege die Chance auf »eine Zivilgesellschaft, mit der nachhaltiges Denken und Zukunftsvertrauen wieder wachsen werden. Wer Kinder anschaut, der weiß, was Zukunftsverantwortung bedeutet, sieht in ihren Fragen, in ihrem Drängen eine neue Welt.«[4] Zukunftsverantwortung zeigt sich also darin, auf dieses Verlangen kommender Generationen, der Kinder und Enkel, entsprechende Antworten zu finden, die auf unsicherem und unvollkommenem Wissen aufbauen müssen. Darin liegt eine Aufforderung, ein Aufruf, eine Aufgabe – nicht im Sinne einer Rechenoperation, die unmissverständlich und richtig ein für alle Mal zu lösen sein kann, sondern als ein Gestaltungsauftrag. Grundsätzlich sind wir damit sehr einverstanden, weil es in Zeiten des demografischen Wandels, der Erderwärmung und anderer globaler Entwicklungen unverantwortlich ist und wäre, nur an sich selbst und die eigene Gegenwart zu denken – ein deutliches Hintergrundgefühl ebenso wie ein inneres moralisches Gesetz werden uns aller Wahrscheinlichkeit nach recht geben und Gewissheit verschaffen. Aber – und dies ist die wirklich zentrale Frage – *können* wir die Verantwortung für kommende Generationen überhaupt übernehmen und tragen? Und wenn ja, woher wissen wir, worauf wir dieses Können ausrichten sollen, wenn wir selbst unsere kurzfristige Zukunft nicht zu überblicken vermögen?

Udo Di Fabio formuliert zwei elementare Einwände gegen eine Verpflichtung gegenüber einer zukünftigen Welt. Den ersten Punkt haben wir bereits erwähnt: Wir kennen die Zukunft und die Bedürfnisse der in ihr lebenden Menschen nicht. Aber selbst wenn, fragt er im zweiten Einwand zu Recht, wem gebührt dann das Mandat, für die Künftigen zu sprechen?[5] Di Fabio bezieht sich hier auf eine grundlegende Frage, die auch Derek Parfit unter der Überschrift der »Nichtidentität« zur zentralen Überlegung einer Zukunftsethik erklärt hat. Parfit erläutert dieses Problem folgendermaßen: »Wenn wir die Auswirkungen unserer Handlungen und Richtlinien auf künftige Generationen betrachten, müssen wir die Annahmen aufgeben, dass eins von zwei Ergebnissen nicht schlechter als das andere sein kann, wenn es niemanden gibt, für den es schlechter wäre. Der Grund liegt darin, dass es in den verschiedenen Ergebnissen verschiedene Menschen wären, die später leben.« Das Phänomen der »Nichtidentität« macht also deutlich, dass wir keine Verantwortung für *ganz bestimmte* Menschen übernehmen können, die in Zukunft leben werden, weil wir durch unser Handeln die Grundlage für das verändern, was in Zukunft geschehen wird.[6] Allerdings – und ebendas ist in diesem Zusammenhang wichtig – wird es aller Voraussicht nach ja *irgendwelche* Menschen geben, denen wir das Recht zusprechen wollen, eine Zukunft zu haben. Und diese Zukunft hängt davon ab, wie wir uns heute verhalten: Diese Menschen werden Luft zum Atmen brauchen, die nicht verseucht ist, und auf Ressourcen zurückgreifen wollen, die ihnen Möglichkeiten eröffnen, frei und gut zu leben und aus unterschiedlichen Handlungsoptionen zu wählen. Mehr brauchen wir nicht, um in dem Begründungsspiel verantwortlicher Entscheidungen einen guten Grund zu finden, unser Verhalten darauf auszurichten, diese Möglichkeit für kommende Menschen zu erhalten.

Was das im Detail bedeutet, kann nur die Zukunft zeigen, aber *dass* sie es zeigt, muss möglich sein und darf nicht nur als Ideal einer längst vergangenen Vergangenheit erinnert werden. Damit stehen also die Bedürfnisse und Bedarfe der gegenwärtig lebenden Menschen denen der Menschen der Zukunft gegenüber und eine weitere Frage im Raum: Welche Einschränkungen der Gegenwart können die Chancengleichheit kommender Generationen garantieren oder zumindest wahrscheinlich machen?[7] Und was ist überhaupt eine Einschränkung? Sind die Opfer, die wir heute vielleicht bringen müssen, bzw. der Verzicht, der zu leisten wäre, in ein Verhältnis zu dem zu setzen, was daraus für kommende Menschen an Bereicherung entsteht? Oder gewinnen wir vielleicht sogar eine eigene Qualität aus einem anderen Umgang mit dem, was möglich ist und zur Verfügung steht?

Neben der Verantwortung kommen wir also um einen weiteren großen philosophischen Begriff nicht herum, wenn wir über eine Zukunftsethik nachdenken wollen: die Gerechtigkeit. Was genau bedeutet in diesem Zusammenhang überhaupt Gerechtigkeit – für diese und kommende Generationen?

Bei dieser Suche nach Gerechtigkeit lässt sich erneut an antike Fragen anknüpfen, die schon Platon umtrieben, als er in seiner *Politeia* eine Staatsform zu beschreiben versuchte, die die Gerechtigkeit als oberstes Ziel verfolgte – sowohl für das gesellschaftliche Kollektiv als auch für den Einzelnen. Gerechtigkeit ist nach Platon nicht erreicht, wenn alle alles sein und wollen können, sondern nur dann, wenn jeder den ihm *gemäßen* Platz einnimmt und nach nichts strebt, was dieses Maß überschreitet. Damit bekommen unsere Überlegungen eine andere Wendung: Es geht bei der Frage nach einer zukunftsorientierten Gerechtigkeit nicht einfach darum, kommenden Generationen den gleichen Wohlstand zu sichern, den wir auf Kosten der Umwelt für unser Leben erwirtschaftet haben, sondern darum, eine Zukunft möglich zu machen, die ihre eigenen – uns möglicherweise völlig unbekannten – Potenziale entfalten kann. Und das können wir sehr wohl, auch wenn wir nicht wissen, welche Bedürfnisse die haben werden, die nach uns kommen.

In der derzeitigen Forschung zur Zukunftsethik werden hauptsächlich zwei Ansätze verfolgt: zum einen ein verteilungstheoretischer und zum anderen ein verantwortungstheoretischer, der für uns natürlich interessanter ist. Beide Theorien unterscheiden sich besonders in ihrem »temporalen Standpunkt«, wie es der Philosoph Johannes Müller-Salo von der Universität Hannover bezeichnet. In der Verteilungstheorie geht es um eine Lösung, die eine bestimmte Quantität einer bestimmten Menge an Menschen zugutekommen lässt, in einem Modell, das auf Gleichzeitigkeit beruht: Wenn ich mich frage, wie ich eine Pizza für meine fünf besten Freunde so aufteile, dass alle ein gleich großes Stück bekommen, dann bin ich mitten in einer Grundfrage der Verteilungstheorie. Die Pizza, um die es geht, ist aber konkret vorstellbar bzw. tatsächlich vorhanden, und es ist in diesen Überlegungen bekannt, wie viele Freunde davon ein Stück bekommen sollen. Beziehen wir dieses Beispiel auf eine zukünftige Situation (nehmen also einen anderen temporalen Standpunkt ein), dann wissen wir weder, ob wir von einer Pizza werden sprechen können, und wenn ja, wie groß sie sein wird, noch, wie viele Freunde zum Essen kommen. In der Verteilungstheorie geht es um pragmatische und konkrete Nutzenkalkulationen, die in der Gegenwart wirksam werden, sich aber nur begrenzt auf die Zukunft projizieren lassen.

Verantwortungstheoretischen Ansätzen hingegen sind Prognosen auf Basis unsicheren Wissens nicht fremd. Sie haben den Vorteil, dass sie ihrem Wesen nach auf eine offene und nicht vorhersagbare Zukunft gerichtet sind und die Unwägbarkeiten, die damit einhergehen, nicht als störend, sondern als Teil der Fragestellung ansehen. So spricht die Berliner Philosophin Kirsten Meyer in ihrem Buch mit dem prägnanten Untertitel *Herausforderung Zukunftsethik* gerade im Umgang mit komplexem und unsicherem Wissen von einer recht einfachen, aber ebenso einleuchtenden Handlungsregel: Wir sollten uns daran halten, die Welt in einem mindestens ebenso guten Zustand zu verlassen, wie wir sie vorgefunden haben, so Meyer. Und weiter schreibt sie: »Wir verletzen Ansprüche zukünftiger Generationen, sollten wir ihnen etwas vorenthalten, auf das sie genauso dringend angewiesen sein werden, wie wir es heute sind«, wie etwa »eine Umwelt, die nicht die Gesundheit gefährdet und in der man für das eigene Überleben sorgen kann«.[8]

Verantwortlich zu handeln, bedeutet dann also, dass während unserer Lebenszeit keine Verschlechterung des »Weltzustandes« stattgefunden haben darf. Aber welcher Zeitraum ist dabei anzusetzen, und von welchem Zustand gehen wir aus? Setzen wir einen Rahmen von drei bis vier Generationen – eine Frist also, nach der voraussichtlich nur noch wenige der Heutigen leben –, dann müssten wir überlegen, wie die Welt in rund hundert Jahren beschaffen sein müsste. Es geht der Zukunftsethik aber nicht um Rechenexempel und auch nicht um die Lösung konkreter Sachfragen, sondern um die Klärung der moralischen Rahmenbedingungen, unter denen diese Lösungen gefunden werden können und überhaupt als Lösung deklariert werden dürfen.

Wieder gilt es, schon seine Worte mit Bedacht zu wählen und ebenso bedachtsam zu handeln, auch wenn es unbequem ist und der Dringlichkeit so mancher Sachfragen nicht zu entsprechen scheint. Eine Kultur der omnipotenten Macher, in der die »Gewalt der Positivität« über die Güte des eigenen Tuns entscheidet,[9] argumentiert anders als eine Kultur der Bedachtsamkeit, die sich der Fragilität und dem Risiko des eigenen Tuns zu widmen versucht, gerade weil es keine klaren Lösungen geben kann. Das schmälert aber nicht die Notwendigkeit verantwortungsvollen Handelns, sondern steigert sie nur. Die Einsicht, dass wir die Welt nur »von unseren Kindern geliehen haben«, wird durch den Zweifel an unserer Verantwortungskompetenz nicht weniger richtig und bleibt zentral, schlicht, weil es niemand anderen geben kann, der zuständig und damit auch verantwortlich ist. Aber die Frage, wie und auf welchem Weg wir ebendiese Welt für unsere Kinder und Kindeskinder erhalten können, braucht die Einsicht, dass wir nicht immer etwas tun können, sondern vielfach eher etwas lassen sollten, um Risiken zu vermeiden, die für uns nicht mehr zu bewältigen sind. Und zwar in Bezug auf die Bedürfnisse zukünftiger Menschen ebenso wie im Hinblick auf die Bedürfnisse einer Natur, die mehr ist als die Bedingung und Lebensgrundlage einer einzelnen darin vorkommenden Spezies.

Diese Erkenntnis ist so anerkannt, dass die deutsche Gesetzgebung eine einklagbare Absichtserklärung geschaffen hat, die die natürlichen Lebensgrundlagen nicht nur für Menschen, sondern auch für Tiere unter staatlichen Schutz stellt. Bereits 1994 wurde in der 42. Änderung des Grundgesetzes eine Vorschrift hinzugefügt, die unsere Verantwortung für die Zukunft gesetzlich festschreibt. Nach Art. 20a ist der Staat dazu aufgerufen, die natürlichen Lebensgrundlagen der Menschen zu schützen, und dies nicht allein für die Welt der Gegenwart: »Der Staat schützt auch in Verantwortung für die künftigen Generationen die natürlichen Lebensgrundlagen und die Tiere im Rahmen der verfassungsmäßigen Ordnung durch die Gesetzgebung und nach Maßgabe von Gesetz und Recht durch die vollziehende Gewalt und die Rechtsprechung.«[10]

Mit vielerlei Bemühungen rund um den nun schon recht strapazierten Begriff der Nachhaltigkeit – also das Bestreben, unser Handeln gleichmäßig nach ökologischen, sozialen und ökonomischen Kriterien auszurichten –, wird derzeit versucht, genau dem zu entsprechen, was im Grundgesetz als Verantwortung für die Lebensgrundlagen heutiger, aber auch künftiger Generationen beschrieben wird. Der sogenannte Brundtland-Bericht, der 1987 unter dem Titel *Our common future* von den Vereinten Nationen unter dem Vorsitz der damaligen norwegischen Ministerpräsidentin Gro Harlem Brundtland veröffentlicht wurde, unterstützt dauerhaft nachhaltiges Handeln als eine

»Entwicklung, die die Bedürfnisse der Gegenwart befriedigt, ohne zu riskieren, dass künftige Generationen ihre eigenen Bedürfnisse nicht befriedigen können«. Und weiter: »Das Konzept der nachhaltigen Entwicklung impliziert Grenzen (…) abhängig von der Biosphäre, die Effekte der menschlichen Tätigkeit zu absorbieren.«[11]

Hier geht es also weniger um die Grenzen dessen, was wir tun können bzw. dürfen (das, was in unserer Macht steht), sondern um die Grenzen dessen, was wir brauchen dürfen, ohne wertvolle Lebensgrundlagen ein für alle Mal zu zerstören. Im Brundtland-Bericht finden wir den Versuch, Kriterien für das, was wir an Bedürfnissen und Bedarfen für ein lebenswertes, ein *gutes* Leben akzeptieren, festzuschreiben, und zwar für jeden Menschen, an egal welchem Ort auf diesem Planeten. Dabei ahnen wir, wie ungleichgewichtig die Antwort auf diese Frage ausfallen wird, je nachdem, ob wir sie einer Studentin aus Berlin stellen, einem Maisbauern aus Minnesota oder einem IT-Experten aus Delhi, einer Familie im Jemen, einem Obdachlosen in Rio oder einem Häftling in Minsk. Ein zukunftsorientiertes, nachhaltiges Leben zu entwerfen, heißt also nicht (primär), individuelle Bedürfnisse zu erfüllen, sondern zu klären, was *der Mensch* braucht und wie vereinbar dies mit dem ist, was die Erde an Ressourcen zur Verfügung stellt.

Dies alles wissen wir schon seit Jahrzehnten, doch die Weltbevölkerung bedient sich weiterhin sogenannter Erdsystemleistungen, wie z. B. der nachwachsenden Ressourcen, aber auch jeder Menge fossiler Rohstoffe, die nicht nachwachsen und die wir in nur wenigen Jahrhunderten fast vollständig erschöpft haben, ohne uns klarzumachen, wie ein Danach aussehen kann, das unsere Nachfahren nicht verständnislos und notleidend vor den Trümmern ehemals vielversprechender Lebensgrundlagen dastehen lässt. Derzeit müssen wir also auch die Perspektive nachhaltiger Ressourcennutzung weiter verschieben, hin zu einer Einführung regenerativen Wirtschaftens – also eines Umgangs mit der Erde, der eher auf Erholung, Linderung und Heilung ausgelegt ist und damit angewiesen auf eine Vorstellung von Fürsorge und einer umfassenden Care-Ethik[12].

Was also bedeutet Verantwortung in diesem Kontext für ein Handeln, das die Möglichkeit der Zukunft als ethisches Paradigma an die erste Stelle setzt? Egal ob wir konkrete Bedürfnisse, Mandate oder Identitäten der Menschen oder Lebewesen ausmachen können, leuchtet doch unmittelbar ein, dass wir nicht das Recht haben, all das, was wir als notwendige Lebensgrundlagen vorfinden, zu zerstören. Im Gegenteil: Wir brauchen neue, klare ethische Prämissen, die sich von den Grundsätzen traditioneller Ethik abheben, um ein Umdenken so zu begleiten, dass wir unter der Voraussetzung und mit dem Ziel der Regeneration auch wirklich von Fortschritten sprechen können.[13]

Hans Jonas stellt diese Veränderung in *Das Prinzip Verantwortung* schon klar heraus und verweist auf grundsätzliche Annahmen der bisherigen Ethik. Die traditionelle Ethik geht davon aus, dass der menschliche Zustand in seinen Grundzügen feststeht, sich das menschlich Gute darin eindeutig bestimmen lässt und die Reichweite der eigenen verantwortlichen Handlungen recht eng und überschaubar ist. Zwar haben sich auch bisherige Ethiken über diese Bestimmungen immer wieder neu auseinandergesetzt, gehen dabei aber von einer grundsätzlich möglichen Klärung aus. Die christliche Ethik mit ihrer Ausrichtung auf die Erlösung des Einzelnen kennt zwar ebenso den Bezug auf die Dimension Zukunft wie die Rechtsethik mit ihrem Streben nach einer Gesetzgebung für eine tragfähige Perspektive bestehender Gemeinschaften, und auch wir haben zu Beginn klargemacht, dass jede verantwortungsvolle Praxis normativ und damit auf die Zukunft gerichtet sein muss, aber diese unterschiedlichen ethischen Überzeugungen bleiben auf eine unmittelbare Wirksamkeit und auf die Welt des Menschlichen bezogen. Sie alle beschäftigen sich mit der Übereinstimmung dessen, was wir für das Gute halten, mit dem, was wir zu tun in der Lage sind.

»Der neue Imperativ«, so hingegen Hans Jonas' Überzeugung, »ruft eine andere Einstimmigkeit an, nicht die des Aktes mit sich selbst, sondern die seiner schließlichen Wirkungen mit dem Fortbestand menschlicher Aktivität in der Zukunft.«[14] Damit fasst Jonas zusammen, was sich nicht so leicht denken lässt: Wir müssen etwas für gut halten können, von dem wir nicht wissen, ob es wirklich gut werden kann, sondern es muss uns reichen, dass die Möglichkeit dazu besteht und in weiterem menschlichem Handeln zum Ausdruck kommt. Bezogen auf den Zustand der Welt bedeutet das zu lernen, die natürlichen Grundlagen und Voraussetzungen ihres Fortbestehens in das einzubeziehen, was als ethisches Gebot nicht mehr verhandelbar sein oder wirtschaftlichen Einzelinteressen bzw. technischem Fortschritt geopfert werden darf. Folgen wir diesem Prinzip, erlauben wir keinen Wettbewerb mehr, der eine mögliche Zukunft riskiert, sondern setzen uns für die Bewahrung und die Regeneration dessen ein, was für eine denkbare Zukunft unerlässlich ist, beziehen also auch den Anspruch der natürlichen Umwelt auf Gerechtigkeit mit ein. Damit kehren wir zentrale, bisher geltende Paradigmen menschlicher Produktivität um und erkennen u.a. das Recht der Natur auf ein Fortbestehen als ethisch gesetzt an. Eben diese Produktivität hat die Bedeutsamkeit der Natur in den letzten Jahrhunderten seit der Industrialisierung verändert. Sie ist schon lange nicht mehr das Bleibende, der gegebene lebendige Rahmen menschlicher Bemühungen, sondern wird selbst bis zur Unkenntlichkeit verändert und vielfach irreversibel zerstört.

In Fragen der Naturzerstörung können wir uns kaum mehr damit herausreden, dass wir nicht so recht wissen konnten, welche Risiken unser Forschen, Entdecken und Tun mit sich bringen würde. Als Hans Jonas seine Ethik einer technologischen Zivilisation verfasste, steckte die Umweltforschung noch in ihren Anfängen. Aber schon da, Ende der 1970er Jahre, zeigte sich die Verletzlichkeit der Natur deutlich: Durch das Eingreifen des Menschen verändert sich der Lauf der Natur und so die Zukunft der Biosphäre – darüber kann mittlerweile kein vernünftiger Zweifel mehr bestehen. Ebenso hätte sich auch der Raum ethischer Überlegungen und Verpflichtungen ändern müssen. Lange Zeit sei der Umgang mit der außermenschlichen Welt »ethisch neutral« gewesen, so Jonas.[15] Das müsse sich ändern, aber es gehe ihm nicht darum, in eine Vergangenheit zurückzukehren, die keinen technischen Fortschritt kennt, sondern dafür zu sorgen, dass das »Natürliche« (in seiner verschwimmenden Abgrenzung zum Künstlichen) in der Gegenwart und Zukunft eine eigene ethische Betrachtung, eine eigene Stimme, bekommt.[16]

Selbstverständlich haben diese Veränderungen als technischer und wissenschaftlicher Fortschritt Verbesserungen ermöglicht, Wohlstand geschaffen und unser Leben verlängert; und dahinter gelte es auch nicht wieder zurückzugehen. Aber ebendieser Fortschritt habe auch unser Empfinden der Überlegenheit geschürt und den Blick für die Dinge verstellt, die nichts mit Leistungen und Machbarkeit zu tun haben. Durch diese Ausdehnung von Macht und Prestige sieht Jonas gleichzeitig eine »Schrumpfung« des menschlichen »Selbstbegriffs« und des menschlichen Seinsverständnisses deutlich werden – als hätten wir mehr und mehr das Empfinden für unseren Platz in der Welt verloren.[17]

Jonas ging schon in den 1970er Jahren davon aus, dass den Menschen im ausgehenden 20. Jahrhundert das Gefühl der Verlassenheit prägen wird, das Empfinden, einer Welt ausgeliefert zu sein, die sich widerständig und mühsam als Aufgabe für den Menschen darstellt und kaum als ein Geschenk, in dem uns die Kostbarkeit des eigenen Lebens anvertraut wurde. Wir haben diesen Gedanken exemplarisch auch bei Byung-Chul Han gesehen, und er scheint durch zahlreiche Studien zum erschöpften Selbst, durch die steigende Zahl psychischer Erkrankungen und

Erschöpfungszustände des modernen Menschen bestätigt zu werden. Die Entwertung der Natur (und damit das Unvermögen, der lebendigen Welt mit Wohlwollen und Zuneigung zu begegnen, um sie nicht allein als auszubeutende Ressource anzusehen), die in diesen neuen Lebensformen eine zwingende Begleiterscheinung ist, wurde und wird somit zum Nährboden für ein tiefes Verlassenheitsgefühl des modernen Menschen, so Jonas. Ein Gefühl, das durch den Mangel an Kraft zur Verantwortung gekennzeichnet ist: Es äußert sich als emotionale Leere, die den Bezug zu Berührung und Betroffenheit durch Gleichgültigkeit ersetzt; und als Reaktion auf unverbindliche und willkürliche Handlungsmaßstäbe, die sich in der eigenen Gegenwart verlieren und auf keine Zukunft gerichtet sein können.[18]

Die fatalen Folgen dieser Entwicklung sehen wir Tag für Tag. Wie schüren wir nun also diese Kraft, um uns erneut ins Verhältnis zu einer Welt zu setzen, die ebenso auf uns angewiesen ist wie wir auf sie? Warum hat sich aus der rechtlichen Grundlage keine ethische Neuausrichtung entwickelt?

Eine gegenwärtig immer dringlicher werdende Zukunftsethik richtet sich nicht auf das Wohlergehen der heute Lebenden, sondern auf den Fortbestand einer Welt, die von unserem Handeln geprägt sein wird, deren Zeuge wir aber, so Jonas, nicht mehr sein werden: »Dass es in alle Zukunft eine solche Welt geben soll – eine Welt, geeignet für die menschliche Bewohnung – und dass sie in alle Zukunft bewohnt sein soll von einer dieses Namens würdigen Menschheit, wird bereitwillig bejaht werden als ein allgemeines Axiom oder als überzeugende Wünschbarkeit spekulativer Phantasie (so überzeugend und so unbeweisbar wie der Satz, dass die Existenz einer Welt überhaupt besser sei als die Existenz keiner): aber als moralische Proposition, nämlich als eine praktische Verpflichtung gegenüber der Nachwelt einer entfernten Zukunft und als Prinzip der Entscheidung in gegenwärtiger Aktion, ist der Satz sehr verschieden von den Imperativen der früheren Ethik der Gleichzeitigkeit.«[19]

Der Gedanke, dass sich eine ethische Setzung dadurch bewährt, dass wir ihre Folgen selbst erleben und bewerten können, beruft sich auf ein vernunftbezogenes Können des Menschen, das am Guten ausgerichtet ist und sich selbst in dieser Güte unter Beweis stellen kann (und das kann es eben nicht in einer unvorhersehbaren Zukunft). Gibt es also einen *guten Grund* für die unbedingte Daseinsberechtigung menschlichen Lebens, das die Einschränkung gegenwärtiger Lebensformen zugunsten der zukünftigen rechtfertigt? Hans Jonas wählt den Weg eines nichtverhandelbaren Axioms: Es ist schlicht mehr wert, wenn Leben ist, als wenn es nicht ist. Wir schließen uns diesem Axiom, diesem unbedingten Ja als einer vielleicht einzig gültigen moralischen Tatsache vollständig an. Ein solches Ja entsteht aus der Einsicht menschlichen Tuns als ein verantwortliches wirksam werden Wollen in einer Entwicklung, die wir für bedeutsam halten. Dieses Verständnis verbietet schlicht die Gefährdung zukünftiger Generationen aufgrund der Selbstverwirklichung jetziger. In der Natur und damit auch im Fortbestehen menschlichen Leben liege, so Jonas, eine »Würde der

Tatsächlichkeit«,[20] also ein Wert dessen, was wir Leben nennen, den wir als gesetzt annehmen wollen – und der über die menschliche Würde im Sinne Pico della Mirandolas hinausgeht. Daraus lässt sich schließen, »dass das Sein nicht (…) indifferent gegen sich selbst ist«. Es gibt ein Interesse des Seins an seiner eigenen Selbsterhaltung, das nicht nur biologischer, sondern auch geistiger Natur ist. In diesem geistigen Interesse liegt der »Grundwert aller Werte«, das »erste Ja überhaupt«[21] – also das Ja des Lebens zu sich selbst, aus dem wir schließen wollen, dass es dem »Sein um etwas geht, also mindestens um sich selbst«.[22] Hans Jonas räumt an dieser Stelle ein, dass das Prinzip Verantwortung auf der Basis eines solchen unverhandelbaren Wertes jeden Lebens einen Neuanfang in der Ethik bedeute, für den »man früher wohl den Beistand des Himmels aufgerufen hätte, dessen sie nur zu sehr bedarf – und umso mehr, als ihr heute auch der Blick dorthin nicht mehr zugutekommen kann«.[23]

Braucht es also so etwas wie eine übergeordnete Instanz, eine Form des Glaubens an das, was uns in unserem Sein zu einem Ja auffordert, damit wir wahrhaft in der Lage sind, moralisch zu handeln und Verantwortung zu übernehmen? Was wäre das, was wir uns zurückholen, was wir erobern oder wiederentdecken müssen, um uns nicht in einer »metaphysischen Obdachlosigkeit« einzurichten, in der alles möglich scheint und nichts mehr heilig ist? Hans Jonas ist sich durchaus bewusst, dass diese Gedanken in einer säkularen und aufgeklärten Welt mit kritischem Blick beäugt und nicht unwidersprochen bleiben werden. Er ist überzeugt, dass uns in unserer auf

Objektivität und Neutralität ausgerichteten Welt die Kategorie des »Heiligen« fehlt. – Bleiben wir einen Moment bei diesem aufgeladenen Begriff und fragen uns: Was genau ist uns in unserer modernen Lebenswelt eigentlich noch heilig? Und wenn wir dann stolz darauf antworten, dass es eben nichts mehr gibt, was dieser Kategorie entspricht und Gott schließlich tot sei, dann können wir dem zwar zustimmen und dennoch überlegen, welche Bedeutung dieser Umstand hat. Auch Hans Jonas ist klar, dass aus seiner Klage über die fehlende Kategorie des Heiligen kein Imperativ des Glaubens erwachsen kann und sollte: Eine Religion gibt es oder es gibt sie nicht, so fasst er es klar zusammen; eine Ethik aber muss es geben, und zwar eine Ethik, die den Glauben an das Gute, an die Notwendigkeit moralischer Werte nicht aufgibt.

Andere Moralphilosophen sind sich in dieser Betonung des Ethischen ebenso sicher und gleichzeitig überzeugt, dass es nicht nötig ist, nach einer Instanz des Heiligen zu fragen, um das Gute zu begründen. Derek Parfit argumentiert, dass es für ethische und moralische Werte, die aus gutem Grund Geltung beanspruchen können, keinerlei weitere Herleitung geben muss, bzw. dass es sogar in der Natur moralischer Gegebenheiten liegt, dass sie Wahrheiten sein müssen, die von den Dingen ausgehen und ohne einen »Autor« auskommen. Aber gleichzeitig ist er ebenso sicher, dass die Dringlichkeit einer solchen Metaphysik, die sich gegen die Gleichgültigkeit wendet, höher zu gewichten sein muss als der Zweifel an der Möglichkeit der Metaphysik überhaupt. Im Gespräch mit der Philosophiezeitschrift *Hohe Luft* sagte er vor einigen Jahren ganz im

Sinne der Maxime Hans Jonas': »Worauf es aus meiner Sicht am meisten ankommt, ist tatsächlich, dass wir die Menschheit in die Lage versetzen zu überleben. Denn zukünftige Menschen werden womöglich ein viel besseres Leben führen als die meisten von uns heute – und viel größere Dinge erreichen. Wir wissen noch nicht, ob es andere rationale Wesen irgendwo im Universum gibt. Da rationale Wesen nur auf der Erde für eine weitere Milliarde Jahre überleben könnten, wäre es furchtbar, wenn wir das verhindern würden.«[24]

Wenn wir es so auffassen, geht es einer Zukunftsethik weniger darum, heute eine lebenswerte Zukunft für kommende Generationen vorauszuplanen und uns darin erneut zum Maß aller Dinge zu erklären, sondern darum, eine wie auch immer beschaffene Zukunft nicht grundsätzlich zu verhindern oder unmöglich zu machen.

Ergibt sich jede Zukunft aus der Vergangenheit?

Warum aber gehen wir mit dieser Bedrohung so wenig um? Diese Möglichkeit scheint unvorstellbar, wir können bestimmte Zukunftsszenarien weder als Utopie noch als Apokalypse wirklich denken, so viel Mühe sich die Literatur seit der Bibel und das Kino in aller Special Effects Überwältigung bisher gegeben haben – es fehlt so etwas wie ein erfahrbarer Kontext, eine Anknüpfungsmöglichkeit. Damit steht neben der grundsätzlichen Zustimmung (also dem Ja, von dem Hans Jonas schreibt) zu einer Neuausrichtung auf das, was wir als Zukunft für denkbar halten wollen, auch das im Raum, was wir uns als Folgen unseres Handels zumindest vorstellen können bzw. wollen. Es geht darum, Vorstellungen davon zu entwickeln, wie unser Handeln sich auswirken kann – mit Hans Jonas die »vorausdenkende Beschaffung« einer Vorstellung eines möglichen *Malus* oder eines denkbaren *Bonus*, um wirklich zukunftsträchtige rechtliche, technische und sachbezogene Lösungen zu entwickeln, aber auch nicht nur im Sinne des Menschen einen (neuen) Referenzrahmen für das eigene Selbst zu schaffen und darin Hoffnung zu ermöglichen. Diese Vorstellung muss uns erreichen – als etwas, das uns berührt, bewegt, bedroht oder wie auch immer emotional betrifft. Als Einzelne wie als Kollektiv brauchen wir den Zugang zu dem Gefühl, das wir mit dieser Vorstellung verbinden, also, wie man mit Jonas sagen könnte, eine Vision, die uns mit Schrecken oder mit Hoffnung erfüllen kann. Natürlich wird eine solche Vorstellung niemals dasselbe Gefühl und Empfinden herrufen können wie die tatsächlich gemachte Erfahrung, aber diese geistige »Beschaffung« eröffnet uns den Zugang zu diesen Emotionen, die uns ins Handeln bringen. Ein Teil dieses Handelns liegt darin, Szenarien zu entwerfen, die nicht darauf spekulieren, dass bestimmte Folgen mit Sicherheit eintreten werden, sondern die der Veranschaulichung von Möglichkeiten, die folgen könnten, dienen. Kurz: Im Rahmen einer neuen Zukunftsethik geht es um die Bereitschaft, sich vom Unheil (oder den Chancen) kommender Generationen affizieren zu lassen, indem wir lernen, uns eine Vorstellung davon zu machen.

Wie genau lässt sich aber eine solche Vorstellung entwickeln?[25] Wie kommen wir von einer Wette oder einer Prognose zu einem umfassenden Bild, einer Vision dessen, was Zukunft werden soll und auch werden darf? Die Aufgabe, die Welt nicht nur nach den eigenen Vorstellungen zum Guten zu verändern, sondern sie auch moralisch zur bestmöglichen Version ihrer selbst zu entwickeln – wissend, dass wir über diese Version niemals werden Einigkeit herstellen können –, zieht sich in vielfältigen Entwürfen durch die moderne Geistesgeschichte. Seit Beginn der Neuzeit finden sich immer wiederkehrende Entwürfe solcher idealen Gemeinschaften, beginnend wohl mit dem egalitären Inselreich Utopia, das Thomas Morus 1516 in seinem Werk als bestmögliche und ideale Welt heraufbeschwor. Der Entwurf utopischer Zukunftswelten ist also durchaus keine Erfindung des 21. Jahrhunderts und war zu allen Zeiten ein riskantes Stochern im Nebel der Möglichkeiten. Karl Marx, ein Utopist, der es wissen muss, schrieb 1881 in einem Brief an den niederländischen Sozialisten Ferdinand Domela Nieuwenhus: »Was in einem bestimmten, gegebenen Zeitmoment der Zukunft zu tun ist, unmittelbar zu tun ist, hängt natürlich ganz und gar von den gegebenen historischen Umständen ab, worin zu handeln ist. Jene Frage aber stellt sich in Nebelland, stellt also in der Tat ein Phantomproblem, worauf die einzige Antwort – die Kritik der Frage selbst sein muß. Wir können keine Gleichung lösen, die nicht die Elemente ihrer Lösung in ihren Data einschließt.«[26]

Das ist das Kernproblem eines Umgangs mit einer Zukunft, die wir nicht kennen können und die damit ganz im Sinne des »Utopischen« ohne einen konkreten Ort auskommen muss, den wir ansteuern können – und dennoch können wir uns eine Vorstellung von einem möglichen Ort machen. Wie also entwerfen wir eine solche Vorstellung der Zukunft, die sich aus den gegebenen Möglichkeiten heraus verwirklichen lassen könnte – aber nicht zwingend muss, sondern ihre Offenheit behält? Welche Wirklichkeit soll real werden, und vor welcher Realität der Zukunft wollen wir die Menschen von morgen bewahren? Das Problem an einer Konzeption des Neuen, das wir brauchen, um auf die Fehler des Alten zu antworten, ist, dass wir das Neue oft schlicht nicht denken können – es ist weder wirklich noch real. So scheint es, als ob wir derzeit an einer Zukunft arbeiten, die sich eher einer Wiederbelebung des Alten widmet: mehr Nostalgie als Utopie. Diese These vertritt der Philosoph Zygmunt Bauman in seinem Buch *Retrotopia*.[27] Seit Beginn dieses Jahrhunderts scheint der Glaube immer größer zu werden, dass die Ideen der Vergangenheit die besseren waren und dass sie für neue Visionen sorgen sollten, obwohl uns ja gerade auch diese Ideen offensichtlich an den Rand möglicher Katastrophen geführt haben.

Aber wir brauchen tragfähige Bilder einer Welt, in der wir und die uns nachfolgenden Menschen leben können und wollen, und nicht allein einen Blick in das Alte, was wir schon kennen, sondern eine Transformation des Bekannten in etwas anderes. Was kann die Wirklichkeit einer möglichen Realität der Zukunft oder gar der Zukünfte sein, für die wir heute schon sorgen können? Und wo sind die Räume und Orte, in denen wir darüber nachdenken, sie entwickeln können? Orte neben den technologischen und universitären Institutionen wissenschaftlicher Forschung, die notwendige Lösungen erarbeiten, aber darum nicht unbedingt gleichzeitig Antworten für eine notwendige Zukunftsethik mitliefern können. Auch für solche interdisziplinären Nachdenk-Orte gibt es viele große und kleine Beispiele: In Berlin dreht sich seit Kurzem im »Futurium« alles um die Frage, wie wir leben wollen – jetzt und in Zukunft; in Hamburg gründet sich gerade »The New Institut«, um in interdisziplinären Forschungsprojekten über genau diese Fragen nachzudenken; und in Frankfurt widmet sich die Denkfabrik »Zentrum für gesellschaftlichen Fortschritt« Fragen gesellschaftlicher Lebensqualität und Zukünfteentwicklung.[28] Es gibt akademische Ringvorlesungen und internationale Tagungen, Stiftungen, die konkrete Projekte unterstützen, Bücher und Podcasts zum Thema usw. – aber woraus entsteht Zukunft? Was ist ihr Material, woraus spinnen sich die Fäden von dem, was war, zu dem, was ist, wenn es nicht die reine Nachahmung oder das Aufpolieren des Alten ist?

Wenn wir nicht wiederholen wollen, was war, dann geht es darum, einen Transformationsprozess voranzutreiben, der das, was wir kennen, zu etwas Neuem macht, indem er es auf mögliche Kontexte und Gegebenheiten in der Zukunft beziehen lernt. Die Schriftstellerin Siri Hustvedt ist überzeugt, dass dieser Prozess für uns Menschen überlebenswichtig ist: »Wir erleben das Jetzt nicht als eine Reihe von Punkten auf einer Linie. Wir zerren vielmehr die unmittelbare Vergangenheit durch die Illusion der Gegenwart und projizieren unsere Erwartung auf die direkte Zukunft. Menschen können nicht leben ohne eine Vorstellung von der Zukunft.«[29] Zukunft gelingt also nicht aus der Retrospektive, ist aber dennoch auf die Vergangenheit angewiesen. Sie ist mehr als eine mögliche Erzählung oder ein über die Gegenwart hinausreichendes Ideal in Form einer utopischen Vision: Sie ist das, was aus einem verantwortlichen Umgang mit dem eigenen Erleben in der Vergangenheit möglich wird.

Daraus entstehen Versprechen, die wir an die Zukunft richten können, die uns aber auch zu Fragen an die Vergangenheit auffordern. Wir können aus Fehlern der Vergangenheit lernen und tragen die Verantwortung dafür, dass dies ein lebendiges Anliegen bleibt. Manche Katastrophen der Vergangenheit machen uns das überaus deutlich, und gerade Deutschland trägt hier eine schwere historische Verantwortung. Andere historische Entscheidungen sind weniger klar, wie etwa die Geschichte der frühneuzeitlichen Entdeckungsreisen, die unser Bild der Welt erweitert, Menschen und Kontinente miteinander verbunden, aber auch großes Leid über die indigenen Völker gebracht haben. Wenn wir herausfinden wollen, welches Streben und welche Neugier angemessen sind, um Vorstellungen einer Welt zu entwerfen, die wir verantworten können, müssen wir das kräftigen, was unseren gegenwärtigen Blick für unsere innere Haltung schärft, die wir immer mitbringen, wenn wir uns der Zukunft nähern.

Der Geist menschlicher Klugheit in einer technischen Welt

Fragen wir uns also nach dem Bild, das wir uns von der Welt machen – in der Gegenwart ebenso wie in der Zukunft. Trotz des gewaltigen Fortschritts, der in ihr stattgefunden hat, oder gerade seinetwegen mag uns die Welt als ein Ort voller Unsicherheiten, Erschütterungen und dunkler Zukunftsszenarien erscheinen, die wir durch unser Handeln mit heraufbeschworen haben. Der Philosoph Hans-Georg Gadamer, einer der wichtigsten Vertreter der philosophischen Hermeneutik, fragt so auch im Rückblick auf sein großes Werk *Wahrheit und Methode*: »Könnte es nicht sein, dass der technologische Traum, den unsere Gegenwart hegt, wirklich ein Traum ist? Denn die immer schnellere Abfolge von Veränderungen und Umgestaltungen, die unsre Welt erfüllt, hat tatsächlich, gemessen an den bestandhaften Wirklichkeiten unseres Lebens, etwas Phantomhaftes und Unwirkliches. Bewusstmachung dessen, was ist, könnte gerade dies zu Bewusstsein bringen, wie wenig sich die Dinge ändern, gerade wo alles sich so radikal zu verändern scheint. Daraus folgt keineswegs ein Plädoyer für die Aufrechterhaltung der bestehenden Ordnung (und Unordnung). Es handelt sich vielmehr um eine Berichtigung unseres Bewusstseins, das wieder lernen könnte, hinter dem, was sich ändert und was man verändern kann und soll, das Unabänderliche und Wirkliche zu gewahren.« Damit meint Gadamer keine Instanz, Wesenhaftigkeit oder Autorität, sondern die organischen Bedingungen des Lebens wie Geburt und Tod, Jugend und

Alter, Heimat und Fremde, Bindung und Freiheit. Diese Wirklichkeiten bemessen den »Spielraum, innerhalb dessen Menschen planen können, und stecken die Grenzen für das, was ihnen gelingen kann«.[30]

Um sich in diesem Spielraum bewegen und auch mit der eigenen möglichen Begrenztheit umgehen zu lernen, sich aber dennoch in den gegebenen Bedingungen auf eine Zukunft ausrichten zu können, bedarf es nicht nur der Kraft der Verantwortung, des inneren *moral sense* und der Stärkung der eigenen Vorstellungskraft, sondern auch der modernen Variante einer antiken Tugend, die uns den Umgang mit Komplexität erleichtert: einer Klugheit, die uns besonnen und maßvoll handeln lässt, um gerade deshalb unsere Möglichkeiten bestmöglich zu nutzen.

Schon bei Aristoteles gilt die Klugheit als wesentliche Tugend für ein gelingendes Leben.[31] Er definiert die *phrónesis* recht schlicht als »ein mit richtiger Vernunft verbundenes handelndes Verhalten in Bezug auf das, was für den Menschen gut oder schlecht ist«. Ein kluger – bei Aristoteles auch ein trefflicher – Mensch weiß nicht nur, was gut ist, sondern auch, welche Mittel er braucht, um das Gute zu erreichen; und das, was ihn dazu befähigt, ist seine Vernunft, kritisches Denken und ein Bezug zu dem, was in der eigenen Macht steht. Klugheit unterscheidet sich in dieser Denktradition von Intelligenz oder Bildung immer durch ihren Blick für den Kontext, das notwendig situative Verhalten, das nicht zwingend zu einer Lösung führt, aber aus guten Gründen eine Richtung einzuschlagen weiß. Vor dem Hintergrund der beständigen Verunsicherung und Sorge wird uns also eine neue Art der Klugheit nötig, die nach Weisheit strebt, weil sie um die Grenzen ihres Wissens weiß, eine menschliche Demut vor der exzessiven Größe unserer menschlichen Macht. Hans Jonas fordert als logische Folge zu einer »verantwortlichen Zurückhaltung« auf: »Unwissen über die letzten Folgen« unseres Tuns sei der notwendige Grund dafür, der »zweitbeste nach dem Besitz von Weisheit«.[32]

Wenn Jonas also diese Form der Zurückhaltung als ethische Verpflichtung anmahnt, dann kann und sollte das nicht nur individuell, sondern auch als Grundlage jeder kollektiven Ethik auf gesellschaftlicher Ebene gelten. Dort, wo politische Entscheidungen getroffen werden, muss auch ein Gremium vertreten sein, das die Interessen der Zukunft auf *kluge* Weise zu vertreten in der Lage ist, um nicht von den Interessen einer Gegenwartspolitik überhört oder abgewiegelt werden zu können: »Die Zukunft ist in keinem Gremium vertreten, sie ist keine Kraft, die ihr Gewicht in die Waagschale werfen kann«[33], so befürchtet Hans Jonas. Das hat sich geändert, auch wenn die Frage danach, wer das Mandat beanspruchen kann, für die Zukunft und die Zukünfte zu sprechen, weiterhin nicht klar ist, wie wir von Udo Di Fabio gehört haben. Dennoch: Die junge Generation macht sich auf den Weg und beansprucht zu Recht, ihr Gewicht in die Waagschale zu werfen, damit wir sie mit ihren Ansprüchen und Bedürfnissen nicht weiter ignorieren können. Sie fordert klare Haltungen, Standpunkte und weist Verantwortung zu, weil es eben nicht mehr ausreicht, uns gegenseitig keinen sichtbaren Schaden zufügen zu wollen, sondern wir uns klar werden müssen, dass diese Schäden längst vor unser aller Augen geschehen. Nicht spürbar für jeden von uns, aber in Zahlen doch durchaus abzubilden. Peter Singer macht auf Verlautbarungen der Weltgesundheitsorganisation aufmerksam, die besagen, dass die Erwärmung des Planeten bereits im Jahr 2004 140 000 zusätzliche Todesfälle zur Folge hatte – verglichen mit der Zahl an Todesfällen, die zu erwarten gewesen wären, wäre die Durchschnittstemperatur gegenüber dem Zeitraum zwischen 1961 und 1990 gleich geblieben.[34] Wenn wir die Empörung und Aufregung in anderen politischen Kontexten vergleichen, verhalten wir uns zu diesen Zahlen seltsam unbeteiligt. Aber um daran etwas zu ändern, sind mehr als Proteste notwendig, vielmehr brauchen wir die Möglichkeit, die Menschen auch durch tatsächliches Erleben mit diesen Erkenntnissen in Berührung zu bringen. Erst dann können wir uns der grundlegenden Frage stellen, »welche Einsicht oder welches Wertwissen (…) die Zukunft in der Gegenwart vertreten« soll.[35]

Wenn wir darauf sowohl kurz- als auch langfristig eine Antwort finden wollen, brauchen wir eine moderne Form der Klugheit. Denn in der volatilen, unsicheren, komplexen und mehrdeutigen Welt,[36] in der wir leben, geht es gerade deswegen darum, klug zu handeln, weil wir die genauen Mittel und Wege nicht kennen. Diese neue Unübersichtlichkeit, die nicht nur Hans Jonas, sondern auch Jürgen Habermas in den 1980er Jahren beobachtete,[37] zeigt, dass Gleichzeitigkeit und Gegenläufigkeit vollkommen normale Erfahrungen der modernen Lebenswelt sind – eine Einschätzung, zu der sie schon gelangten, bevor die virtuellen Welten einer digitalisierten Umgebung ihre disruptiven Kräfte entfalteten. Wie wir diese Entwicklung einschätzen, ist davon abhängig, welche Erwartungen und Vorstellungen wir an eine lebendige Lebenswelt stellen. Dass an diesem Punkt Welt- und insbesondere Menschenbilder miteinander ringen, ist ebenfalls Teil einer historischen Entwicklung, in der sich die sozialen Folgen technischer Veränderungen zeigen – das erleben wir zwar schon seit Jahrhunderten, vielleicht Jahrtausenden, aber nie zuvor hat sich unsere Welt so schnell so fundamental verändert.[38]

Schon im 19. Jahrhundert zeigte sich im Rahmen der industriellen Revolution eine grundlegende Veränderung der menschlichen Lebenswelt. So beobachtete z. B. der Soziologe und Kulturphilosoph Georg Simmel Ende des 19. Jahrhunderts in seinem Aufsatz *Die Großstädte und das Geistesleben*[39] die Entstehung eines neuen Menschentypus, der sich infolge der wachsenden Technisierung der Welt in einer eigenartigen Mischung aus Zerstreuung und geistiger Blasiertheit in sein Privatleben zurückzog – eine Entwicklung, die wir aktuell ebenfalls beobachten, wenn wir uns die zeitgeistige Suche nach Inseln der privaten Selbstfindung anschauen. Daraus spricht aber nicht die Klugheit einer antiken Selbstsorge, sondern eine moderne Form der Selbstbespiegelung und Optimierung, die sich allein auf das Eigene zu beziehen versucht. Die Tendenzen, die Simmel beschreibt, sind ganz ähnlich, also haben wir es derzeit wohl weniger mit einem Problem des 21. Jahrhunderts zu tun, sondern eher mit einer menschlichen Reaktion auf Veränderung und mögliche Überforderung, die jeden Paradigmenwechsel begleiten.

In seinem Hauptwerk *Die Philosophie des Geldes*[40] sieht Simmel einen solchen Wechsel der Paradigmen wirksam werden, den die Menschen nur schwer zu denken in der Lage waren: die Auflösung des Substanziellen zugunsten einer beständigen Offenheit in der Interaktion. Damit beschreibt Simmel aber keinen Prozess des Verfalls oder des Untergangs, sondern einen, der dem Prinzip des Lebendigen, jeder kreativen und schöpferischen Form von Entwicklung ohnehin entspricht. Fast hellsichtig prognostizierte Simmel hier einen geistigen Wandel: weg von einem Denken in substanziellen Zuständen, die nur in einem kausalen, linearen Denken möglich sind, hin zu einem *prozesshaften* Denken, das in der Lage ist, das Schwebende, das *Dazwischen* in seine Lebenswelt zu integrieren, ohne dabei den Boden unter den Füßen zu verlieren. Gedanken, die uns heute mindestens so sehr beschäftigen und die auf Menschen treffen, die ebendiesen Prozess zu gestalten in der Lage sind.

Der Soziologe Dirk Baecker spricht heute von der vierten »Medienepoche der Menschheitsgeschichte«[41]: Die erste war die Epoche der Mündlichkeit. Dann folgte die Epoche der Schriftlichkeit, darauf die des Buchdrucks, und nun sind wir mitten in der Phase der Digitalisierung. Oralisierung, Alphabetisierung und Literarisierung haben wir hinter uns, aber sie sind Teil von dem, was ist und noch kommen wird. Die technischen Möglichkeiten eröffnen heute aber neben neuartigen Formen der Kommunikation und des Austauschs von Informationen auch Entwicklungen, die deutlich tiefer greifende und existenziellere Fragen aufrufen, weil sie tatsächlich die Grenze dessen verschieben, was wir als menschlich bzw. als natürlich oder als künstlich zu unterscheiden versuchen. Aus diesem bekannten Dualismus beginnt sich eine eigene, neue Kategorie auszubilden, die über das Menschliche hinausgehen könnte. Und genau das führt uns zurück zur Notwendigkeit einer modernen Form menschlicher Klugheit, durch die wir uns dessen vergewissern, was in Zukunft das sein soll, was wir als menschlich, aber auch als natürlich und lebendig von anderen, von künstlichen Lebensformen abgrenzen wollen.

Es gibt durchaus Stimmen, die in der Überwindung eines dualistischen Weltbildes, das die Technik als Bedrohung und das Menschliche als das Gute und Erhaltenswerte sieht, die eigentliche Lösung erkennen wollen. Ein Beispiel dafür sind die Thesen des Amerikaners James Lovelock,[42] der in der Verbindung des dummen Menschen mit klugen Cyborgs eine wunderbare Möglichkeit sieht, um gemeinsam den Planeten zu retten. Darin eröffne sich die evolutionäre Weiterentwicklung zu einer neuen Form der »Hyperintelligenz«, die Lovelock bereits Mitte der 1970er Jahre gemeinsam mit der Mikrobiologin Lynn Margulis als *Gaia-Hypothese* beschrieben hat. Diese besagt, dass die Erde und die gesamte Biosphäre als organische Gesamtheit gesehen werden müssen – als ein eigenes Lebewesen. Nur diese Gesamtheit bilde die Grundlage für die Entwicklung von Leben und die Evolution komplexer Organismen. Der Gaia-Hypothese liegt das holistisch gedachte Prinzip der Selbstorganisation zugrunde, durch das sich die Dynamik des Lebens weiterentwickeln und gleichzeitig die Biosphäre stabilisieren könne. Könnten wir Hans Jonas an dieser Stelle nach einer ethischen Einschätzung fragen, so würde er James Lovelock möglicherweise vorwerfen, ihm fehle in seiner Stoßrichtung der Umgang mit den »Heuristiken der Furcht«, selbst wenn wir daran glauben wollen, dass die evolutionäre nächste Stufe eine Verbindung des Menschlichen mit dem Technischen ist (oder diese Stufe bereits erreicht ist[43]).

So bleiben Modelle wie die einer glänzenden Zukunft eines sich selbst in der Technik überwindenden Menschen selbstverständlich auch nicht unwidersprochen. Die Lager sind geteilt, resümiert auch Baecker: »Die einen hoffen, dass das Projekt der Digitalisierung die Voraussetzungen dafür schafft, dass das Projekt der Moderne fortgeführt werden kann, indem es die Instrumente bereitstellt, die den Zugang aller zu allen Bereichen der Gesellschaft ermöglichen. Die anderen befürchten, dass es das Projekt der Moderne auf perverse Weise beendet, indem die Teilnahme aller an der Gesellschaft nicht mehr eine Frage der individuellen Entscheidung, sondern der kollektiven Erfassung ist.«[44]

Der Blick für das, was möglich ist, bedarf aber in beiden Lagern auf gleiche Weise der modernen Klugheit und einer Verantwortungspraxis, die ihre Taten mit Bedacht wählt. Hans Jonas würde sicher gerade heute für ein »Gebot der Bedächtigkeit«[45] plädieren, das sich kritisch mit jeder Form von technischem Fortschrittsoptimismus auseinandersetzt und der Unheilsprophezeiung mehr Gehör schenkt als einer Heilsprophezeiung im Sinne James Lovelocks, wobei auch Jonas die Hoffnung nicht aufzugeben bereit ist: »Es ist das Gebot der Bedächtigkeit im Angesicht des revolutionären Stils, den die evolutionäre Entweder-Oder-Mechanik im Zeichen der Technologie, mit dem ihr immanenten und der Evolution fremden ›aufs Ganze gehen‹, annimmt.« Diese Bedächtigkeit, bzw. die Fähigkeit der sich abgrenzenden Verneinung um ein Ja zu ermöglichen, folgt aus dem Gebrauch der Klugheit, die sich verantwortungsvoll um das sorgt, was nach dem eigenen Tun kommt, und so der Dynamik der technischen Entwicklung etwas entgegensetzt. Jonas sieht das »selbsttätige Momentum« technischer Entwicklungen als größte Herausforderung, wenn die Geister, die wir riefen, ebendieses »Wollen und Planen der Handelnden« einfach überflügeln.[46] Bedächtigkeit meint hier also auch, bewusst zu entscheiden: Welche Anfänge wollen wir machen? Und wir sollten diese Anfänge mit Bedacht wählen, um das Erbe, das wir einer vorangegangenen Evolution verdanken, nicht gedankenlos aufs Spiel zu setzen – es ist verlierbar. Für manche Wagnisse haben wir schlicht zu viel zu verlieren: Allein technischer Kompetenz zu vertrauen, ohne eine ihr übergeordnete Autorität, bedeutet, möglicher Verantwortungslosigkeit unser Schicksal zu überlassen. Worauf aber sollte sich eine solche Autorität stützen?

Jonas sah schon sehr zu Recht in den 1970er Jahren eine Dynamik entstehen, die den Abstand zwischen Alltäglichkeiten und möglichen Endperspektiven schrumpfen ließ: Das, was wir uns heute noch nicht vorstellen können, ist möglicherweise schon sehr bald real. Und ebendieses Möglichsein benötigt heute eine Weisheit, die wir nicht haben – und an die wir nicht glauben. Hier, so

Jonas, fehlt dem modernen Menschen der Zugang zu einem Kontext, auf den er auch in allem, was möglich ist, angewiesen bleibt: »Wir haben Weisheit am nötigsten gerade, wenn wir am wenigsten an sie glauben.«[47]

Worauf aber sollte diese Weisheit gründen, welches Zutrauen können wir überhaupt darin haben, dass wir als Menschen zu dieser Haltung fähig sind? Hans Jonas' Antwort klingt auf paradoxe Weise idealistisch: Er vertraut auf »die Zulänglichkeit unseres innerweltlichen Gewordenseins«.[48] Diese Zulänglichkeit will er als Autorität anerkannt wissen, hier spricht also der feste Glaube an eine Menschennatur, die grundsätzliche Wahrheiten verstehen, Werturteile fällen und Freiheit gestalten und erhalten kann. Auch in der Ausbildung dieser ganz innerweltlichen Autorität liegt für Jonas ein Fortschritt, der aber, anders als der technische oder wissenschaftliche, ein geistiger ist und immer weiter sein muss. Der Bonner Philosoph Markus Gabriel spricht hier von einem möglichen moralischen Fortschritt. Dieser Fortschritt der menschlichen Natur dürfe nicht in den Schmelztiegel technischer Neuerungen geworfen oder gar mit ihm verschmolzen werden – sondern müsse gerade dagegen verteidigt werden.[49]

In diesem Bild und bezogen auf unsere Frage nach einem klugen und verantwortlichen Umgang mit den Möglichkeiten des technischen Fortschritts, müssen Innovationen eine Bedingung der Möglichkeit für das bleiben, was wir als das Gute anstreben wollen – ein Rahmen für die Vision, die wir einer gemeinsamen Zukunft geben möchten. Oder um es mit dem Informatiker und Künstler

Jaron Lanier zu sagen: »Wir sollten zum Nutzen zukünftiger Generationen über die digitalen Schichten nachdenken, die wir jetzt legen. Wir sollten zuversichtlich sein, dass die Zivilisation dieses voller Herausforderungen steckende Jahrhundert überleben wird. Und wir sollten einige Mühe darauf verwenden, die bestmögliche Welt für die Menschen zu schaffen, die das Erbe unserer Bemühungen antreten werden.«[50]

Der zuversichtliche Blick in die Zukunft: Eine Aufgabe menschlicher Vorstellungskraft

Wagen wir also, diese grundsätzlichen Fragen zu stellen: Welche Schichten wollen wir legen, welche Fundamente und Grundlagen, und was soll in Zukunft daraus werden? Denken wir darüber nach, warum wir welchen Anfang machen wollen. Dazu gehört das bedächtige Abwägen und ein Denken, das sich zu Risiken und Heuristiken der Furcht bekennt, aber es gehört auch der Mut dazu, aus guten Gründen ein Wagnis einzugehen und Vorstellungen in die Tat umzusetzen, die wir ins Offene hinein entwickeln, ohne damit die eigene Zukunft zu verspielen.

Wie aber machen wir uns eine Vorstellung von etwas, das noch nicht ist und vielleicht auch nicht aus den gegebenen Umständen abgeleitet oder aus der Vergangenheit extrapoliert werden kann? Ein anschauliches Beispiel, wie sich in einem solchen Bild der Zukunft Vorstellungskraft, Wissen, Können und Risikobereitschaft vermengen, stammt aus dem Jahr 1829. In diesem Jahr begann die Arbeit an den Plänen, eine 580 km lange Eisenbahnstrecke von Wien nach Triest quer über die Alpen zu bauen. Das Unterfangen war überaus anspruchsvoll – besonders aus einem Grund: Ein extrem steiles Stück der Strecke führte über den Semmering-Pass und schien für die damaligen technischen Möglichkeiten unüberwindlich zu sein. Die Formation zu umfahren, schien keine interessante Alternative, weil dann andere wichtige Stationen nicht per Bahn hätten erreicht werden können. 1841 waren dann vier verschiedene Trassen ausgearbeitet, über die zumindest die Gleise über den Semmering hätten verlegt werden können. Es gab aber ein weiteres Problem: Keine zu der Zeit existierende Lokomotive war in der Lage, ein solch steiles Stück im Gebirge zu bewältigen. Carl Ritter von Ghega, der damalige Bauleiter, hielt dennoch an den Plänen fest, zuversichtlich, dass sich eine Lösung finden werde, wenn nur klar wäre, welchen Ansprüchen eine solche Gebirgsbahn gewachsen sein müsse. Ein Wettbewerb sollte die besten Ideen zusammenbringen; aus ihm ging die Münchner Lokomotive *Bavaria* als Siegerin hervor, die dann später zu einer weltberühmten Gebirgsbahn weiterentwickelt wurde: Die Semmering-Bahn wurde erfolgreich fertig gestellt – ein Ziel, das ohne die Zuversicht eines Einzelnen in noch nicht geahnte Möglichkeiten unmöglich geblieben wäre, ohne die Vorstellungskraft und den Mut, einfach einen Anfang zu machen.

Das war wirklich groß gedacht – so groß, wie wir es im Alltag selten tun. Was also erzählt dieses Beispiel all jenen, die wissen, dass sich etwas ändern muss, aber nicht so recht wissen, was und wie? Der Ritter von Ghega war Ingenieur und kein Philosoph, aber die Kühnheit seiner Pläne und die vielfachen Hindernisse in der Durchführung erinnern daran, dass auch das Wagnis des Denkens zu Höhenflügen ermuntert, oft aber durchaus strapaziös und mühsam sein wird. Gerade die Philosophie macht es sich zur Aufgabe, im Denken immer wieder einen neuen Anfang zu finden; sie ermutigt uns, uns selbst als Denkende ein Anfang zu sein. Wir sind schöpferische und kreative Wesen, die sich ihrer Fähigkeiten bewusst werden können. Dieser Anfang – der Blick auf das Neue, das andere, das Offene und Unberechenbare – ist nicht immer leicht. Oft braucht es Erschütterungen und Krisen, Grenzerfahrungen und existenzielle Verunsicherungen, um einen Anfang zu machen. Aber manchmal ist auch ein Wort, ein Gespräch, ein Lächeln der zarte Anfang, der etwas möglich macht, von dem man dachte, es wäre verloren, vergessen, versteckt – oder eben unmöglich. Und doch gelingen immer wieder solche vermeintlich unmöglichen Aufbrüche, die darauf angewiesen sind, dass wir nicht aufhören, nach Antworten zu suchen, Verantwortung zu übernehmen im wortwörtlichen Sinne. Der Soziologe und politische Berater Armin Nassehi sagte in einem Interview, es mache ihm Hoffnung, »dass es immer wieder zu Lösungen kommt, die vorher keiner kannte. Fast alles, was wir in dieser Gesellschaft gut finden, hat vorher niemand so entworfen, wie es dann gekommen ist.«[51]

Als Quelle für wahre Zuversicht scheint diese Einsicht zu wenig zu sein, aber in ihr liegt neben dem Zutrauen in die menschlichen Fähigkeiten das Vertrauen auf etwas, das uns dabei zu Hilfe kommt – ohne dass wir dabei an eine übergeordnete Instanz zu glauben brauchen. Vertrauen haben und brauchen wir immer dann, wenn wir nicht wissen können, aber aus gutem Grund hoffen wollen. Es ist eine Vorleistung, die wir erbringen müssen, um die Offenheit eines Prozesses zu gestalten, an den wir glauben: das Ja, von dem Hans Jonas spricht, das der Existenz den Vorrang vor der Nichtexistenz geben möchte.

Aber was ist es, das Hoffnung stiften kann, wenn wir vor lauter Unsicherheit und Furcht dem Boden unter unseren Füßen nicht mehr trauen? Dann hilft uns vielleicht das Bild der Lyrikerin Hilde Domin, die in einem ihrer bekanntesten Verse den Fuß in die Luft setzte und – »siehe da, sie trug«. Der Mut zu einem Wagnis, einem existenziellen »Sprung« wie es der dänische Philosoph Sören Kierkegaard nannte: Dahinter steht nicht der Mut der Verzweiflung oder ein leichtsinniges Wettspiel, sondern die Notwendigkeit, den Glauben an das Gute nicht aufzugeben, solange es Zeichen für seine Möglichkeit gibt. In einer verunsicherten Zeit wie der unseren heißt dies, mit Risiken leben zu lernen, die eigene Kompetenz und Intelligenz in Sachen Risikowahrnehmung zu schulen und sich gleichzeitig darin zu üben, diese Risiken immer ins Verhältnis zu den Möglichkeiten zu setzen, die wir in den Blick nehmen wollten. Dieses Können ganz im Sinne der antiken philosophischen Tugenden als beständige Übung zu verstehen, damit wir nicht verzweifelt hoffen oder blind vertrauen, ist immer machbar. Und es stellt sich gegen die schrecklich verführerischen Narrative von Endzeitszenarien oder Apokalyptiken: Wir müssen sie nicht glauben, weil der Untergang ebenso wenig vorhersehbar ist wie die Rettung – zumindest noch.

Ebendieser Umstand stiftet etwas sehr Wesentliches: die Möglichkeit, zuversichtlich zu bleiben, ohne sich Lösungen herbeizuträumen. Zuversichtlich zu sein, zeigt sich in einer begründbaren hoffnungsvollen Haltung, mit der wir in der Lage sind, uns einen Überblick über die zur Verfügung stehenden Handlungsoptionen zu verschaffen. Voller Zuversicht lassen sich klare Entscheidungen treffen, wird klar, welche davon in welcher Reihenfolge verwirklicht werden sollen, um sich mit der immer wieder beschriebenen Mischung aus festen Strukturen und der notwendigen Offenheit für Veränderungen an die Umsetzung der eigenen Ideen zu machen.[52] In seinem Buch *Zuversicht*[53] unterscheidet der Wissenschaftsjournalist Ulrich Schnabel den rein optimistischen Blick von dieser Haltung der Zuversicht. Eine zuversichtliche Art, in die Zukunft zu schauen, bezieht das, was ist, mit ein, und hält nicht ohne Wenn und Aber an dem Glauben fest, dass alles gut wird. Man muss darin nicht zwingend einen Gegensatz sehen, denn das Optimum ist kein Zustand der Perfektion, sondern das, was unter gegebenen Umständen das Bestmögliche sein kann. Und das wiederum ist wohl immer ein Kompromiss, der auf Einigung der Beteiligten angewiesen ist bzw. sich an dem ausrichtet, was wir für eine unverhandelbare Regelung des Guten halten. Einen Weg über die Alpen finden wir nur, wenn wir unsere Hoffnung mit unserem Wissen und unserer Vorstellungskraft ins Gespräch bringen, innerlich wie äußerlich dialogisch kooperieren und uns dem widmen, *was der Fall ist.*

Fragen wir uns also erneut: Wie schärfen wir unsere Vorstellungskraft – auch über das denkende Suchen nach wissenschaftlichen und technischen Lösungen und Antworten hinaus? An wen wenden wir uns, wenn wir Bilder und Zusammenhänge für das suchen, was wir uns als zukünftig möglich vorstellen können? Wie imaginieren wir, was zu einer lebenswerten Zukunft beitragen könnte, um zu wissen, wofür wir auch im Guten verantwortlich sein, wie wir die Kraft der Verantwortung nutzen können? In einem Artikel, der mitten in der Coronakrise nach Möglichkeiten des Trostes fragte, überlegte der Autor Lars Weisbrod,[54] ob wir an diesem Punkt der Verunsicherung wohl auf eine besondere Form von *science fiction* angewiesen sein werden: einer fiktionalen Wissenschaft, einem Narrativ zukünftiger Erzählungen, so wie bei Carl Sagan, der sich als weltberühmter Astronom auch der Suche nach außerirdischem intelligenten Leben widmete und neben preisgekrönten populärwissenschaftlichen Sachbüchern auch den Roman *Contact* schrieb, der mit Jodie Foster in der Hauptrolle verfilmt wurde. Weisbrod folgt der Erklärung von Dietmar Dath, wonach sich Science-Fiction an die Grenze zwischen »Möglichkeit und Denkbarkeit« heranwagt und damit einen sehr nötigen Impuls gibt: »Die Science-Fiction funktioniert, egal wo man sie anschließt, als ein erkenntnistheoretischer Apparat, der unseren Verstand entlastet, wenn der an seine Grenzen stößt. Sie ist ein Beatmungsgerät fürs Denken.«

Ergänzen wir diesen Gedanken um die geistige Beatmung, die durch die verantwortungsvolle Klugheit philosophischer Praxis hinzukommen könnte, dann wären ein paar Vorstellungen für das, was die Heuristiken einer »vergleichenden Futurologie« im Sinne Hans Jonas' ausmachen könnten, auf einem guten Weg. Wie atmen wir also durch für das, was kommen könnte? Der Zukunfts- und Trendforscher Matthias Horx veröffentlichte im März 2020 einen Text, in dem er sich der Frage widmete, wie die *Welt nach Corona* aussehen könnte: »Ich werde derzeit oft gefragt, wann Corona denn ›vorbei sein wird‹ und alles wieder zur Normalität zurückkehrt«, so Horx. »Meine Antwort: Niemals. Es gibt historische Momente, in denen die Zukunft ihre Richtung ändert. Wir nennen sie Bifurkationen. Oder Tiefenkrisen. Diese Zeiten sind jetzt.«[55]

In solchen Momenten erleben wir die Welt als Katastrophe, als existenzielle Erschütterung – oder als fragende Herausforderung, die uns aber nicht zwingend in Verzweiflung stürzen muss. Welche guten Gründe sprechen für oder gegen diese These? Die Ökonomin und Transformationsforscherin Maja Göpel rät dazu, die Welt wahrhaftig neu denken zu lernen und sich zu fragen, welche Denkmodelle und Argumente weiterhin tragend sein sollten und welche nicht. Gerade durch die und nach den Erfahrungen der Pandemie eröffnen sich dafür völlig neue Möglichkeiten, und diese sind fernab jeglicher Science-Fiction-Szenarien bereits erprobt und erlebt. Göpel listet grundlegende Argumente auf, die nach der Coronakrise schlicht nicht mehr funktionieren können, weil wir gesehen haben, dass die Welt sich auch auf andere Weise drehen kann, ohne unterzugehen:[56] Offenbar schaffen es

Menschen in Krisenzeiten, sich einzuschränken und weniger zu verbrauchen – wie steht es also mit dem Glaubenssatz des beständig notwendigen Wachstums? Auch der unwidersprochene Glaube an die Globalisierung als Wert an sich ist derzeit außer Kraft gesetzt, argumentiert Göpel. Regionale Bezüge standen und stehen tatsächlich neu im Fokus und sind nicht nur Wegweiser zu normativen Möglichkeiten. Das politische Credo »Global denken, regional handeln« wurde und wird tatsächlich erlebbar. Dabei muss regionaler Protektionismus z. B. eben nicht nur beschränkend sein, sondern kann Entscheidungen ermöglichen. Nehmen wir solche Alternativen wahr, gelingt es, dass wir nicht mehr fragen, was unter den gegebenen Regeln möglich oder eben unmöglich ist, sondern wir hinterfragen die Regeln selbst. Daraus entstehen andere Handlungsoptionen und möglicherweise neue Felder für Zuversichtlichkeit.

Ist dies also die neue Spielwiese einer angewandten Science-Fiction, die aus dem, was ist, etwas anderes zu denken versucht? Der Philosoph Georg Wilhelm Leibniz war schon an der Wende zum 18. Jahrhundert überzeugt, wir lebten zu jeder Zeit in der bestmöglichen aller Welten,[57] und meinte damit nicht, dass es keine bessere Welt geben kann als die, die wir vorfinden, sondern dass sie uns als ein Potenzial zur Verfügung steht, aus dem wir das Bestmögliche machen können. Wenn wir etwas für und in dieser Welt erreichen wollen, dann bleibt uns nichts anderes übrig, als sie voller Tatkraft und Zuversicht zu gestalten – mit ebenden Mitteln, die wir haben.

Hans Jonas schlug eine neue Form der Wissenschaft

vor, eine vergleichende Futurologie, die wir der Offenheit und Experimentierfreude auf den Feldern von Kunst und Kreativität zur Seite stellen könnten. Für uns ist das ein Aufruf, konkret zu werden und all diese Vorstellungen im Alltag zu verankern. Denken wir über Formen ethischer Bildung nach, und darüber, wie wir kritisches Denken und Hinterfragen zum Teil einer Schulausbildung machen, aus der aufgeklärte und verantwortungsbewusste Menschen hervorgehen können, weil sie ebendiesen Umgang erlebt und gelernt haben. Dafür brauchen wir keine neuen Konzepte, sondern vor allem den Mut, eigene Räume zu schaffen, in denen das Denken auch einmal andere Wege nehmen darf. Machen wir aus dem weltweiten *Earth Day* am 22. April einen internationalen Feiertag, an dem Projekte zum verantwortungsvollen Umgang mit unserem Planeten gegründet oder unterstützt werden. Feiern wir wieder wirkliche Erntedankfeste und fragen uns, was eine Ernte ist, wenn sie keine Ausbeutung natürlicher Lebensräume sein soll, und wie wir in unserem Wirtschaften den Gedanken der Regeneration neu einbeziehen können. Warum gibt es in Unternehmen und Schulen keinen Überblick darüber, welchen Beitrag die eigene Institution zum Einsparen von CO_2 leistet und wie sich wer daran beteiligen kann? Machen wir einen Wettbewerb daraus und gründen Arbeitsgruppen oder Netzwerke, in denen auch spielerisch an neuen Ideen und Gedanken gearbeitet werden darf, ohne dass gleich mit dem Weltuntergang gedroht wird. Reden wir darüber, ob die Menschen immer fitter gemacht und weiter optimiert werden müssen, um für die vermeintlichen Herausforderungen der Zukunft gewappnet zu sein, oder ob wir eine menschliche Welt verantworten wollen, in der wir auch mit unseren Schwächen und Dysfunktionalitäten aufgehoben sind. Üben wir uns darin, uns Zukünfte vorzustellen und diese Vorstellungen aus verschiedenen Perspektiven aus unterschiedlichen Gründen und mit vielfältigen Möglichkeiten zu formulieren.

Die Erschütterung einer »Tiefenkrise« (M. Horx), die wir erleben bzw. erlebt haben werden, setzt das, was wir bisher als Kontrollmechanismen für notwendig gehalten haben, außer Kraft, raubt dem etablierten Denken und seinen Strukturen ihre Argumente für einen notwendigen Status quo und appelliert gleichzeitig an uns als kreative, als wahrhaft schöpferische Wesen, die sich ihrer Vorstellungskraft genauso wie ihrer Erkenntnisfähigkeit bedienen müssen, um im Einklang mit ihren eigenen Wurzeln als natürliche Organismen in eine Zukunft zu finden, die so manch scheinbare Dualismen wie die zwischen Geist und Technik, Mensch und Natur, Kunst und Wissenschaft überwinden lernt. Denn, und das ist der wirklich wichtige Hinweis für eine Menschheit, die sich selbst eindeutig für viel zu wichtig hält: »Auch was wir gar nicht denken können, kann Zukunft sein«, wie eine ziemlich fundamentale Einsicht von Lars Weisbrod in seinem Artikel zur Tröstlichkeit wegweisender Denkweisen aus der Welt der Kunst lautet.[58]

Die Kraft der Verantwortung entscheidet darüber, worauf wir das, was wir zu denken versuchen, richten wollen, wie wir dieses Denken als ein fürsorgliches sicherstellen, dem es nicht allein um das Wohlbefinden der eigenen Gegenwart geht, sondern um mehr: um das ganze Bild, das wir zu sehen versuchen. Ein Bild unseres Planeten, ein Bild dessen, was uns den Rahmen für das gibt, was wir sein und werden können, und das uns gleichzeitig unsere Grenzen aufzeigt. Etwas Bedrohliches klingt darin an, vor allem aber ein Anlass für eine vorausschauende Zuversicht, die wider die eigene moralische Kurzsichtigkeit bereit ist, voller Kraft und Mut genau hinzusehen und sich auch aus der Ferne dem verbunden zu fühlen, was wir dort sehen. Treten wir also einen Schritt zurück und lernen, das *ganze* Bild zu sehen: unsere Erde, unser Leben, wie klein das vermeintlich Große ist, wie verletzlich – und wie sehr auf ein menschliches Empfinden der Fürsorge angewiesen, das genau dafür Verantwortung zu übernehmen bereit ist.

Glossar

Als Handlauf und zur Erinnerung eine kurze Übersicht der Kernbegriffe, wie sie in diesem Buch verstanden und verwendet werden.

Autonomie

Die menschliche Fähigkeit, sich selbst die Regeln zu geben, nach denen wir vernünftig handeln wollen – individuell und gemeinschaftlich.

Emotion

Ein Gefühlszustand, der durch individuelle Erfahrung geprägt ist und uns wie eine körperlich spürbare Gewissheit treffen kann.

Ethik

Eine reflektierte und verallgemeinerbare Betrachtung der geltenden Maßstäbe für das, was wir für ein gut geführtes Leben halten.

Freiheit

Eine Qualität menschlichen Lebens, die uns den Rahmen gibt, aus guten Gründen nicht alles tun zu müssen, was andere tun.

Gerechtigkeit

Ein Zustand, in dem jedem Einzelnen die bestmöglichen Bedingungen eröffnet werden, um die eigenen Bedürfnisse mit den zur Verfügung stehenden Mitteln befriedigen zu können, ohne dabei andere mehr einzuschränken als sich selbst.

(Das) Gute

Ein Prinzip, an das wir glauben wollen, um unser Leben gelingen zu lassen und darin ein Gleichgewicht aus vernunftbasierter Erkenntnis und sinnlichem Empfinden zur Verwirklichung von Möglichkeiten Realität werden zu lassen.

Handlung

Ein menschliches Verhalten, das aus guten Gründen eine bestimmbare Absicht verfolgt.

Macht

Das Vermögen, das eigene Bestreben, auch gegen Widerstände, in einer sozialen Beziehung durchzusetzen.

Moral

Die Summe geltender Normen, die sich menschliche Gemeinschaften zum Ziel gesetzt haben, um in einer menschlichen Gesellschaft das Gute wirksam werden zu lassen.

Solidarität

Ein Prinzip, das als geistiges Band eine menschliche Wertegemeinschaft zusammenhält, indem sich der Einzelne als Teil dieser Gemeinschaft zu erkennen gibt.

Sorge

Die emotionale Zuwendung zu einem Sachverhalt, einer Situation oder einem Lebewesen, für dessen Entwicklung man sich zu engagieren bereit ist.

Verantwortung

Mit Hans Jonas »die als Pflicht anerkannte Sorge um ein anderes Sein«.

Wert

Der Grund dafür, dass wir etwas für bedeutsam halten und in unserem Handeln geltend machen wollen.

Zukunft

Das Kommende, auf das wir unser Tun zeitlich und intentional ausrichten, um im besten Sinne darin wirksam zu werden, ohne dabei anwesend sein zu müssen.

Dank

Dieses Buch ist unter besonderen Umständen entstanden und von den Gedanken und Erfahrungen aus der Zeit der Coronapandemie nicht unberührt geblieben. Die Überlegungen, was und wie Verantwortung als eigene Kraft unser Handeln leiten kann, hat sich in diesen Monaten in unzähligen Situationen immer wieder neu gezeigt – inmitten von Krisenszenarien, Prognosen und der Suche nach gesellschaftlichen Spielregeln, aber auch bei Neuanfängen oder erzwungenen Ruhephasen, in Zeiten von Homeoffice und Homeschooling, unter Bedingungen von Abstand und Distanz und oft in Abwesenheit von Nähe, Berührung und sozialer Normalität.

Deshalb danke ich auch zuallererst all denjenigen, die sich die Kraft und Zuversicht erhalten haben, die verantwortungsvoll mit neuen Regeln und unübersichtlichen Zuständen umzugehen gelernt haben, um Gemeinschaft weiter möglich zu machen, die sich in einem Dafür geübt haben, um das zu überwinden, was uns alle eingeschränkt und verunsichert hat – und mir dadurch manchmal auch ganz überraschend zum Vorbild geworden sind.

Damit ist dieses Buch ein Teil des Prozesses geworden, in dem ich versucht habe, das Wesentliche zu verstehen und es auf verantwortungsvolle Weise zu behandeln – das verdanke ich der Edition Körber, Bernd Martin, Martin Meister und meiner Lektorin Kerstin Schulz, die dieses Thema unterstützt und auf den Weg gebracht haben. Kerstin Schulz danke ich dabei ganz besonders für ihre beständige Ermutigung und Gesprächsbereitschaft bei dieser musilschen »Kohlweißlingsjagd« und ihre konstruktive Unterstützung, vielen Gedanken noch einmal ganz genau nachzudenken.

All diese schreibenden Betrachtungen und denkenden Verunsicherungen haben mitten in einem außergewöhnlichen Alltag stattgefunden, und ich danke meiner Familie, meinem Mann Nils und meinen Kindern Iver, Lina und Per, die mir immer wieder ein wichtiger Grund dafür sind, Verantwortung als kraftvolle Haltung zu erkennen, für unsere gemeinsame Gegenwart und eine Zukunft, in der alle Kinder in der Lage sein werden, diese Gedanken weiterzudenken.

Anmerkungen

Einführung

1 Die Frage lässt sich in der Tat bis ins 18. Jahrhundert zurückführen und wird ähnlich erstmals Thomas Stafford zugeschrieben. Das Groucho-Marx-Zitat wird in der September-Ausgabe des *New Scientist* von 1975 wiedergegeben: Peter Laurie: »Pig-ignorant. About Nature«. In: New Scientist. Bd. 67, 18. September 1975, Nummer 967, Sektion: Forum, S. 667 f.

2 Robert Musil: Über die Dummheit. Stuttgart 2014, S. 15 (= https://www.reclam.de/data/media/978-3-15-019257-3.pdf; aufgerufen am 12.12.2020).

3 Dazu näher im *Lexikon der Psychologie* unter: https://dorsch.hogrefe.com/stichwort/intentions-verhaltens-luecke (aufgerufen am 12.12.2020).

4 Hans Jonas: Versuch einer Ethik für die technologische Zivilisation, Frankfurt a. M. 1984.

1. Kapitel: Was heißt Verantwortung?

1 Dazu schon die bekannte Studie von Dennis Meadows: Grenzen des Wachstums. Bericht des Club of Rome zur Lage der Menschheit. Übers. von Hans-Dieter Heck. Reinbek b. Hamburg 1973. Außerdem im Juli 2020 Luisa Sophie Klink: »Verbot von Schottergärten in Baden-Württemberg – was das im Alltag bedeutet« (https://www.swr.de/swraktuell/baden-wuerttemberg/schottergaerten-ministerien-uneins-100.html; aufgerufen am 16.02.2021).

2 Karl Jaspers: Hoffnung und Sorge. Schriften zur deutschen Politik 1945–1965, München 1965.

3 Siehe dazu: »Wir haben alles richtig gemacht«. Interview von Nadia Kailouli mit Carola Rackete für das ARD-Magazin Panorama: am 05.07.2019 (= https://www.tagesschau.de/ausland/seawatch-rackete-interview-101.html; aufgerufen am 19.12.2020).

4 »Ich denke, dass wir auf dieser Mission alles richtig gemacht haben«, erklärt Rackete am Schluss des Interviews.

5 Siehe dazu ZEIT Online vom 17.05.2017 (= https://www.zeit.de/gesellschaft/zeitgeschehen/2017-05/francesco-schettino-costa-concordia-urteil-gefaengnis-italien); Schettino klagt derzeit gegen dieses Urteil vor dem EuGH, berichtet die *Welt* am 03.04.2018 (= https://www.welt.de/vermischtes/article175107376/Francesco-Schettino-Ex-Costa-Concordia-Kapitaen-klagt-gegen-seine-Verurteilung.html). Dass ein Kapitän als Letzter von Bord gehen muss, ist tatsächlich keine Vorschrift, wie oft angenommen wird, sondern eine Rollenerwartung, die sich aus der Befehlsgewalt des Kapitäns ergibt (s. Klaus Jansen: »Wann darf ein Kapitän von Bord?«. Deutsche Welle, 18.01.2012 = https://www.dw.com/de/wann-darf-ein-kapit%C3%A4n-von-bord/a-15673474; alle aufgerufen am 19.12.2020). Entsprechend wurde Schettino auch nicht wegen des Verlassens des Schiffs verurteilt, sondern weil sein seemännisches Unvermögen zum Tod von mehr als dreißig Menschen geführt hatte.

6 Dazu u. a. Ludger Heidbrink: Definitionen und Voraussetzungen von Verantwortung. In: ders. et al. (Hgg.): Handbuch Verantwortung. Wiesbaden 2017, S. 3.

7 Julian Nida-Rümelin: Verantwortung. Stuttgart 2011, S. 11.

8 Hans Lenk: Umweltverträglichkeit und Menschenzuträglichkeit. Die neue Verantwortung für unsere Umwelt und Zukunft. Schriftenreihe des Zentrums für Technik- und Wirtschaftsethik an der Universität Karlsruhe (TH). Bd. 2. Hrsg. v. Matthias Maring. Karlsruhe 2009, S. 14/15 (= https://library.oapen.org/bitstream/id/016d5cba-2af7-4a20-a61a-f5dc9f860f-bd/422373.pdf; aufgerufen am 21.12.2020). Siehe zu diesem Gedankengang auch hier, S. 83 f.

9 Vgl. dazu das Oxford Morals Project der University of Oxford: https://www.anthro.ox.ac.uk/research/icea/oxford-morals-project (Übersetzung durch I. Schmidt; aufgerufen am 20.01.2021).

10 Derek Parfit geht davon aus, dass es zwar keine objektiven Gültigkeiten moralischer Werte geben könne, dass es aber moralische Wahrheiten gäbe, die nicht verhandelbar seien: Der Klimawandel ist falsch, darüber könne man nicht unterschiedlicher Ansicht sein. Nach der sogenannten »Triple Theory« Parfits sind alle Handlungen moralisch unwahr, die »von Prinzipien verboten sind, die optimierend sind, alleinig universal gewollt und nicht vernünftigerweise zurückgewiesen werden können«. Dazu u. a. ders.: Personen, Normativität, Moral. Ausgewählte Aufsätze. Hrsg. von Matthias Hoesch, Sebastian Muders und Markus Rüther. Übers. von Anneli Jefferson und Nadine Mooren. Berlin 2017, S. 31 ff. Eingehend diskutiert werden Parfits Thesen in dem Sammelband: Worauf es ankommt. Derek Parfits praktische Philosophie in der Diskussion. Hrsg. von Matthias Hoesch, Sebastian Muders, Markus Rüther, Hamburg 2017.

11 Vgl. dazu auch Derek Parfits Aussagen im (E-Mail-)Interview mit der Philosophiezeitschrift Hohe Luft: »Worauf es wirklich ankommt«. Ausgabe 2/2013, S. 22 ff.

12 Ebd., S. 23.

13 Darin zeigt sich der wichtige Unterschied zwischen einer Antwort und einer Reaktion, die wir z. B. auch bei Tieren ähnlich erleben können. Zu einer Antwort fehlt hier der gesamte Kontext sogenannter »symbolischer Formen« besonders in der menschlichen Sprachfähigkeit: Ein Symbol zu erfassen bedarf anderer Fähigkeiten, als ein Zeichen zu lernen. Siehe dazu: Ernst Cassirer: Versuch über den Menschen. Einführung in eine Philosophie der Kultur. Übers. von Reinhard Kaiser. Hamburg 2007, S. 52 ff.

14 Ferdinand von Schirach: Terror. Ein Theaterstück und eine Rede. München 2015.

15 Die Frage »Wen retten?« macht auch das Grundproblem der Triage aus, die in diesem Corona-Jahr in vielen Ländern trauriger Alltag geworden ist. Auch wenn die Triage in der Katastrophenhilfe ein eingeführtes Verfahren ist, knüpfen sich nicht nur unter den Bedingungen der Pandemie daran ethische Fragen, die eine eigene philosophische Betrachtung verdienen.

16 Tony Judt im Gespräch mit Jörg Lau: »Wir brauchen eine ethische Weltsicht«. In: Die Zeit, 12.08.2010, Nr. 33, S. 44

(= https://www.zeit.de/2010/33/Tony-Judt; aufgerufen am 20.01.2021).

17 Moral im philosophischen Sinn lässt sich klar abgrenzen vom gegenwärtigen Phänomen der *Wokeness*, das eine übersteigerte Form der Political Correctness zu einer überheblichen Form elitärer, (scheinbar) moralischer Selbstdarstellung nutzt. Siehe dazu Josef Joffes Artikel »Feinde des Liberalismus«. In: Die Zeit, 22.07.2020 (= https://www.zeit.de/2020/31/gedankenfreiheit-liberalismus-demokratie-moral) und zum Begriff selbst: Simon M. Ingold: »Wokeness«. In: NZZ, 20.01.2020 (https://www.nzz.ch/feuilleton/wokeness-gesteigerte-form-der-political-correctness-ld.1534531; beide aufgerufen am 27.12.2020).

18 Dazu z.B. Hannah Arendt: »Meine frühere intellektuelle Bildung geschah in einer Atmosphäre, in der niemand moralischen Fragen besondere Aufmerksamkeit widmete; wir wurden unter der Annahme erzogen: Das Moralische versteht sich von selbst.« In: Was heißt persönliche Verantwortung in einer Diktatur? Hrsg. von Marie Luise Knott. Übers. von Eike Geisel. München 2018, S. 16. Ähnlich fasst es ganz aktuell Johannes Müller-Salo, der in der Klimadiskussion eine »Leerstelle« ausmacht, wenn es darum geht, von Fakten und Erkenntnissen zu Normen und Werten zu kommen: »Die Rede von einer Leerstelle in der klimapolitischen Debatte ist so lange zutreffend, wie im öffentlichen Diskurs stillschweigend davon ausgegangen wird, dass eigentlich allen klar ist, warum genau und mit Blick auf wen der Klimawandel ein moralisches Problem ist.« In: Klima, Sprache und Moral. Eine philosophische Kritik. Ditzingen 2020, S. 14.

19 Platon: Menon 70a§ 72d. In: Sämtliche Werke, Bd. II. Übers. von Otto Apelt. Reinbek bei Hamburg 1957, S. 10.

20 Aristoteles: Nikomachische Ethik, Buch I, 1097a. Übers. von Franz Dirlmeier, Anmerkungen von Ernst A. Schmidt. Stuttgart 1969, S. 13/14.

21 Auch die Frage des Sittlichen eröffnet selbstverständlich ein weites philosophisches Feld von Plutarch über Thomas von Aquin zu Kant und mit Hegel längst nicht endend.

22 Robert Spaemann: Personen. Versuche über den Unterschied zwischen »etwas« und »jemand«. Stuttgart 2019, S. 18.

23 Siehe dazu: Marcus Düwell et al. (Hgg.): Handbuch Ethik.

Stuttgart 2002, S. 426ff. Interessant dazu u.a. auch eine Studie, die 70000 Probanden in 42 Ländern vor moralische Dilemmata stellte und sowohl Gemeinsamkeiten als auch Unterschiede herausarbeiten konnte. Die groß angelegte *Moral-Machine*-Umfrage, die der Leiter des Max-Planck-Instituts für Bildungsforschung, Iyad Rahwan, 2017 mit seinem Team am Massachusetts Institute of Technology durchgeführt hat, bezog sich auf das berühmte Trolley-Gedankenexperiment der britischen Philosophin Philippa Foot, die diese Fragestellung in den 1960er Jahren entwickelte. Das Experiment setzt die Situation, dass wir am Hebel einer Weiche stehen, während ein außer Kontrolle geratener Waggon darauf zurast. Auf dem Gleis, auf dem der Waggon fährt, arbeiten fünf Arbeiter, die ohne Zweifel getötet würden, wir aber hätten die Möglichkeit, die Weiche zu stellen, um den Waggon auf ein anderes Gleis umzuleiten, auf dem allerdings ein einzelner Gleisarbeiter arbeitet. Was tun wir und warum? Die Ergebnisse der Studie, die auf diesem Experiment aufbaut, zeigen unterschiedliche Haltungen: In Deutschland z.B. würden 82 % die Weiche umstellen, in China nur 58 %. Übertragen auf konkrete Fragestellungen bspw. der Kollisionskoordination beim autonomen Fahren, wird deutlich, dass Menschen je nach Kulturkreis autonome Fahrzeuge für solche Situationen unterschiedlich programmieren würden. Die Ergebnisse der *moral machine study* wurden am 24.10.2018 im Magazin Nature veröffentlicht: https://www.nature.com/articles/s41586-018-0637-6 (aufgerufen am 20.01.2021).

24 Hans Freyer: Gedanken zur Industriegesellschaft. Mainz 1970, S. 199.

25 »Unter dieser Perspektive ist auch die Moralauffassung, die gegenwärtig in den westlichen Industriestaaten weitgehend anerkannt wird, nur eine Moralauffassung unter mehreren, die sich u.a. durch Anerkennung der Demokratie als Staatsform, der Bürger- und Menschenrechte, durch eine permissive Grundhaltung, aber auch durch ein zunehmendes Umweltbewusstsein usw. kennzeichnet. Derartige Kennzeichnungen besagen zunächst nichts über die Richtigkeit oder Gültigkeit einer Moral.« In: Konrad Ott: Moralbegründungen. Zur Einführung. Hamburg 2001, S. 9.

26 Handbuch Ethik, a.a.O., S. 426.

27 Vgl. zur Ethik hier auch Ludwig Wittgenstein: Vortrag über Ethik und andere kleine Schriften. Frankfurt a.M. 1989, sowie weitere Ausführungen dazu bei William K. Frankena: Ethics. Prentice-Hall, 1973/1981 und bei Anton Leist: Die gute Handlung. Eine Einführung in die Ethik. Berlin 2000.

28 Siehe z.B. den Vorwurf des italienischen Philosophen Giorgio Agamben u.a. in dem Essay »Die Zivilisation wird nicht mehr dieselbe gewesen sein: Was es bedeutet, Zeugnis von unserer maskierten Gegenwart abzulegen« in der NZZ (https://www.nzz.ch/feuilleton/giorgio-agamben-und-corona-zeugnis-ablegen-von-unserer-gegenwart-ld.1583059; übers. von Barbara Hallensleben; aufgerufen am 28.12.2020). Erinnert sei auch an das Bündnis »Nicht ohne uns«, das die ersten »Coronaproteste« mit initiierte. Welche absurden Vorstellungen persönlicher Freiheit sich im Laufe der Pandemie entwickelten, haben zahlreiche Proteste der sogenannten »Querdenker« mehr als deutlich gezeigt.

29 John Stuart Mill: Über die Freiheit. Übers. von Bruno Lemke. Stuttgart 1986, S. 8.

30 Dazu näher: Birger P. Priddat: John Stuart Mills Theorie der Freiheit. In: Erich W. Streissler (Hg.): Studien zur Entwicklung der ökonomischen Theorie XIX: John Stuart Mill. Berlin 2002, S. 18.

31 Isaiah Berlin: Two Concepts of Liberty. In: Four Essays On Liberty. Oxford 1969, S. 118–172.

32 Niklas Luhmann: Die Wirtschaft der Gesellschaft. Frankfurt a.M. 1988, S. 113.

33 Hier gibt es in der philosophischen Debatte auch den Standpunkt, dass wir durchaus auch Verantwortung tragen, wenn es keine Alternativen zum eigenen Handeln gibt, eine Sicht, die u.a. von dem US-Philosophen Harry G. Frankfurt vertreten wird. Wir werden im Folgenden aber weiter von einer moralischen Verantwortung sprechen, die die Möglichkeit der Wahl in sich trägt.

34 Friedrich Schiller ist überzeugt, dass der Mensch sich aus der Macht der Natur durch das Ästhetische befreien und im Moralischen diese Macht umzudrehen lernt. Siehe: Über die ästhetische Erziehung des Menschen, Dritter Brief. Göttingen/Hamburg 1949, S. 7 und 94.

35 Francis Hutcheson: Über den Ursprung unserer Idee von Schönheit und Tugend. Über moralisch Gutes und Schlechtes. Übers. von Wolfgang Leidhold. Hamburg 1986.

36 Immanuel Kant: Kritik der praktischen Vernunft. Kapitel 34, Beschluss. Werke in 12 Bänden. Bd. 7. Frankfurt a.M. 1977, S. 300.

37 Ders.: Beantwortung der Frage: Was ist Aufklärung? (Rheinische Monatsschrift, Dezember 1784, S. 481–494). In: Was ist Aufklärung? Ausgewählte kleine Schriften. Hamburg 1999, S. 20.

38 Bei Immanuel Kant: »Autonomie des Willens ist die Beschaffenheit des Willens, dadurch derselbe ihm selbst (unabhängig von aller Beschaffenheit der Gegenstände des Wollens) ein Gesetz ist. Das Prinzip der Autonomie ist also: nicht anders zu wählen, also so, daß die Maximen seiner Wahl in demselben Wollen zugleich als allgemeines Gesetz mit begriffen sein.« In: Grundlegung zur Metaphysik der Sitten II: Die Autonomie des Willens als oberstes Prinzip der Sittlichkeit. Werkausgabe Bd. VII. Frankfurt a.M. 1977.
Und weiter heißt es in der *Kritik der praktischen Vernunft*: »Die Autonomie des Willens ist das alleinige Prinzip aller moralischen Gesetze und der ihnen gemäßen Pflichten (…). Also drückt das moralische Gesetz nichts anderes aus, als die Autonomie der reinen praktischen Vernunft, d.i. der Freiheit, und diese ist selbst die formale Bedingung aller Maximen, unter der sie allein mit dem obersten praktischen Gesetze zusammenstimmen können.« (I § 8) Entsprechend ist auch der bekannte kategorische Imperativ zu lesen, der das eigene Handeln daran messen will, ob es als Maxime für eine allgemeingültige Gesetzgebung taugen könne.

39 Zur Etymologie s. das Digitale Wörterbuch der Deutschen Sprache: https://www.dwds.de/wb/Autonomie#:~:text=Griech.-,autonom%C3%ADa%20ist%20abgeleitet%20von%20griech.,%2D)%20gebildeten%20Possessivkompositum%20zu%20griech. (aufgerufen am 28.12.2020).
Julian Nida-Rümelin sieht individuelle Autonomie dann gegeben, wenn »ein Individuum sich selbst die Gesetze gibt, nach denen es handelt«. Dem zur Seite stellt er die kollektive Autonomie (als demokratisch unverzichtbares Ideal), die dann realisiert ist, wenn »ein Kollektiv, eine Bürgerschaft, sich

selbst Gesetze gibt, nach denen es handelt«. In: Die gefährdete Rationalität der Demokratie. Hamburg 2020, S. 106.

40 Vgl. dazu die »kompatibilistischen« Positionen u. a. Harry Frankfurts, der Verantwortung und Determinismus zusammendenkt, indem er nicht Gründe, sondern Wünsche erster und zweiter Ordnung zu den Handlungsleitlinien verantwortungsvoller Entscheidungen macht; s. ders.: Alternative Möglichkeiten und moralische Verantwortung. Hrsg. und übers. von Julius Schälike. Ditzingen 2019.

41 Immanuel Kant: Die Metaphysik der Sitten. Werkausgabe Bd. VII. Frankfurt a. M. 1977, S. 51.

42 Der Philosoph Jeremy Bentham beantwortete diese Frage im 18. Jahrhundert mit der Überzeugung, dass eine Handlung nur dann moralisch richtig ist, wenn sie den Gesamtnutzen des Wohlergehens aller Beteiligten steigert – zusammengefasst ist das Ziel einer jeden Moral also das »größte Glück der größten Zahl«. Damit begründete er in seiner Schrift *Introduction to the Principles of Morals and Legislations* 1789 das Denken des Utilitarismus. Ein Denken, auf dem auch die Überzeugungen John Stuart Mills aufbauen, der seinen Begriff des Nutzens aber in einem altruistischen Verständnis erweiterte und sich von Benthams Denken abgrenzte; vgl. dazu: Ulrich Gähde: Zum Wandel des Nutzenbegriffs im klassischen Utilitarismus. In: ders. / Wolfgang Schrader (Hgg.): Der klassische Utilitarismus. Einflüsse – Entwicklungen – Folgen. Berlin 1992, S. 99.

43 David Hume: Traktat über die menschliche Natur. Buch 2, Affekte / Moral. Übers. von Theodor Lipps. Hamburg 2013.

44 Bis in die Gegenwart hinein wirkt der Utilitarismus in die Philosophie Peter Singers, der einen »Präferenzutilitarismus« vertritt, in dem das menschliche Wohlergehen durch das Erfüllen von Präferenzen gesteigert wird, letztlich aber der Nutzen durch die Vermehrung des »schlechthin Guten« entsteht.

45 Diesen Gedanken verfolgt 1759 auch Adam Smith: Theorie der ethischen Gefühle. Übers. v. Walther Eckstein. Hamburg 2004. Dass moralisches Handeln moralische Gefühle auslöst (wie Empörung usw.), steht im Zentrum der Moralphilosophie Peter F. Strawsons, der die gefühlsethischen Perspektiven um die Notwendigkeit einer verallgemeinerbaren Haltung er-

weitert, s. ebd.: Freedom and Resentment. London/New York 1974, S. 1–25.

46 Karl Jaspers: Philosophie. Bd. II. Berlin/Göttingen/Heidelberg 1956, S. 268.

47 Platon: Apologie. Sämtliche Werke Bd. 1, 31d. In der Übersetzung von Friedrich Schleiermacher. Reinbek bei Hamburg 1957, S. 22.

48 Jaspers: Philosophie, S. 268.

49 Max Weber: Politik als Beruf. Stuttgart 1992, S. 67 ff.

50 Ebd., S. 73–75. Ein Politiker, so Weber weiter, muss vornehmlich drei Qualitäten aufweisen, um mit solchen Fragen umgehen zu können: »Leidenschaft – Verantwortungsgefühl – Augenmaß«. Aber: »Das Problem ist eben, wie heiße Leidenschaft und kühles Augenmaß in derselben Seele zusammengezwungen werden kann.« Es geht also letztlich um die Frage einer notwendigen moralischen Selbstbestimmung, die nicht nur für Politiker, sondern für jeden Menschen gilt – und zwar umso mehr für jene, die in einer verantwortlichen Position gute Gründe für ihr Handeln anführen müssen. Es geht nicht darum, darin eine eindeutige Position zu finden, sondern sich in diesem Paradox zu einer moralischen Haltung und Handlung durchzuringen.

51 Kontraktualismus gilt als dritte Form einer ethischen Theorie, in der es darum geht, sich »vertraglich« auf bestimmte ethische Regeln zu einigen; dazu kommen wir im 3. Kapitel. Derek Parfit versucht in seiner *Triple Theory* zu zeigen, dass hierin drei verschiedene Versuche liegen, die vereinbar sein können – in einer veränderten Form des kategorischen Imperativs.

52 Jürgen Habermas problematisiert vor diesem Hintergrund die gängige »Arbeitsteilung« von Moral und Ethik, so löse »sich der Zusammenhang auf, der moralischen Urteilen erst die Motivation zum richtigen Handeln sichert. Moralische Einsichten binden den Willen erst dann effektiv, wenn sie in ein ethisches Selbstverständnis eingebettet sind, welches die Sorge ums eigene Wohl für das Interesse an Gerechtigkeit einspannt.« Ders: Die Zukunft der menschlichen Natur. Auf dem Weg zu einer liberalen Eugenik? Frankfurt a. M. 2018, S. 15.

53 Dazu lohnen sich die Gedanken der Autorin Anna Mayr: Die Elenden. Warum unsere Gesellschaft Arbeitslose verachtet

und sie dennoch braucht. München 2020. Dies. auch im Gespräch mit Liane von Billerbeck: https://www.deutschlandfunkkultur.de/armut-und-konsumkritik-verzicht-muss-man-sich-leisten.1008.de.html?dram:article_id=489535 (aufgerufen am 21.02.2021).

2. Kapitel: Warum tragen wir Verantwortung?

1 Aristoteles: Nikomachische Ethik, S. 215.

2 Rutger Bregmann: Im Grunde gut. Eine neue Geschichte der Menschheit. Übers. von Ulrich Faure und Gerd Busse. Hamburg 2020. Hier auch zur sog. Fassadentheorie, der Bregmann widerspricht und die besagt, dass die Zivilisation nur eine dünne Schicht über die eigentlich böse Natur des Menschen gelegt hat: »In Notsituationen kommt das Beste im Menschen zum Vorschein. Ich kenne keine andere soziologische Erkenntnis, die gleichermaßen sicher belegt ist und dennoch gänzlich ignoriert wird.« (ebd., S. 22 f.). Hierzu lohnt auch der Film *Wolfzeit* des österreichischen Regisseurs Michael Haneke (2003), in dem es genau um die Frage geht, welche Formen von Menschlichkeit sich in einer zerstörten, dystopischen Welt erhalten würden.

3 Thomas Hobbes: Leviathan. Übers. von J. P. Mayer. Stuttgart 1970, 17. Kapitel, S. 155.

4 Jean-Jacques Rousseaus Hauptwerk ist ebenfalls von der Überzeugung getragen, dass die Menschen sich vertraglich auf ein Miteinander einigen müssen, um in Frieden als Gemeinschaft leben zu können, legt aber völlig andere Kriterien dafür an als Thomas Hobbes und sieht den Menschen nicht als ein Wesen, das vor sich selbst geschützt werden müsse; siehe ders.: Vom Gesellschaftsvertrag oder Grundsätze des Staatsrechts. Übers. von Eva Pietzcker und Hans Brockhard, Stuttgart 1977.

5 »Der Mensch ist frei geboren, und überall liegt er in Ketten«, beginnt Rousseau seinen *Gesellschaftsvertrag*. »Einer hält sich für den Herrn der anderen und bleibt mehr Sklave als sie. Wie ist dieser Wandel zustande gekommen? Ich weiß es nicht. Was kann ihm Rechtmäßigkeit verleihen? Diese Frage glaube ich beantworten zu können.« Rousseau: Vom Gesellschaftsvertrag, S. 5.

6 Rousseau unterscheidet hier zwischen einer *amour de soi*, die eine wohlwollende Haltung zu sich selbst meint, und einer *amour propre*, die das Eigene überhöht und die Selbstliebe auf Kosten der Gemeinschaft betont. In seinem Traktat *Diskurs über die Ungleichheit* (1755) führt er die *amour de soi* näher aus: »Die Selbstliebe ist ein natürliches Gefühl, das jedes Tier dazu veranlaßt, über seine eigene Erhaltung zu wachen, und das, im Menschen von der Vernunft geleitet und durch das Mitleid modifiziert, die Menschlichkeit und Tugend hervorbringt.« In: ders.: Diskurs über die Ungleichheit. Hrsg. und übers. v. Heinrich Maier. Paderborn/München/Wien/Zürich 1997, Anm. XV, S. 368.

7 Zitiert nach Wolfram Eilenberger: Feuer der Freiheit. Die Rettung der Philosophie in finsteren Zeiten. 1933–1943. Stuttgart 2020, S. 362.

8 Hannah Arendt spricht in ihrem Gespräch mit Günther Gaus, das 1964 im Fernsehen ausgestrahlt wurde, von ihrem ersten Besuch in Deutschland nach dem Krieg im Jahre 1949. Sie erlebte diesen Besuch mit sehr zwiespältigen Gefühlen, fühlte sich aber ausdrücklich nicht »verantwortlich«, dazu sei sie der Bundesrepublik zu distanziert gegenüber gewesen – distanziert, aber nicht gleichgültig. Siehe: Zur Person. Hannah Arendt im Gespräch mit Günther Gaus. rbb Fernsehen, 28.10.1964 (= https://www.youtube.com/watch?v=J9SyTEUi6Kw und als Text: https://www.rbb-online.de/zurperson/interview_archiv/arendt_hannah.html; aufgerufen am 05.01.2021).

9 Ein abgewandelter Gedanke zur Bösartigkeit des Gleichgültigen ist nach Arendt die »Tyrannei des Unpersönlichen«, die zwar eine Ordnung ermögliche, aber immer unmenschlich bleiben müsse, ebenso wie eine übergeordnete Form metaphysischer Prinzipien letztlich das »Ende der Philosophie« ankündigen müsse, denn das »Sein des Seienden ist ein Logos, der niemandes Wort ist«, so der Philosoph Emmanuel Lévinas in seiner deutlichen Kritik der Philosophie Martin Heideggers. Der einzige mögliche Gegenentwurf ist das »Wachsein für den Anderen« als Postulat einer neuen Ethik. Vgl. Emmanuel Lévinas: Totalität und Unendlichkeit. Versuch über die Exteriorität, Übers. v. Wolfgang Nikolaus Krewani. Freiburg/München 1987, S. 433.

10 Hannah Arendt in einem Brief an Gershom Scholem vom

20. Juli 1963. In: Hannah Arendt/Gershom Scholem. Der Briefwechsel von 1939–1964. Hrsg. von Marie-Luise Knott. Frankfurt a. M. 2010, S. 441.

11 »Warum gibt es so viel bullshit? Bullshit ist immer dann unvermeidbar, wenn die Umstände Menschen dazu zwingen, über Dinge zu reden, von denen sie nichts verstehen«, erklärt Frankfurt. »Die Produktion von bullshit wird also dann angeregt, wenn ein Mensch in die Lage gerät oder verpflichtet ist, über ein Thema zu sprechen, das seinen Wissensstand hinsichtlich der für das Thema relevanten Tatsachen übersteigt.« Siehe Harry G. Frankfurt: Bullshit. Übers. von Michael Bischoff. Frankfurt a. M. 2006, S. 71.

12 Wie Julian Nida-Rümelin formuliert (Verantwortung, S. 12): »Jedenfalls soll im Folgenden für einen Verantwortungsbegriff argumentiert werden, der so grundlegend ist, dass er als Teil der conditio humana verstanden werden muss.«

13 Giovanni Pico della Mirandola: Oratio de hominis dignitate/ Rede über die Würde des Menschen. Übers. von Gerd von der Gönna. Stuttgart 1987.

14 Siehe dazu den Text unter https://unric.org/de/charta/ (aufgerufen am 05.01.2021).

15 Immanuel Kant: Zum ewigen Frieden. Ein philosophischer Entwurf. Hamburg/Göttingen 1950. Darin schreibt Kant im zweiten Abschnitt und dem ersten Definitivartikel zum ewigen Frieden, dass die bürgerliche Verfassung in jedem Fall republikanisch sein müsse, und zwar folgend dem Prinzip der »Freiheit der Glieder einer Gesellschaft«, den »Grundsätzen der Abhängigkeit aller von einer einzigen gemeinsamen Gesetzgebung« sowie nach dem »Gesetz der Gleichheit derselben« (ebd., S. 13).

16 Siehe https://www.un.org/depts/german/menschenrechte/aemr.pdf (aufgerufen am 05.01.2021).

17 »Wenn ich an einem seichten Teich vorbeikomme und ein Kind darin ertrinken sehe, so sollte ich hineinwaten und das Kind herausziehen. Das bringt zwar mit sich, dass meine Kleider schmutzig und nass werden, aber das ist bedeutungslos, wohingegen der Tod des Kindes vermutlich etwas sehr Schlechtes wäre.« (Peter Singer: Hunger, Wohlstand und Moral. Übers. von Esther Imhof, Dunja Jaber und Elsbeth Ranke. Hamburg 2017, S. 39; die Originalausgabe erschien

schon 1972). Weitere Texte von Singer zur Frage moralischen Handelns in: Praktische Ethik. Übers. von Oscar Bischoff u. a. Stuttgart 2013.

18 Nikolai Hartmann: Ethik. Berlin 1926, S. 484–486.

19 Ebd., S. 485.

20 Ders., ebd.

21 Vgl. dazu auch die wichtigen Ausführungen von Heidemarie Bennent-Vahle: Mit Gefühl denken. Einblicke in die Philosophie der Emotionen. Freiburg 2013, S. 95–103.

22 Sigmund Freud: »Man muss sich dann auf den Standpunkt stellen, es sei nichts als eine unhaltbare Anmaßung, zu fordern, dass alles, was im Seelischen vorgeht, auch dem Bewusstsein bekannt werden müsse.« In: ders.: Das Unbewusste. Stuttgart 2016, S. 8.

23 Eva-Maria Engelen: Gefühle. Stuttgart 2007, S. 7 ff.

24 Vgl. dazu u. a. die Forschungen des Neurowissenschaftlers Antonio R. Damasio etwa in: Ich fühle, also bin ich. Die Entschlüsselung des Bewusstseins. Übers. von Hainer Kober. München 2007. Sowie in: Descartes' Irrtum. Fühlen, Denken und das menschliche Gehirn. Übers. von Hainer Kober. Berlin 2004. Auch die philosophischen Untersuchungen von Heidemarie Bennent-Vahle sind hier sehr lohnend; siehe dies.: Mit Gefühl denken. Einblicke in die Philosophie der Emotionen. Freiburg 2013.

25 Zur derzeitigen Bedeutung des Emotionalen auf gesellschaftlicher Ebene (etwa im Hinblick auf Fake News, Storytelling etc.) vgl. auch Sascha Lobo: Realitätsschock. Zehn Lehren aus der Gegenwart. Köln 2019, S. 332. Und ferner Eva Illouz: Gefühle in Zeiten des Kapitalismus. Übers. von Martin Hartmann. Frankfurt a. M. 2006.

26 Die italienische Philosophin Isabella Guanzini versucht dafür den Begriff der Zärtlichkeit neu zu beleben, als eine Kraft, der wir durchaus mehr zutrauen sollten, als wir es gemeinhin tun. »Zärtlichkeit gibt unserem Körper die Kraft, sich zu bilden, sich zu nähren, sich zu erkennen. Und schließlich verleiht sie unserem Blick auf die Welt eine Perspektive, sie drängt uns dazu, Worte zu finden, um uns mitzuteilen, sie ruft uns bei unserem Namen und formt und offenbart so unsere unverwechselbare Einzigartigkeit. Die Zärtlichkeit vermag einem einmaligen Wesen Form zu geben, das selbst

noch keinerlei Kraft hat. Darin besteht ihr Wunder. Diese einzigartige Kraft, die fast aus dem Nichts eine Welt erschafft, wirkt im öffentlichen Empfinden merkwürdig hohl und sinnentleert durch den unangemessenen Gebrauch des Wortes ›Zärtlichkeit‹, um nicht zu sagen Missbrauch. Auf der Sprache der Zärtlichkeit lastet eine schwere Hypothek. Ihre Stärke und Lebendigkeit wurde zu Sentimentalität verwässert. Zärtlichkeit läuft heute Gefahr, mit Verweichlichung der Seele verwechselt zu werden.« Dies.: Zärtlichkeit. Eine Philosophie der sanften Macht. Übers. von Grit Fröhlich und Ruth Karzel. München 2019, S. 11 f.

27 Martin Heidegger sah die »Sorge« als die eigentliche Befähigung des Menschen, sich in der Welt einzurichten, als ein sorgendes Wesen, das in seinem Sein immer auf etwas gerichtet und bezogen ist; vgl. Martin Heidegger: Sein und Zeit, 6. Kapitel §§ 39-44. Tübingen 1993, S. 180–212. Auch der schon erwähnte Hans Lenk spricht von einer Vorsorge- oder Hegeverantwortung, die anders als Vernunft- oder Pflichtethik als Aufgabe eines menschlichen Miteinanders eine Erweiterung der traditionellen Ethik bedeuten müsse; a. a. O, S. 16 ff.
Im aktuellen Diskurs lohnt sich das Buch von Corinne Pelluchon: Die Ethik der Wertschätzung. Tugenden für eine ungewisse Welt. Übers. von Heinz Jatho und Annette Jucknat. Darmstadt 2019.

28 Hans Jonas: Das Prinzip Verantwortung. Versuch einer Ethik für die technologische Zivilisation. Frankfurt a. M. 1983, S. 193.

29 Ebd., S. 194.

30 Arthur Schopenhauer: Über die Grundlage der Moral, 3. Kapitel, § 12. In: Sämtliche Werke, Bd. 4. Hrsg. von Julius Frauenstädt. Leipzig 1919, S. 185.

31 Zitiert nach: Dietrich Karl Mäurer: »Klimaaktivistin Greta Thunberg sieht unsere Welt brennen«. Deutschlandfunk, 25.01.2019 (= https://www.deutschlandfunk.de/weltwirtschaftsforum-davos-klimaaktivistin-greta-thunberg.769.de.html?dram:article_id=439368; aufgerufen am 07.01.2020).

32 Um diesen Fragen intensiver nachzugehen, lohnt sich das Kapitel »Fühlen – Annäherung an die Wirklichkeit« in: Bennent-Vahles: »Mit Gefühl denken«, S. 93–153.

33 Sören Kierkegaard: Entweder-Oder. Übers. von Heinrich Fauteck. Köln/Olten 1960, S. 830. Kierkegaard beschreibt hier auch die Gegenüberstellung von ästhetischer und ethischer Lebensanschauung, zu der sich der Einzelne mutig entschließen muss.

34 Jacques Derrida: Politik der Freundschaft. Übers. von Stefan Lorenzer. Frankfurt a. M. 2000, S. 337 f.

35 Lévinas spricht dem anderen als Gegenüber, aber auch als Umwelt eine absolute Andersheit zu, die der Einzelne aber braucht, um sich selbst abgrenzen und so auch selbst erkennen zu können: »Der Andere affiziert uns nicht als jemand, den es zu überwinden, einzunehmen, zu beherrschen gilt – sondern als Anderer, der von uns unabhängig ist: Hinter jeder Beziehung, die wir mit ihm unterhalten könnten, taucht er immer wieder als absoluter auf.« In: Lévinas: Totalität und Unendlichkeit, S. 124.

36 Ebd., S. 433.

37 Das Video findet sich nach wie vor im Web: https://www.youtube.com/watch?v=L63f5DdzYNg (aufgerufen am 21.01.2021).

38 Bertolt Brecht: Solidaritätslied. Große kommentierte Berliner und Frankfurter Ausgabe in 30 Bänden. Bd. 14. Frankfurt a. M. 1998, S. 116–118.

39 John Dewey: Die Suche nach Gewißheit: Die Konstruktion des Guten. Übers. von Martin Suhr. Frankfurt a. M. 2013, S. 254–286.

40 Der Soziologie Robert Reichardt beschreibt einen Wert wie folgt: »Unter einem Wert verstehen wir einen in einer bestimmten Population wirksamen Modus der Bevorzugung oder der Zurücksetzung von Objekten oder von sozialen Zuständen, der in der Motivationsstruktur der Einzelindividuen verankert werden kann, dessen Inhalt einen hohen Grad an Allgemeinheit (Generalisierung) aufweist und mindestens potentiell auch bei einer größeren Population wirksam werden könnte.« In: Helmut Klages, Peter Kmieciak (Hgg.): Wertwandel und gesellschaftlicher Wandel. Frankfurt a. M. 1984, S. 23.

41 Julian Nida-Rümelin beschreibt das Politische als seinem Wesen nach am Gemeinwohl interessiert. Argumente, die nur auf partikulare Interessen Bezug nehmen, seien keine politischen Argumente, sondern »lediglich Hinweise auf eigene

Interessenlagen. Sie benutzen gewissermaßen die Form eines politischen Arguments, ohne ein solches zu sein.« Dabei stellt er Bezüge zum Begriff des *citoyen* in Jean-Jacques Rousseaus Gesellschaftsvertrag her, der in politischen Versammlungen sich nur dann Gehör verschaffen kann, wenn es um die Interessen aller bzw. einer Mehrheit geht (denken wir an einen Elternabend, auf dem ein Vater versucht, nur die Vorteile für sein eigenes Kind herauszustellen, er würde ganz sicher nur begrenzt Gehör finden). Siehe Nida-Rümelin: Die gefährdete Rationalität der Demokratie, S. 109.

42 Siehe dazu Heinz Bude: Solidarität. Die Zukunft einer großen Idee. München 2019, S. 13ff.

3. Kapitel: Wie gelingt Verantwortung?

1 Siehe dazu etwa die Süddeutsche Zeitung vom 17.03.2019: »Die richtigen Worte, die richtigen Gesten« von Felix Haselsteiner (= https://www.sueddeutsche.de/politik/attentat-christchurch-ardern-1.4371540?reduced=true; aufgerufen am 09.01.2021).

2 Nachzuhören über https://www.youtube.com/watch?v=HiobwkovZWw (aufgerufen am 09.01.2021).

3 Siehe dazu: New Zealand PM Jacinda Ardern: »I'm a mother, not a superwoman«. 22.02.2019; dort auch der Kommentar von Chi Eg (= BBC News https://www.youtube.com/watch?v=dQivl4oneOA; aufgerufen am 09.01.2021).
Dass es zu diesen Lobeshymnen auch immer eine kritische Seite gibt, die zeigt, dass sich manche Vorhaben Arderns in einer Zeit bewähren müssen, in der nicht die Bewältigung der Pandemie oder Krisenkommunikation im Vordergrund stehen, zeigen aber auch andere Stimmen, die der Premierministerin u. a. vorwerfen, zu wenig für die Wohnsituation der Neuseeländer zu tun oder in Sachen Klimapolitik nicht mutig genug zu sein, u. a. in: https://www.zeit.de/politik/ausland/2020-12/jacinda-ardern-neuseeland-premierministerin-sozialpolitik-corona/seite-3 (aufgerufen am 22.01.2021).

4 Barbara Barkhausen: »Der Hass einiger Neuseeländer auf ihre Premierministerin«. Die Welt, 12.01.2020 (= https://www.welt.de/politik/ausland/article204949830/Jacinda-Ardern-Der-

Hass-der-Neuseelaender-auf-ihre-Premierministerin.html; aufgerufen am 09.01.2021).

5 Zitiert nach https://www.reuters.com/article/idUSKBN21A3S0 vom 17.10.2020 (aufgerufen am 09.01.2021).

6 Nach der Theorie der Institutionenverantwortung des Anthropologen Arnold Gehlen, gemäß der Verantwortung auf Sozialität oder Gegenseitigkeit gerichtet ist (auf eine bestimmte Form der Fürsorge), beruhend auf »ineinander verschränkten, regulierten, obligatorisch gewordenen wirklichen Handlungen selbst«. Siehe: Arnold Gehlen: Urmensch und Spätkultur. Philosophische Ergebnisse und Aussagen. Bonn 1956, S. 9 und S. 39. Dabei stützt Gehlen sich auf den Begriff der Institution, wie er von Émile Durkheim geprägt wurde, als »festgesetzte kollektive Handlungs- und Denkweise«. Siehe: Émile Durkheim: Die Regeln der soziologischen Methode (1895). Hrsg. von René König. Frankfurt a.M. 1991, S. 99.

7 Michael Schmidt-Salomon: Manifest des evolutionären Humanismus. Plädoyer für eine zeitgemäße Leitkultur. Aschaffenburg 2005, S. 7. Ein anderes Manifest, das sich diesen Fragen weniger aus der Position des Individuums als aus der Perspektive einer Gemeinschaft widmet, ist das *Konvivialistische Manifest*, dessen zweiter Teil jüngst veröffentlicht wurde: Die konvivialistische Internationale (Hg.): Das zweite konvivialistische Manifest. Für eine post-neoliberale Welt. Bielefeld 2020.

8 Michel Foucault: Die Hermeneutik des Subjekts. Vorlesungen am College de France 1981/82. Übers. von Ulrike Bokelmann. Frankfurt a.M. 2004. Hier Bezug zu einem Interview mit Helmut Becker von 1984, das gemeinsam mit Mitschriften zur oben genannten Vorlesung veröffentlicht wurde: Freiheit und Selbstsorge, hrsg. von Helmut Becker. Frankfurt am Main 1985, S. 7–29.

9 Dazu näher Martha Nussbaum: Gerechtigkeit oder das gute Leben. Gender Studies. Übers. von Ilse Utz. Frankfurt a.M 2012, S. 86ff.

10 Byung-Chul Han bezieht sich hier auch auf die Gedanken des »erschöpften Selbst« von Alain Ehrenberg, siehe in: Die Müdigkeitsgesellschaft. Berlin 2011, S. 18. Weiter führt er diese Grundgedanken in seinem aktuellen Buch aus: Die Palliativgesellschaft. Schmerz heute. Berlin 2020.

11 Ebd., S. 19.

12 So der Titel eines Essays von Jürgen Habermas in der Neuen Rundschau 2001: »Enthaltsamkeit. Gibt es postmetaphysische Antworten auf die Frage nach dem ›richtigen Leben‹?«, Neue Rundschau 2/2001, S. 93–103. Zum Nachweis siehe hier: http://www.habermasforum.dk/index.php?type=bibliografi2; aufgerufen am 11.01.2021.

13 Hier lässt sich auch der Gedanke einer möglichen »Selbststeuerung« ergänzen, die über die reine Selbstfürsorge hinausreicht, u. a. bei Joachim Bauer: Selbststeuerung. Die Wiederentdeckung des freien Willens. München 2015.

14 Vgl. dazu: W. Goerdt, K. Lichtblau, K. Röttgers u. a.: Artikel »Macht«. In: Historisches Wörterbuch der Philosophie, Bd. 5. Basel 1980, S. 585 ff.; K.-G. Faber, K.-H. Ilting u. a.: Artikel »Macht«/»Gewalt«. In: Geschichtliche Grundbegriffe, hg. v. O. Brunner, W. Conze, R. Koselleck, Bd. 3. Stuttgart 1982, S. 817–937.

15 Max Weber: Wirtschaft und Gesellschaft, 1. Halbband. Tübingen 1972, S. 28.

16 Werner Heisenberg: Die Verantwortung des Forschers. In: ders.: Quantentheorie und Philosophie. Vorlesungen und Aufsätze. Stuttgart 2008 (zuerst: 1979), S. 80.

17 Ebd., S. 80 f.

18 Ebd., S. 85.

19 Ebd., S. 89 Das *Russell-Einstein-Manifest* (publiziert am 09.07.1955), eine Mahnschrift zum Einsatz von Nuklearwaffen, endet mit den Worten: »Vor uns liegt, wenn wir richtig wählen, eine beständige Ausweitung von Glück, Wissen und Weisheit. Sollen wir stattdessen den Tod wählen, bloß weil wir unsere Streitereien nicht vergessen können? Wir wenden uns als Menschen an unsere Mitmenschen: Erinnert Euch Eures Menschseins und vergesst alles andere! Wenn Ihr das vermögt, dann öffnet sich der Weg zu einem neuen Paradies. Könnt Ihr es nicht, dann droht Euch allen der Tod.« Nachzulesen u. a. unter WDR Zeitzeichen: https://www1.wdr.de/radio/wdr5/sendungen/zeitzeichen/russell-einstein-100.html. Siehe dazu außerdem: Holger Dambeck: »Die späte Reue der Atompioniere«. Spiegel Wissenschaft, 06.08.2005 (= https://www.spiegel.de/wissenschaft/mensch/hiroshima-und-nagasaki-die-spaete-reue-der-atom-pioniere-a-368129.html; beide aufgerufen am 12.01.2021).

20 Dazu merkte der Präsident der Max-Planck-Gesellschaft, Prof. Dr. Martin Stratmann, in einem Gespräch mit ZEIT Wissen in der digitalen Themenwoche vom 14. bis 18.09.2020 an, dass es in seiner Gesellschaft allein um den Fortschritt der Wissenschaft gehe, nicht um gesellschaftliche Bedürfnisse oder Antworten, sondern um das, was wissenschaftlich möglich sei. Siehe: https://verlag.zeit.de/veranstaltungen/ausblick/zeit-fuer-wissen/forschung-mit-weitblick-das-gipfeltreffen/ (aufgerufen am 22.01.2021).

21 Siehe dazu Jonathan Franzen: Wann hören wir auf, uns etwas vorzumachen? Gestehen wir uns ein, dass wir die Klimakatastrophe nicht verhindern können. Übers. von Bettina Abarbarnell. Hamburg 2020, S. 22 ff. Demgegenüber hört man eine andere Einschätzung bspw. vom Leiter der ORF-Wetterredaktion Marcus Wadsak: Klimawandel. Fakten gegen Fake & Fiction. Wien 2020.

22 Bertrand Russell: Macht. Übers. von Stephan Hermlin. Hamburg/Wien 2001, S. 239.

23 Ebd., S. 240 f.

24 Den Begriff der Eigentlichkeit als das Freiwerden des Einzelnen für den Ruf der Sorge und des Gewissens beschreibt Martin Heidegger in seinem Werk *Sein und Zeit*, 2. Kapitel, §§ 54 ff., S. 268.

25 Max Scheler: Die Stellung des Menschen im Kosmos. Hamburg 2018. Weiter auch: Arnold Gehlen, der den Menschen mit Bezug zu Nietzsche als »irgendwie unfertig« und noch nicht »festgerückt« beschreibt, er muss sich »zu sich selbst entscheiden«; siehe: Der Mensch. Seine Natur und seine Stellung in der Welt. Frankfurt a. M. 2016, S. 4 f. und S. 12.

26 Epiktet: Handbüchlein der Moral. Bd. 1. Übers. nach Max Pohlenz. Stuttgart 1984, S. 330.

27 Eine Wortschöpfung des Internet-Kritikers Evgeny Morozov, siehe »Gegen die Herrschaft der Algorithmen«. Deutschlandfunk Kultur, 08.10.2013 (= https://www.deutschlandfunkkultur.de/gegen-die-herrschaft-der-algorithmen.950.de.html?dram:article_id=264315; aufgerufen am 13.01.2021). Der Begriff des »Solutionismus« wird auch in seinem Buch erläutert: Smarte neue Welt. Digitale Technik und die Freiheit des Menschen. Übers. von Henning Dedekind und Ursel Schäfer. München 2013, S. 19 ff.

28 Alexander Kluge / Ferdinand von Schirach: Trotzdem. München 2020, S. 15. Vgl. auch Caterina Lobenstein: »Bewaffnete Drohnen: Schutzengel oder Killermaschinen?«. Die Zeit, 02.07.2020 (= https://www.zeit.de/2020/28/bundeswehr-bewaffnete-drohnen-afghanistan; aufgerufen am 14.01.2021).

29 »Menschen, kümmert euch darum!«. Ein Interview mit Antje Boetius und Edward O. Wilson von Fritz Habekuß. Die Zeit 3/2019, 09.01.2019 (= https://www.zeit.de/2019/03/naturschutz-umwelt-klima-menschheit-edward-o-wilson-antje-boetius-forscher/komplettansicht#kluge-kontrahenten-box-2-tab; aufgerufen am 14.01.2021).

30 »Wissenschaft muss sich einmischen«. Antje Boetius im Gespräch mit Martin Mai. Deutschlandfunk Kultur, 28.12.2019 (= https://www.deutschlandfunkkultur.de/klimaforscherin-antje-boetius-wissenschaft-muss-sich.990.de.html?dram:article_id=466031; aufgerufen am 14.01.2021).

31 Eva Weber-Guskar: »Wie viel muss ich wissen, um global handeln zu können? Verantwortung für Weltarmut und das Problem der epistemischen Überforderung«. In: Zeitschrift für Praktische Philosophie. Bd. 2, Heft 2, 2015, S. 13–48 (= https://www.praktische-philosophie.org/weber-guskar-2015.html; aufgerufen am 14.01.2021).

32 Schon Blaise Pascal erwähnte im 17. Jahrhundert die Überlegung eines *Laplaceschen Dämons*, der den deterministischen Gang der Welt voraussagen könnte, unter der Voraussetzung, dass das gesamte mögliche Wissen der Welt zur Verfügung stünde.

33 Siehe dazu das Digitale Wörterbuch der Deutschen Sprache, https://www.dwds.de/wb/Information (aufgerufen am 14.01.2021).

34 Eine Informationsgesellschaft ist demnach eine Gemeinschaft von Menschen, die das zur Verfügungstellen von »Fragmenten«, von rohen Einzelbausteinen möglichen Wissens in den Vordergrund rückt, um technischen Fortschritt und wissenschaftliche Forschung voranzubringen. Die Ansammlung von Informationen geriert in diesem Bild ein gewisses »Kapital«, das mir einen Nutzen verspricht, mich möglicherweise aber auch überfordert und es allein mir überlässt, ob ich damit klarkomme oder nicht. Siehe dazu André Gorz: Welches Wissen? Welche Gesellschaft? Textbeitrag zum Kongress »Gut

zu Wissen«, Heinrich-Böll-Stiftung, 5/2001 (= https://www.boell.de/sites/default/files/assets/boell.de/images/download_de/wirtschaftsoziales/wissensgesellschaft_welchegesellschaft.pdf; aufgerufen am 14.01.2021).

35 Zur Informationstheorie näher u. a. George Miller, der in seiner *information processing theory* Mitte der 50er Jahre die These vertrat, dass das menschliche Gedächtnis nur fünf bis neun Informationseinheiten zur Zeit aufnehmen könne; dazu: https://pure.mpg.de/rest/items/item_2364276_4/component/file_2364275/content (aufgerufen am 16.01.2021). Siehe auch die Filtertheorie der Aufmerksamkeit des britischen Psychologen Donald Eric Broadbent, in der die Ausrichtung unserer Aufmerksamkeit zu einer Form von selektiver Wahrnehmung führt. In: Perception and Communication. Oxford u. a. 1958.

36 Peter Burke: Papier und Marktgeschrei. Die Geburt der Wissensgesellschaft. Übers. von Matthias Wolf. Berlin 2001, S. 18.

37 Zur Rolle des Denkens in Zusammenhängen lohnt sich auch das neue Buch von Wolf Lotter: Zusammenhänge. Wie wir lernen, die Welt wieder zu verstehen. Hamburg 2020. Hierin wirbt Lotter für eine neue Form der »Kontextkompetenz«, die das Ich wieder mit dem Wir verbindet; ebd., S. 11.

38 Siehe dazu das Papier der Kulturreferentin der österreichischen UNESCO- Kommission Mona Mairitsch: https://www.wu.ac.at/fileadmin/wu/d/i/diversity/Dateien_Zukunftskonferenz/7unesco1.pdf (aufgerufen am 22.01.2021).

39 Peter Bieri: »Wie wäre es, gebildet zu sein?« Festrede an der Pädagogischen Hochschule Bern vom 04.11.2005: http://futur-iii.de/wp-content/uploads/sites/6/2015/05/Bieri-Bildung.pdf (aufgerufen am 16.01.2021).

40 Siehe den UNESCO World Report »Towards Knowledge Societies«. Online-Publikation 2005 unter https://unesdoc.unesco.org/ark:/48223/pf0000141843 (aufgerufen am 14.01.2021).

41 Nassim Nicholas Taleb: Kleines Handbuch für den Umgang mit Nichtwissen. Übers. von Susanne Held. München 2013, S. 116 (dort auch ein Bezug zu den Schriften Henri Bergsons).

42 Jonas: Prinzip Verantwortung, S. 62 f.

43 Heuristiken (von griech. *heurískein:* finden, entdecken) beschreiben im weitesten Sinne Methoden zur Gewinnung von Erkenntnis, meist auf der Basis unsicheren Wissens, als Schlussfolgerungen und dennoch tragfähige Vermutungen.

44 Jonas: Prinzip Verantwortung. S. 63f.

45 Gerd Gigerenzer: Risiko. Wie man die richtigen Entscheidungen trifft. Übers. von Hainer Kober. Hamburg 2016, S. 16f.

46 Nida-Rümelin: Verantwortung, S. 12ff.

47 Siehe hierzu auch zu den Gedanken Karl-Otto Apels, eines der Begründer der »Diskursethik«, die auch Jürgen Habermas vertritt: Aus der notwendig vorausgesetzten Kommunikationsgemeinschaft leitet Apel zwei regulative Prinzipien der Ethik ab, die auf die Zukunft hinweisen: »Erstens muss es in allem Tun und Lassen darum gehen, das Überleben der menschlichen Gattung als der realen Kommunikationsgemeinschaft sicherzustellen, zweitens darum, in der realen die ideale Kommunikationsgemeinschaft zu verwirklichen. Das erste Ziel ist die notwendige Bedingung des zweiten Ziels; und das zweite Ziel gibt dem ersten seinen Sinn – den Sinn, der mit jedem Argument schon antizipiert ist.« In: Transformation der Philosophie. Bd. 2: Das Apriori der Kommunikationsgemeinschaft. Frankfurt a.M. 1993, S. 431.

48 Zitiert nach einer Tagungsankündigung der Freien Bildungsstiftung von Mai 2013, s. http://www.freiebildungsstiftung.de/kalender/Geist_Kapital_web.pdf (aufgerufen am 14.01.2021).

49 Ingo Malcher: »Das System Wirecard«. Die Zeit, 02.07.2020, S. 19 (= https://www.zeit.de/2020/28/wirecard-finanzmarkt-bilanzskandal-insolvenz-aktienmarkt-dax; aufgerufen am 14.01.2021).

50 Dazu lohnt sich der Beitrag von Stefan Kühl: »Bilanzfälschung. Zur übersehenen Normalität des Falles Wirecard.« https://sozialtheoristen.de/2020/08/04/bilanzfaelschung-zur-uebersehenen-normalitaet-des-falles-wirecard/ (aufgerufen am 16.01.2021).

51 Karl-Otto Apel führt hier z.B. eine Mikro-, Meso- und Makroebene verantwortlichen Handelns ein, um die individuellen, gemeinschaftlichen und globalen Ebenen von Verantwortung zu trennen. Siehe ebd.: Die ökologische Krise als Herausforderung für die Diskursethik. In: Dietrich Böhler (Hg.): Ethik für die Zukunft. Im Diskurs mit Hans Jonas. München 1994, S. 402f.

52 Gehlen: Moral, S. 98.

53 John Rawls: Two Concepts of Rules. In: The Philosophical Review. Durham/North Carolina 1955. Bd. 64, Nr. 1, S. 3–32.

54 Siehe online unter https://www.wbgu.de/de/publikationen/publikation/welt-im-wandel-gesellschaftsvertrag-fuer-eine-grosse-transformation (aufgerufen am 15.01.2021).

55 Nachzulesen im Hauptgutachten des WBGU hier: https://www.wbgu.de/de/publikationen/publikation/welt-im-wandel-gesellschaftsvertrag-fuer-eine-grosse-transformation (aufgerufen am 17.01.2021).

56 Dazu auch der Gedanke des französischen Denkers und Wissenschaftskritikers Michel Henry, der die Methode des Experiments als die einzige ansieht, die dem Leben angemessen sei, damit es sich nicht selbst verneinen müsse, sofern es eine »objektive Wahrheit« anstrebe, die die sinnliche Erfahrung des Einzelnen als Kriterium ausblendet (die »Galilei'sche Lebensweise«), um Erkenntnis abzusichern. Im Gegensatz zu einem naturwissenschaftlichen Experiment gebe es hier aber »kein anderes Hilfsmittel und gewiss kein anderes Ziel, als an das Individuum als an einen Gebenden zu appellieren, der nicht weniger als sich selbst gibt, der sich selbst aufs Spiel setzt und aus der Wahrheit sein ihm eigenes Schicksal macht – eben sein eigenes Leben.« In: Die Barbarei. Eine phänomenologische Kulturkritik. Übers. von Rolf Kühn und Isabelle Thiereau. Freiburg/München 1994, S. 219.

57 Jonas: Prinzip Verantwortung, S. 77.

4. Kapitel: Haben wir eine Verantwortung für die Zukunft?

1 Carl Sagan betont hier die emotionale Verbindung zu der Erde als menschliches Zuhause: »Look at that dot. That's here. That's home. That's us. On it everyone you love, everyone you know, everyone you ever heard of. Every human being, who ever was. Lived out their lives.« In: Pale Blue Dot. A Vision of the Human Future in Space. New York 1994, S. 6f. Deutsch als: Blauer Punkt im All. Unsere Heimat Universum. Übers. von Susanne Bunzel. Augsburg 1999.

2 Siehe: Wortprotokoll der 38. Sitzung des Ausschusses für Wirtschaft und Energie, 08.05.2019 (= https://www.bundestag.de/resource/blob/643530/5aa48077943f4e352e510e52b3b2e034/wortprotokoll-data.pdf; aufgerufen am 15.01.2021).

3 Hans Jonas: Technik, Freiheit und Pflicht. Dankesrede zur Verleihung des Friedenspreises des Deutschen Buchhandels 1987 (= https://www.friedenspreis-des-deutschen-buchhandels.de/alle-preistraeger-seit-1950/1980-1989/hans-jonas; aufgerufen am 15.01.2021).
4 Udo Di Fabio: Wachsende Wirtschaft und steuernder Staat. Berlin 2011. Hier zitiert von Rainer Kühn: https://www.deutschlandfunk.de/zeitdiagnose-auf-hoechstem-niveau.1310.de.html?dram:article_id=194313 (aufgerufen am 23.01.2021).
5 Udo Di Fabio: Wechsel auf die Zukunft: Rechte zukünftiger Generationen, Gespräch und Vortrag im Rahmen der Vortragsreihe »Verantwortung für die Zukunft« am 02.12.2009, veröffentlicht von der Robert-Bosch-Stiftung, Stuttgart 2010, S. 17.
6 Parfit: »Worum es wirklich geht«, S. 32.
7 Lukas H. Meyer spricht in seinem Buch »Historische Gerechtigkeit« (Berlin/New York 2005) von einer notwendigen »historischen Gerechtigkeit« und argumentiert dafür, dass aus dem Handeln früherer Menschen Pflichten für kommende Generationen entstehen, die sich aus den Wirkungen früherer Entscheidungen ergeben.
8 Ähnlich formuliert es auch eine Definition der »Stiftung für die Rechte zukünftiger Generationen«, die besagt: »Generationengerechtigkeit ist für uns erreicht, wenn die Chancen der Angehörigen der nächsten Generation, sich ihre Bedürfnisse erfüllen zu können, mindestens so groß sind wie die der Angehörigen der heutigen Generation« (https://generationengerechtigkeit.info/wer-wir-sind/; aufgerufen am 23.01.2021). Kirsten Meyer: Was schulden wir künftigen Generationen? Herausforderung Zukunftsethik. Ditzingen 2018, S. 205. Die motivationalen Schwierigkeiten, also die Schwierigkeit, das eigene Handeln wirklich umzustellen, sieht Meyer dabei nicht als zwingendes Problem: »Sollten sich gute Gründe finden lassen, warum wir auch uns ferner stehenden Menschen etwas schuldig sind, und überzeugen uns diese Gründe, dann beeinflusst das unsere Motivation, den so verstandenen moralischen Pflichten tatsächlich nachzukommen.«
9 Han: Müdigkeitsgesellschaft, S. 12.
10 Siehe https://www.bundestag.de/gg (aufgerufen am 17.01.2021).

11 Bericht der Weltkommission für Umwelt und Entwicklung der Vereinten Nationen: Our common future. Genf 1987. In deutscher Übersetzung hrsg. von Volker Hauff: Unsere gemeinsame Zukunft. Der Brundtland-Bericht der Weltkommission für Umwelt und Entwicklung. Übers. v. Barbara von Bechtolsheim. Greven 1987, S. 46. Nähere Informationen dazu finden sich auch in dem Studienbrief der Leuphana Universität Lüneburg unter Leitung von Gerd Michelsen: Grundlagen einer nachhaltigen Entwicklung: https://www.dbu.de/OPAC/ab/DBU-Abschlussbericht-AZ-30564-Studienbrief1.pdf (zuletzt aufgerufen am 20.01.2021). Aus der vielfältigen Literatur zur Notwendigkeit nachhaltigen Handelns seien hier nur zwei Neuerscheinungen genannt, die einen guten Einblick in die gegenwärtige Diskussion geben: John Elkington: Green Swans. The Coming Boom in Regenerative Capitalism. New York 2020. Sowie das jüngste Buch von Klaus Schwab/Thierry Malleret: Covid-19. Der große Umbruch. Cologny/Genf 2020.

12 Der Begriff der Care-Ethik stammt aus der Moralphilosophie und bezieht ethisches Handeln auf die Überzeugung, dass der Mensch seinem Wesen nach auf andere Menschen angewiesen ist und damit der »Fürsorge« *(Care)* bedarf. Dieser Gedanke steht der Vorstellung eines aus sich selbst heraus autonomen Menschen gegenüber, der vorrangig für sich selbst zu handeln versteht und darin ethisch auf andere ausgerichtet sein kann. Eine wichtige Vertreterin der Care-Ethik war die US-Psychologin und Ethikerin Carol Gilligan. In ihrem Buch *Die andere Stimme. Lebenskonflikte und Moral der Frau* (übers. von Brigitte Stein, München 1988) beschrieb sie die Care-Ethik als Ausdruck einer typisch weiblichen Form der Moral, was zu einer weiteren Kontroverse innerhalb der Moralphilosophie führte. Dazu auch: Elisabeth Conradi: Take Care. Grundlagen einer Ethik der Achtsamkeit. Frankfurt a.M. 2001.

13 Ein wichtiger Schritt dafür ist u.a. die Agenda 2030 der UN, die seit 2016 mit siebzehn konkreten Zielen (Sustainable Development Goals) dem Versprechen von »Würde, Wohlstand und Frieden auf einem gesunden Planeten« nachkommen soll: https://unric.org/de/17ziele/ (aufgerufen am 21.01.2021).

14 Jonas: Prinzip Verantwortung, S. 37.

15 Ebd., S. 22–25.

16 Die US-amerikanische Rechtsanwältin Polly Higgins veröffentlichte eine Stellungnahme zum Begriff »Ökozid«, den sie auf der UN-Klimakonferenz in Cancún als »umfangreichen Verlust, Beschädigung oder Zerstörung von Ökosystemen eines bestimmten Gebiets« zu definieren vorschlug, wodurch »die friedliche Wohlfahrt (im Original: *enjoyment*) der Einwohner stark beeinträchtigt wurde oder wird«. In: Polly Higgins: Eradicating Ecocide. Laws and Governance to Stop the Destruction of the Planet. London 2015 (Übersetzung: I. Schmidt). Dahinter steht die Frage nach einem Eigenrecht der Natur auf Unversehrtheit, sodass das Eingreifen und Zerstören von Ökosystemen als Verbrechen geahndet werden kann. Eine Diskussion darüber gibt es aktuell u. a. in Frankreich; vgl. dazu auch: Petra Pinzler: »Paris will ›Ökozid‹ bestrafen. Welche Rechte hat die Natur?« Die Zeit, 08.07.2020 (https://www.zeit.de/2020/29/klimapolitik-frankreich-paris-oekozid-straftat-naturschutz) und den Fernsehfilm *Ökozid*, der am 18.11.2020 erstmalig in der ARD ausgestrahlt wurde und die Frage diskutiert, ob es eine staatliche Verpflichtung zum Klimaschutz gibt, die auf den Artikel 6 des Völkerrechts, das Recht auf Leben, zurückzuführen sein kann (siehe https://programm.ard.de/TV/Themenschwerpunkte/Film/Drama/Startseite/?sendung=281063739671270); dazu näher die Informationen des Deutschen Instituts für Menschenrechte: https://www.institut-fuer-menschenrechte.de/fileadmin/user_upload/Publikationen/Information/Information_GC36_barrierefrei.pdf (alle aufgerufen am 17.01.2021).

17 Jonas: Prinzip Verantwortung, S. 32.

18 Ebd., S. 18/19.

19 Ebd., S. 33.

20 Ebd., S. 153.

21 Ebd., S. 155.

22 Ebd., S. 156.

23 Ebd., S. 82 f.

24 Parfit: »Worauf es wirklich ankommt«, S. 32.

25 Dabei weist die Akademie Graz auf das Prinzip der Anachronie hin, das ein Nebeneinander von nur scheinbar widersprüchlichen Haltungen beschreibt, die in dieser Unterschiedlichkeit sich vielmehr ergänzen sollten, um neue Vorstellungswelten zu ermöglich, die darauf basieren, »dass

engagierte Zeitgenossenschaft mit dem Mut zur Vorsicht ebenso wie mit der Leidenschaft für das Unzeitgemäße verknüpft werden sollte«. Siehe: https://www.akademie-graz.at/cms/cms.php?pageName=10&archivePage=46&detailId=392 (aufgerufen am 17.01.2021).

26 Brief an Ferdinand Domela Nieuwenhuis, 22.02.1881. In: Marx/Engels Werke. Bd. 35: Briefe Januar 1881–März 1883. Hrsg. von der Rosa-Luxemburg-Stiftung. Berlin 1985, S. 159–161, hier: S. 160ff.

27 Zygmunt Bauman: Retrotopia. Übers. von Frank Jakubzik. Berlin 2017.

28 Siehe zu diesen Beispielen: https://futurium.de/, https://thenew.institute/en und https://thenew.institute/en (aufgerufen am 17.01.2021) und das sehr anschaulich geschriebene Buch von Stefan Bergheim: Zukünfte. Offen für Vielfalt. Berlin 2020.

29 Siri Hustvedt: »Es gibt ein körperliches Gedächtnis«. Interview mit Katrin Zeug. Zeit Wissen 4/2020, S. 34–41 (= https://www.zeit.de/zeit-wissen/2020/04/siri-hustvedt-schriftstellerin-autorin-koerper-gedaechtnis; aufgerufen am 17.01.2021).

30 Hans-Georg Gadamer: Hermeneutik. Wahrheit und Methode, Ergänzungen, Register 2. Tübingen 1986/1993, S. 173. Dazu lohnt sich auch ein Podiumsgespräch, an dem Hans Jonas 1981 zu Fragen der »Möglichkeiten und Grenzen technischer Kultur« teilgenommen hat. Dort stellt er die Frage, ob wir eine neue Ethik brauchen, weil wir wirklich in einer neuen Welt leben oder weil die menschliche Macht so gewachsen ist, dass die ethischen Maßstäbe immer dringlicher werden, sie also etwas zu bewahren imstande sein muss, das sich nicht verändern darf. In: Hans Jonas: Technik, Medizin und Ethik. Zur Praxis des Prinzips Verantwortung. Frankfurt a.M. 1987, S. 269ff.

31 Aristoteles: Nikomachische Ethik, S. 175.

32 Jonas: Prinzip Verantwortung, S. 55.

33 Ebd., S. 55.

34 Peter Singer: Praktische Ethik, S. 384.

35 Hans Jonas: Prinzip Verantwortung, S. 56.

36 Dafür hat sich das Akronym VUCA (= volatility, uncertainty, complexity, ambiguity) eingebürgert; ein Begriff, der ursprünglich Herausforderungen beschreibt, vor denen Unternehmen heute stehen.

37 Jürgen Habermas stellt zweckrationalen Handlungsweisen, die dieser Unübersichtlichkeit beizukommen versuchen, das kommunikative, diskursiv-argumentierende Handeln gegenüber, das verhindert, dass technisches und strategisches Handeln verabsolutiert wird; damit nimmt er die Kritik u. a. von Max Horkheimer an einer rein »instrumentellen Vernunft« wieder auf; dazu: Jürgen Habermas: Die neue Unübersichtlichkeit. Frankfurt a. M. 1985.

38 Eine sehr polarisierende Position dazu nimmt z. B. Manfred Spitzer ein: Digitale Demenz. Wie wir unsere Kinder um den Verstand bringen. München 2012.

39 Georg Simmel: Die Großstädte und das Geistesleben. In: Gesammelte Werke. Aufsätze und Abhandlungen 1901–1908. Bd. 2. Hrsg. von Alessandro Cavalli und Volkhard Krech. Frankfurt a. M. 2003.

40 Georg Simmel: Die Philosophie des Geldes. Gesamtausgabe, Bd. 6. Hrsg. von Otthein Rammstedt, David P. Frisby und Klaus Christian Köhnke. Frankfurt a. M. 2011.

41 Dirk Baecker: 4.0 oder Die Lücke die der Rechner lässt. Berlin 2018. Hier zitiert nach: »Zusammenleben mit nervösen Medien«. Dirk Baecker im Gespräch mit René Aguigah. Deutschlandfunk, 28.10.2018 (= https://www.deutschlandfunkkultur.de/soziologe-dirk-baecker-ueber-digitalisierung-zusammenleben.2162.de.html?dram:article_id=431636; aufgerufen am 17.02.2021).

42 James Lovelock (mit Bryan Appleyard): Novozän. Das kommende Zeitalter der Hyperintelligenz. Übers. von Annabel Zettel. München 2020.

43 Die Debatte um Cyborgs ist lang, vielfältig und kontrovers. Siehe dazu etwa Trisha Balster und Lara Sielmann: »Wie Mensch und Maschine immer mehr zusammenwachsen«. Deutschlandfunk Kultur, 17.02.2020 (= https://www.deutschlandfunkkultur.de/cyborgs-wie-mensch-und-maschine-immer-mehr-zusammenwachsen.976.de.html?dram:article_id=470452; aufgerufen am 18.01.2021), sowie Julian Nida-Rümelin und Nathalie Weidenfeld: Digitaler Humanismus. Eine Ethik für das Zeitalter der Künstlichen Intelligenz. München 2018.

44 Baecker: 4.0 (https://www.merve.de/index.php/book/show/516; aufgerufen am 23.01.2021).

45 Jonas: Prinzip Verantwortung, S. 71.
46 Ebd., S. 72.
47 Ebd., S. 55.
48 Ebd., S. 73.
49 Mit dem Ziel einer »neuen Aufklärung« argumentiert Gabriel für bestehende moralische »Leitplanken«, die trotz Wandel und Veränderung von Bestand bleiben und nicht willkürlichen Meinungen zum Opfer fallen dürfen: »Mein Ziel ist es, der Idee neuen Auftrieb zu geben, dass die Aufgabe der Menschheit auf unserem Planeten darin besteht, moralischen Fortschritt durch Kooperation zu ermöglichen.« (Markus Gabriel: Moralischer Fortschritt in dunklen Zeiten. Universale Werte für das 21. Jahrhundert. Berlin 2020, S. 16).
50 Jaron Lanier: Gadget. Warum die Zukunft uns noch braucht. Übers. von Michael Bischoff. Berlin 2012, S. 35.
51 »Küssen ist das Ende des Redens«. Armin Nassehi beantwortet den politischen Fragebogen. Die Zeit, 14.05.2020, S. 29 (= https://www.zeit.de/2020/21/armin-nassehi-soziologe-autor-fragebogen; aufgerufen am 18.01.2021).
52 Vgl. dazu noch einmal den Begriff der »modernen Tapferkeit« bei Karl Jaspers: Rechenschaft und Ausblick. Reden und Aufsätze. München 1951, S. 343.
53 »Zuversicht heißt also nicht, illusionäre Hoffnungen zu hegen«, schreibt Ulrich Schnabel, »sondern einen klaren Blick für den Ernst der Lage zu behalten; zugleich heißt Zuversicht aber auch, sich nicht lähmen zu lassen, sondern die Spielräume zu nutzen, die sich auftun – und seien sie noch so klein.« (Ders.: Zuversicht. Die Kraft der inneren Freiheit und warum sie heute wichtiger ist denn je. München 2018, S. 16.)
54 Lars Weisbrod: »Undenkbar! Welche Kunstform kann uns noch trösten, wenn sich die ganze Welt radikal ändert? Das schafft nur die Science-Fiction«. In: Die Zeit 20/20, 06.05.2020 (= https://www.zeit.de/2020/20/science-fiction-kunst-literatur-film-serien-the-expanse; aufgerufen am 19.01.2021).
55 Matthias Horx: Die Welt nach Corona = https://www.horx.com/48-die-welt-nach-corona/ (aufgerufen am 19.01.2021).
56 Petra Pinzler und Maja Göpel: »Natürlich geht es«. In: Die Zeit 21/20, 14.05.2020, S. 5 (= https://www.zeit.de/2020/21/klimaschutz-corona-krise-co2-globalisierung-konsum; aufgerufen am 19.01.2021).

57 Diesen Gedanken entwickelt G. W. Leibniz Anfang des 18. Jahrhunderts in seiner *Theodizee*, wobei er den Begriff des Optimismus selbst nicht verwendet. Dieser geht zurück auf jesuitische Denker, die damit eigentlich eine theologische Haltung kritisieren, die sich anmaßt, den Gang der Welt prognostizieren zu wollen.

58 Lars Weisbrod: Undenkbar!, siehe Anm. 54.

Literatur

Agamben, Giorgio: »Die Zivilisation wird nicht mehr dieselbe gewesen sein: Was es bedeutet, Zeugnis von unserer maskierten Gegenwart abzulegen«. Übers. von Barbara Hallensleben. In: NZZ Online, 28.10.2021.

Apel, Karl-Otto: Die ökologische Krise als Herausforderung für die Diskursethik. In: Dietrich Böhler (Hg.): Ethik für die Zukunft. Im Diskurs mit Hans Jonas. München 1994.

Ders.: Transformation der Philosophie. Bd. 2: Das Apriori der Kommunikationsgemeinschaft. Frankfurt a. M. 1993.

Ardern, Jacinda: »I'm a mother, not a superwoman«. BBC News, 22.02.2019.

Arendt, Hannah und Gershom Scholem: Der Briefwechsel von 1939–1964. Hrsg. von Marie-Luise Knott. Frankfurt a. M. 2010.

Arendt, Hannah: Was heißt persönliche Verantwortung in einer Diktatur? Hrsg. von Marie Luise Knott. Übers. von Eike Geisel. München 2018.

Dies.: Zur Person. Hannah Arendt im Gespräch mit Günther Gaus. rbb Fernsehen, 28.10.1964.

Aristoteles: Nikomachische Ethik. Buch I. Übers. von Franz Dirlmeier. Anmerkungen von Ernst A. Schmidt. Stuttgart 1969.

Baecker, Dirk: 4.0 oder die Lücke die der Rechner lässt. Berlin 2018.

Balster, Trisha und Lara Sielmann: »Wie Mensch und Maschine immer mehr zusammenwachsen«. Deutschlandfunk Kultur, 17.02.2020.

Barkhausen, Barbara: »Der Hass einiger Neuseeländer auf ihre Premierministerin«. Die Welt, 12.01.2020.

Bauer, Joachim: Selbststeuerung. Die Wiederentdeckung des freien Willens. München 2015.

Bauman, Zygmunt: Retrotopia. Übers. von Frank Jakubzik. Berlin 2017.
Bennent-Vahle, Heidemarie: Mit Gefühl denken. Einblicke in die Philosophie der Emotionen. Freiburg 2013.
Dies.: Besonnenheit. Eine politische Tugend. Freiburg 2020.
Bergheim, Stefan: Zukünfte. Offen für Vielfalt. Berlin 2020.
Berlin, Isaiah: Two Concepts of Liberty. In: Four Essays On Liberty. Oxford 1969, S. 118–172.
Bieri, Peter: »Wie wäre es, gebildet zu sein?«. Festrede an der Pädagogischen Hochschule Bern vom 04.11.2005 (nur online verfügbar).
Boetius, Antje und Edward O. Wilson: »Menschen, kümmert euch darum!«. Ein Interview von Fritz Habekuß. Die Zeit 3/2019, 09.01.2019.
Dies.: »Wissenschaft muss sich einmischen«. Im Gespräch mit Martin Mai. Deutschlandfunk Kultur, 28.12.2019.
Brecht, Bertolt: Große kommentierte Berliner und Frankfurter Ausgabe in 30 Bänden, Band 14. Frankfurt a. M. 1998.
Bregmann, Rutger: Im Grunde gut. Eine neue Geschichte der Menschheit. Übers. von Ulrich Faure und Gerd Busse. Hamburg 2020.
Broadbent, Eric: Perception and Communication. Oxford u. a. 1958.
Bude, Heinz: Solidarität. Die Zukunft einer großen Idee. München 2019.
Burke, Peter: Papier und Marktgeschrei. Die Geburt der Wissensgesellschaft. Übers. von Matthias Wolf. Berlin 2001.
Cassirer, Ernst: Versuch über den Menschen. Einführung in eine Philosophie der Kultur. Übers. von Reinhard Kaiser. Hamburg 2007.
Conradi, Elisabeth: Take Care. Grundlagen einer Ethik der Achtsamkeit. Frankfurt a. M. 2001.
Damasio, Antonio R.: Descartes' Irrtum. Fühlen, Denken und das menschliche Gehirn. Übers. von Hainer Kober. Berlin 2004.
Ders.: Ich fühle, also bin ich. Die Entschlüsselung des Bewusstseins. Übers. von Hainer Kober. München 2007.
Dambeck, Holger: »Die späte Reue der Atompioniere«. Spiegel Wissenschaft, 06.08.2005.
Derrida, Jacques: Politik der Freundschaft. Übers. von Stefan Lorenzer. Frankfurt a. M. 2000.

Dewey, John: Die Suche nach Gewißheit: Die Konstruktion des Guten. Übers. von Martin Suhr. Frankfurt a. M. 2013.

Die konvivialistische Internationale (Hg.): Das zweite konvivialistische Manifest. Für eine post-neoliberale Welt. Bielefeld 2020.

Di Fabio, Udo: Wachsende Wirtschaft und steuernder Staat. Berlin 2011.

Ders.: Wechsel auf die Zukunft: Rechte zukünftiger Generationen. Gespräch und Vortrag im Rahmen der Vortragsreihe »Verantwortung für die Zukunft« am 02.12.2009, veröffentlicht von der Robert-Bosch-Stiftung. Stuttgart 2010.

Dorsch. Lexikon der Psychologie. Hrsg. v. Markus Antonius Wirtz. Online-Ressource: https://dorsch.hogrefe.com/.

Durkheim, Émile: Die Regeln der soziologischen Methode (1895). Hrsg. von René König. Frankfurt a. M. 1991.

Düwell, Marcus et al. (Hgg.): Handbuch Ethik. Stuttgart 2002.

Engelen, Eva-Maria: Gefühle. Stuttgart 2007.

Epiktet: Handbüchlein der Moral. Bd. 1. Übers. nach Max Pohlenz. Stuttgart 1984.

Foucault, Michel: Die Hermeneutik des Subjekts. Vorlesungen am College du France 1981/82. Übers. von Ulrike Bokelmann. Frankfurt a. M. 2004.

Ders.: Freiheit und Selbstsorge. Interview 1984 und Vorlesung 1982. Hrsg. und übers. von Helmut Becker zusammen mit Lothar Wolfstetter. Frankfurt a. M. 1985.

Frankena, Willam K.: Ethics. Prentice-Hall 1973/1981.

Frankfurt, Harry G.: Alternative Möglichkeiten und moralische Verantwortung. Hrsg. und übers. von Julius Schälike. Ditzingen 2019.

Ders.: Bullshit. Übers. von Michael Bischoff. Frankfurt a. M. 2006.

Franzen, Jonathan: Wann hören wir auf, uns etwas vorzumachen? Gestehen wir uns ein, dass wir die Klimakatastrophe nicht verhindern können. Übers. von Bettina Abarbarnell. Hamburg 2020.

Freud, Sigmund: Das Unbewusste. Stuttgart 2016, S. 8.

Freyer, Hans: Gedanken zur Industriegesellschaft. Mainz 1970.

Gabriel, Markus: Moralischer Fortschritt in dunklen Zeiten. Universale Werte für das 21. Jahrhundert. Berlin 2020.

Gadamer, Hans Georg: Hermeneutik. Wahrheit und Methode. Ergänzungen, Register 2. Tübingen 1986/1993.

Gähde, Ulrich: Zum Wandel des Nutzenbegriffs im klassischen Utilitarismus. In: ders./Wolfgang Schrader (Hgg.): Der klassische Utilitarismus. Einflüsse – Entwicklungen – Folgen. Berlin 1992, S. 83–110.
Gehlen, Arnold: Der Mensch. Seine Natur und seine Stellung in der Welt. Frankfurt a. M. 2016.
Ders.: Urmensch und Spätkultur. Philosophische Ergebnisse und Aussagen. Bonn 1956.
Gerst, Alexander: Rede vor dem Ausschuss für Wirtschaft und Energie vom 08.05.2019 (online verfügbar).
Gigerenzer, Gerd: Risiko. Wie man die richtigen Entscheidungen trifft. Übers. von Hainer Kober. Hamburg 2016.
Gorz, André: Welches Wissen? Welche Gesellschaft? Textbeitrag zum Kongress »Gut zu Wissen«, Heinrich-Böll-Stiftung, 5/2001.
Guanzini, Isabella: Zärtlichkeit. Eine Philosophie der sanften Macht. Übers. von Grit Fröhlich und Ruth Karzel. München 2019.
Habermas, Jürgen: Die neue Unübersichtlichkeit. Frankfurt a. M. 1985.
Ders.: Die Zukunft der menschlichen Natur. Auf dem Weg zu einer liberalen Eugenik? Frankfurt a. M. 2018.
Ders.: »Enthaltsamkeit. Gibt es postmetaphysische Antworten auf die Frage nach dem ›richtigen Leben‹?« In: Neue Rundschau 2/2001, S. 93–103.
Han, Byung-Chul: Die Müdigkeitsgesellschaft. Berlin 2011.
Ders.: Burnoutgesellschaft, Hoch-Zeit, Berlin 2016.
Ders.: Die Palliativgesellschaft. Schmerz heute. Berlin 2020.
Hartmann, Nikolai: Ethik. Berlin 1926.
Haselsteiner, Felix: »Die richtigen Worte, die richtigen Gesten«. Süddeutsche Zeitung, 17.03.2019.
Hauff, Volker (Hg.): Unsere gemeinsame Zukunft. Der Brundtland-Bericht der Weltkommission für Umwelt und Entwicklung. Übers. v. Barbara von Bechtolsheim. Greven 1987.
Heidbrinck, Ludger/Langbehn, Claus et al. (Hgg.): Handbuch Verantwortung. Wiesbaden 2017.
Heidegger, Martin: Sein und Zeit. Tübingen 1993.
Heisenberg, Werner: Über die Verantwortung des Forschers. In: Quantentheorie und Philosophie. Stuttgart 2008, S. 76–90.

Henry, Michel: Die Barbarei. Eine phänomenologische Kulturkritik. Übers. von Rolf Kühn und Isabelle Thiereau. Freiburg/München 1994.

Herzog, Martin: »09.07.1955 – Russell-Einstein-Manifest wird veröffentlicht«. WDR Zeitzeichen vom 09.07.2020.

Higgins, Polly: Eradicating Ecocide. Laws and Governance to Stop the Destruction of the Planet. London 2015.

Hobbes, Thomas: Leviathan. Übers. von J. P. Mayer. Stuttgart 1970.

Hoesch, Matthias/Muders, Sebastian/Rüther, Markus (Hgg.): Worauf es wirklich ankommt. Derek Parfits praktische Philosophie in der Diskussion. Hamburg 2017.

Hume, David: Traktat über die menschliche Natur. Buch 2, Affekte/Moral. Übers. von Theodor Lipps. Hamburg 2013.

Hustvedt, Siri: »Es gibt ein körperliches Gedächtnis«. Interview mit Katrin Zeug. In: Zeit Wissen 4/2020, S. 34–41.

Hutcheson, Francis: Über den Ursprung unserer Idee von Schönheit und Tugend. Über moralisch Gutes und Schlechtes. Übers. von Wolfgang Leidhold. Hamburg 1986.

Illouz, Eva: Gefühle in Zeiten des Kapitalismus. Übers. von Martin Hartmann. Frankfurt a. M. 2006.

Ingold, Simon M.: »Wokeness«. In: NZZ, 20.01.2020.

Jaspers, Karl: Hoffnung und Sorge. Schriften zur deutschen Politik 1945–1965. München 1965.

Ders.: Rechenschaft und Ausblick (s. o.).

Ders.: Philosophie. Band II. Berlin/Göttingen/Heidelberg 1956.

Joffe, Josef: »Feinde des Liberalismus«. In: Die Zeit, 22.07.2020.

Jonas, Hans: Das Prinzip Verantwortung. Versuch einer Ethik für die technologische Zivilisation. Frankfurt a. M. 1983.

Ders.: Hans Jonas: Technik, Freiheit und Pflicht. Dankesrede zur Verleihung des Friedenspreises des Deutschen Buchhandels 1987 (online verfügbar).

Jonas, Hans: Versuch einer Ethik für die technologische Zivilisation. Frankfurt a. M. 1984.

Ders.: Technik, Medizin und Ethik. Zur Praxis des Prinzips Verantwortung. Frankfurt a. M. 1987.

Judt, Tony: »Wir brauchen eine ethische Weltsicht«. Gespräch mit Jörg Lau. In: Die Zeit, 12.08.2010, Nr. 33, S. 44.

Kant, Immanuel: Was ist Aufklärung? Ausgewählte kleine Schriften. Hamburg 1999.

Ders.: Kritik der praktischen Vernunft. Werke in 12 Bänden. Bd. 7. Frankfurt a.M. 1977.

Ders.: Die Metaphysik der Sitten. Werkausgabe Band VII. Frankfurt a.M. 1977.

Ders.: Beobachtungen über das Gefühl des Schönen und Erhabenen. Göttingen/Hamburg 1949.

Ders.: Zum ewigen Frieden. Ein philosophischer Entwurf. Hamburg/Göttingen 1950.

Kierkegaard, Sören: Entweder/Oder. Übers. von Heinrich Fauteck. Köln/Olten 1960.

Klages, Helmut und Peter Kmieciak (Hgg.): Wertwandel und gesellschaftlicher Wandel. Frankfurt a.M. 1984.

Kluge, Alexander und Ferdinand von Schirach: Trotzdem. München 2020.

Lanier, Jaron: Gadget. Warum die Zukunft uns noch braucht. Übers. von Michael Bischoff. Berlin 2012.

Laurie, Peter: »Pig-ignorant. About Nature«. In: New Scientist, Band 67, 18.September 1975, Nummer 967, Sektion: Forum, S. 667f.

Leist, Anton: Die gute Handlung. Eine Einführung in die Ethik. Berlin 2000.

Lenk, Hans: Umweltverträglichkeit und Menschenzuträglichkeit. Die neue Verantwortung für unsere Umwelt und Zukunft. Schriftenreihe des Zentrums für Technik- und Wirtschaftsethik an der Universität Karlsruhe (TH). Bd. 2. Hrsg. v. Matthias Maring. Karlsruhe 2009.

Lévinas, Emmanuel: Totalität und Unendlichkeit. Versuch über die Exteriorität. Übers. v. Wolfgang Nikolaus Krewani. Freiburg/München 1987.

Lobo, Sascha: Realitätsschock. Zehn Lehren aus der Gegenwart. Köln 2019.

Lovelock, James (mit Bryan Appleyard): Novozän. Das kommende Zeitalter der Hyperintelligenz. Übers. von Annabel Zettel. München 2020.

Luhmann, Niklas: Die Wirtschaft der Gesellschaft. Frankfurt a.M. 1988.

Marx/Engels: Werke. Bd. 35: Briefe Januar 1881 – März 1883. Hrsg. von der Rosa-Luxemburg-Stiftung. Berlin 1985.

Mäurer, Dietrich Karl: »Klimaaktivistin Greta Thunberg sieht unsere Welt brennen«. Deutschlandfunk, 25.01.2019.

Mayr, Anna: »Armut und Konsumkritik. Verzicht muss man sich leisten können«. Interview mit Liane von Billerbeck. Deutschlandfunk Kultur, 18.12.2020.

Meadows, Dennis: Grenzen des Wachstums. Bericht des Club of Rome zur Lage der Menschheit. Übers. von Hans-Dieter Heck. Reinbek b. Hamburg 1973.

Meyer, Kirsten: Was schulden wir künftigen Generationen? Herausforderung Zukunftsethik. Ditzingen 2018.

Meyer, Lukas H.: Historische Gerechtigkeit. Berlin/New York 2005.

Mill, John Stewart: Über die Freiheit. Übers. von Bruno Lemke. Stuttgart 1986.

Morozov, Evgeny: Smarte neue Welt. Digitale Technik und die Freiheit des Menschen. Übers. von Henning Dedekind und Ursel Schäfer. München 2013.

Müller-Salo, Johannes: Klima, Sprache und Moral. Eine philosophische Kritik. Ditzingen 2020.

Musil, Robert: Über die Dummheit. Stuttgart 2014.

Nassehi, Armin: »Küssen ist das Ende des Redens«. Der politische Fragebogen. In: Die Zeit, 14.05.2020, S. 29.

Nida-Rümelin, Julian: Verantwortung. Stuttgart 2003.

Ders.: Die gefährdete Rationalität der Demokratie. Ein politischer Traktat. Hamburg 2020.

Nussbaum, Martha C.: Gerechtigkeit oder das gute Leben. Gender Studies. Übers. von Ilse Utz. Frankfurt a. M. 2012.

Ott, Konrad: Moralbegründungen. Zur Einführung. Hamburg 2001.

Parfit, Derek: Personen, Normativität, Moral. Ausgewählte Aufsätze. Hrsg. von Matthias Hoesch, Sebastian Muders und Markus Rüther. Übers. von Anneli Jefferson und Nadine Mooren. Berlin 2017.

Parfit, Derek: »Worauf es wirklich ankommt«. Interview in: Hohe Luft, 2/2013, S. 22 ff.

Pelluchon, Corinne: Die Ethik der Wertschätzung. Tugenden für eine ungewisse Welt. Übers. von Heinz Jatho und Annette Jucknat. Darmstadt 2019.

Pico della Mirandola, Giovanni: Oratio de hominis dignitate/ Rede über die Würde des Menschen. Übers. von Gerd von der Gönna. Stuttgart 1987.

Pinzler, Petra: »Paris will ›Ökozid‹ bestrafen. Welche Rechte hat die Natur?«. In: Die Zeit, 08.07.2020.

Pinzler, Petra und Maja Göpel: »Natürlich geht es«. In: Die Zeit 21/20, 14.05.2020, S. 5.
Platon: Apologie. Sämtliche Werke. Bd. 1, 31d. In der Übersetzung von Friedrich Schleiermacher. Reinbek bei Hamburg 1957.
Ders.: Menon. In: Sämtliche Werke. Bd. II. Übers. von Otto Apelt. Reinbek bei Hamburg 1957.
Priddat, Birger P.: John Stuart Mills Theorie der Freiheit. In: Erich W. Streissler (Hg.): Studien zur Entwicklung der ökonomischen Theorie XIX: John Stuart Mill. Berlin 2002.
Rackete, Carola: »Wir haben alles richtig gemacht«. Interview von Nadia Kailouli für das ARD-Magazin Panorama am 05.07.2019.
Rahwan, Iyad et al.: The Moral Machine experiment. In: Nature 563 (2018), S. 59–64.
Rawls, John: Two Concepts of Rules. In: The Philosophical Review. Durham/North Carolina 1955. Bd. 64, Nr. 1, S. 3–32.
Rousseau, Jean-Jacques: Diskurs über die Ungleichheit. Hrsg. und übers. v. Heinrich Maier. Paderborn/München/Wien/Zürich 1997.
Ders.: Vom Gesellschaftsvertrag oder Grundsätze des Staatsrechts. Übers. von Eva Pietzcker und Hans Brockhard. Stuttgart 1977.
Russell, Bertrand: Macht. Übers. von Stephan Hermlin. Hamburg/Wien 2001.
Sagan, Carl: Pale Blue Dot. A Vision of the Human Future in Space. New York 1994 (Deutsch als: Blauer Punkt im All. Unsere Heimat Universum. Übers. von Susanne Bunzel. Augsburg 1999).
Scheler, Max: Die Stellung des Menschen im Kosmos. Hamburg 2018.
Schiller, Fiedrich: Über die ästhetische Erziehung des Menschen. Göttingen/Hamburg 1949.
Schirach, Ferdinand von: Terror. Ein Theaterstück und eine Rede. München 2015.
Schmidt-Salomon, Michael: Manifest des evolutionären Humanismus. Plädoyer für eine zeitgemäße Leitkultur. Aschaffenburg 2005.
Schnabel, Ulrich: Zuversicht. Die Kraft der inneren Freiheit und warum sie heute wichtiger ist denn je. München 2018.
Schopenhauer, Arthur: Über die Grundlage der Moral. Sämtliche Werke, Bd. 4. Hrsg. von Julius Frauenstädt. Leipzig 1919.

Simmel, Georg: Die Großstädte und das Geistesleben. In: Gesammelte Werke. Bd. 8: Aufsätze und Abhandlungen 1901–1908. Bd. 2. Hrsg. von Alessandro Cavalli und Volkhard Krech. Frankfurt a.M. 2003.

Ders.: Die Philosophie des Geldes. Gesamtausgabe. Bd. 6. Hrsg. von Otthein Rammstedt, David P. Frisby und Klaus Christian Köhnke. Frankfurt a.M. 2011.

Singer, Peter: Hunger, Wohlstand und Moral. Übers. von Esther Imhof, Dunja Jaber und Elsbeth Ranke. Hamburg 2017.

Ders.: Praktische Ethik. Übers. von Oscar Bischoff u.a. Stuttgart 2013.

Spaemann, Robert: Personen. Versuche über den Unterschied zwischen »etwas« und »jemand«. Stuttgart 2019.

Spitzer, Manfred: Digitale Demenz. Wie wir unsere Kinder um den Verstand bringen. München 2012.

Taleb, Nassim Nicholas: Kleines Handbuch für den Umgang mit Nichtwissen. Übers. von Susanne Held. München 2013.

Wadsak, Marcus: Klimawandel. Fakten gegen Fake & Fiction. Wien 2020.

Weber-Guskar, Eva: »Wie viel muss ich wissen, um global handeln zu können? Verantwortung für Weltarmut und das Problem der epistemischen Überforderung«. In: Zeitschrift für Praktische Philosophie. Band 2, Heft 2, 2015, S. 13–48.

Weber, Max: Politik als Beruf. Stuttgart 1992.

Ders.: Wirtschaft und Gesellschaft. Tübingen 1972.

Weisbrod, Lars: »Undenkbar! Welche Kunstform kann uns noch trösten, wenn sich die ganze Welt radikal ändert? Das schafft nur die Science-Fiction«. In: Die Zeit 20/20, 06.05.2020.

Wittgenstein, Ludwig: Vortrag über Ethik und andere kleine Schriften. Frankfurt a.M. 1989.

Wolf Lotter

Publizist

Wolf Lotter
Zusammnehänge
Wie wir lernen, die Welt wieder zu verstehen

296 Seiten | Gebunden mit Schutzumschlag
Euro 20,– (D)
ISBN 978-3-89684-281-7
Auch als E-Book erhältlich

»Kontext ist King«

Die Welt ist so kompliziert, dass wir uns daran gewöhnt haben, den Wald vor lauter Bäumen nicht mehr zu sehen. Aber diese Blindheit können wir uns nicht mehr leisten, argumentiert Wolf Lotter. Sein Buch zeigt, wie wir die Welt in ihren Zusammenhängen neu verstehen können.

www.edition-koerber.de

CPI
Mehr Bäume.
Weniger CO_2.
www.cpibooks.de/klimaneutral

MIX
Papier aus verantwortungsvollen Quellen
FSC
www.fsc.org
FSC® C083411